英语文化研究及翻译策略

李 凤 ◎ 著

吉林出版集团股份有限公司

图书在版编目（CIP）数据

英语文化研究及翻译策略 / 李凤著. — 长春：吉林出版集团股份有限公司，2023.7

ISBN 978-7-5731-4001-2

Ⅰ.①英… Ⅱ.①李… Ⅲ.①英语—翻译 Ⅳ.①H315.9

中国国家版本馆 CIP 数据核字（2023）第 142217 号

英语文化研究及翻译策略
YINGYU WENHUA YANJIU JI FANYI CELÜE

著　　者	李　凤
责任编辑	曲珊珊
封面设计	林　吉
开　　本	787mm×1092mm　1/16
字　　数	258 千
印　　张	14.75
版　　次	2023 年 7 月第 1 版
印　　次	2023 年 7 月第 1 次印刷
出版发行	吉林出版集团股份有限公司
电　　话	总编办：010-63109269
	发行部：010-63109269
印　　刷	廊坊市广阳区九洲印刷厂

ISBN 978-7-5731-4001-2　　　　　　　　　定价：78.00 元

版权所有　侵权必究

前　言

文化的交流以语言为媒介，翻译是跨文化交流的桥梁。新世纪需要高素质的英语专业人才。培养英语专业人才的翻译能力，是21世纪高等学校英语专业的重要教学任务之一。在培养学生翻译能力的过程中提高学生语言综合素质，使他们不仅具备一定的翻译能力，还具备相当的独立分析问题和解决问题的能力，使他们能够对语言文化有比较深刻的理解。

翻译是沟通不同民族人民思想，促进政治、经济、文化、科技交流的重要方式，也是探讨两种语言对应关系的一门学科，综合性强，既有坚实的理论体系，也有丰富的实践内涵。作为英语发展的基础，其理论和应用技巧的研究一直是英语学者所重视的课题，具备较强的翻译技能也一直是英语专业学生学习英语的主要目标。

本书首先对语言、文化与翻译做了概述，其次讲述了英语语言文化多维度研究以及英语文化教学方法探索，接着介绍了英语翻译、中西方文化与翻译，最后研究了英语翻译教学中的技巧和方式，以及英语翻译教学的现状与策略。本书可供英语专业学生及相关领域人员学习、参考。

本书在编写过程中参考了一些专家学者的研究成果和资料，在此特向他们表示感谢。由于编写时间仓促，编写水平有限，不足之处在所难免，恳请专家和广大读者提出宝贵意见，予以批评指正，以便改进。

李凤
2023年3月

目录

第一章 语言、文化与翻译 ··· 1
第一节 语言的内涵 ··· 1
第二节 文化的内涵 ··· 6
第三节 语言与文化的关系 ··· 10
第四节 文化与翻译的关系 ··· 16
第五节 翻译研究的文化转向 ······································· 18

第二章 英语语言文化多维度研究 ································· 21
第一节 英语姓名、称谓和地名 ····································· 21
第二节 英语成语、谚语和典故 ····································· 26
第三节 英语俚语、委婉语和禁忌语 ································· 32

第三章 英语文化教学方法探索 ··································· 37
第一节 英语文化教学存在的主要问题 ······························· 37
第二节 开展英语文化教学的现实意义 ······························· 39
第三节 英语文化教学内容与目标 ··································· 41
第四节 英语文化教学原则 ··· 46
第五节 英语文化教学方法与评价 ··································· 50

第四章 英语翻译概述 ·· 56
第一节 英语翻译的性质与分类 ····································· 56
第二节 英语翻译的基本原则 ······································· 63

第三节　中西方翻译理论 ··· 66

第五章　中西方文化与翻译 ··· 83

第一节　中西典故文化与翻译 ·· 83

第二节　中西节日文化与翻译 ·· 95

第三节　中西生活文化与翻译 ·· 105

第六章　英语翻译教学中的技巧和方式 ···························· 120

第一节　英汉互译的常用技巧与方法 ······························ 120

第二节　词汇层面上的翻译技巧 ····································· 134

第三节　语句层面上的翻译技巧 ····································· 164

第四节　语篇层面上的翻译技巧 ····································· 181

第五节　实用文体翻译教学实践 ····································· 192

第七章　英语翻译教学现状与策略 ································· 204

第一节　英语翻译教学现状 ·· 204

第二节　英语翻译教学影响因素 ····································· 210

第三节　翻译在英语教学中的作用 ·································· 214

第四节　英语翻译教学策略 ·· 223

参考文献 ·· 229

第一章 语言、文化与翻译

任何一种类型的翻译都和语言、文化息息相关。翻译具有鲜明的符号转换性、文化传播性。翻译作为一项语言和文化的转换活动，它的目的在于实现思想的沟通、视野的开阔，进而推动社会的发展。没有翻译的媒介作用，科技的推广和文化的交流都无从谈起。

第一节 语言的内涵

一、语言的基本概念

（一）语言是什么

语言学界至今对语言还没有一个清晰而统一的定义，因为不同的时代、不同的学派对语言有不同的看法。一般来说，可以把语言定义为：人类用于交际和思维的最重要的符号系统。蜜蜂、海豚、黑猩猩等动物，都有自己的交际手段，但是，大量的研究表明，它们没有人类这样的语言，语言是人类所独有的。人类可以使用多种工具进行交际和思维，但是，语言是人类须臾不能离开的最为重要的工具。

（二）语言与言语

人们说话是一种复合现象，至少可以分出三方面：第一方面是张口说话的动作，称为言语动作或言语行为。第二方面是说话所使用的一套符号，由语音、语汇、语义、语法等子系统构成，称为语言。第三方面是说出来的话，称为言语或言语作品。

可见语言不等于说话，它只是说话这种复合现象中的一方面，语言也不等同于言语。语言是存在于全社团成员大脑里的相对完整的抽象符号系统，具有全民性、非物质性和抽象性；言语是个人在特定情景中对语言的具体运用和表现，具有个人性、物质性和具体性。

不过，这里所说的言语是用来进行交际的外部言语。除了外部言语，还有内部言语。内部言语是不出声的用于思维的言语。科学家曾经做过这样的实验，把细针状的电极装在受试者的发音器官上，然后让他算一道算术题，一次用口算一次用心算，结果在两种情况下语言器官动作的电位变动记录相同，这说明内部言语是存在的。外部言语比较连贯完整，而内部言语的跳跃性强，具有片段性和不完备性。

现在，人们对内部言语的面貌还所知甚少，但是都同意它也是语言运用的一个部分。外部言语和内部言语的差异，是因功能不同而造成的运用上的差异，而且二者之间有一定的关系。一方面，人们在讲话时，必须使用内部言语进行思考，然后再通过一系列的加工把内部言语转化为外部言语。另一方面，年幼儿童没有内部言语，他们思考问题时往往伴之以自言自语，这是在用外部言语进行思维。儿童在成长的过程中，逐渐实现外部言语的内化，发展出内部言语。所以从个体发生学上看，内部言语是外部言语内化的结果。

从上面的论述可知，人们只能直接观察到言语（外部言语），而不能直接观察到语言。语言学家要研究语言，只能在两个地方找到它的踪迹，一是在言语中，二是在说话人的大脑里。语言学家通过对大量的言语素材进行抽象概括，从中发现语言的各种单位和规则。至于说话人大脑里的语言知识，说话人并不能原原本本、清清楚楚地讲出来，语言学家只能想办法把它引出来。比如，造出来一些句子让被调查人说哪些是对的，哪些是错的；或是呈现出一些句子，让被调查人分辨异同。语言学家通过对调查结果进行一系列技术处理，窥测出存在于被调查人大脑里的语言系统的面貌。

（三）口语与书面语

口语是对口头言语的抽象概括，书面语是对写出来的言语的抽象概括。口语和书面语是语言的两种不同表现形式。口语和书面语的不同，不仅在于语音和文字这两种载体的差别，而且在词语和句法结构等方面也有较多的差异。例如，口语用词通俗，句子简短，结构松散；书面语的词语较为文雅，句子较长，结构严谨。

从发生学上看，口语是第一性的，书面语是第二性的。一种语言可以没有书面语，但不可能没有口语。事实上在世界几千种语言中，只有少数语言拥有书面语。书面语是在口语的基础上产生和发展起来的，它从口语中不断吸取营养成分，而且自始至终要受到口语的制约。由于书面语的特殊性，它需要和口语保持一定的距离，有自己遣词造句的特点，但是这种距离不能太大，一旦书面语与口语脱节，人们就会对书面语进行改革。

口语一发即逝，不仅受到时间和空间的限制，而且由于它是口耳相传，不大容易进行规范。书面语不仅较好地克服了时间和空间对语言的限制，而且有利于规范化。通过对书面语的规范，就有可能形成民族的标准语，或称为"文学语言"，从而又反过来促进口语的发展。

（四）共同语与方言

共同语是一个语言社团共同使用的语言，如普通话就是现代汉民族共同使用的语言。方言是语言的地域变体，是某一地区人民日常生活中使用的交际工具。由于政治、经济、文化和使用人口等方面的原因，某一种方言的声望和地位会高于其他方言。这一方言称作基础方言。在共同语形成之前，基础方言往往代行共同语的职能。通过对基础方言进行规范，并吸收其他方言的有用成分，形成共同语。有些民族，至今没有自己的共同语。

在共同语形成之后，共同语对方言会产生一种约束力，使方言向共同语靠拢，从而使方言间的差距、方言和共同语的差距不断缩小，甚至消失。但是，这是一个长期的过程。在相当长的一段时期内，方言会继续在本地区人民的交际中发挥作用，出现"双言现象"，而且会继续为共同语提供有用的语言营养。当然，由于政治或其他原因，共同语对方言的约束力也会减弱甚至消失，这时方言会出现离心发展的趋势，直至演变为一种与共同语具有亲属关系的另一种语言。

（五）自然语言与其他符号系统

自然语言指的是被社团作为母语来使用和学习的语言。自然语言一般都有一个较长的历史发展过程。与自然语言相对的是人工语言。人工语言是依照一定的原理由人工设计出来的。人工语言有三种较为重要的用途：第一，在特殊情况下发挥自然语言的作用，如波兰医生柴门霍夫（Lazarz Ludwik Zamenhof）为消除语言隔阂于1887年设计的世界语。第二，作为语言代码，为某种特殊用途服务，如电报代码、聋哑人手指语等。第三，作为符号系统，运用于某些科学技术领域，如计算机语言、逻辑语言等。人工语言在当代的社会生活和科学技术的发展中起着重要的作用，并有许多与自然语言相似、相通甚至相同的东西，因此也是当代语言学关心和研究的对象。但是，它毕竟与自然语言不是一回事，本书所讲的语言，主要是指自然语言。

除了人工语言之外，还有与自然语言关系较密切的符号系统，如文字和体态语。文字是记录语言的书写符号系统。如果说语言是一种符号的话，那么，文字则是符号的符号。因此，文字不属于语言的范畴，不是语言的一个子系统。但是，语言却可以在文字的帮助下改换物质表现形式，形成书面语。并且文字对语言的发展也会起一定的作用，如汉语的一些词语（"之"字形、"十"字路口）就是受汉字的影响而产生的，汉字这种语素型的非拼音文字，对汉语的孤立语性质的保持也起到了一定的作用。

体态语包括有符号意义的各种身势和表情，如点头、摇头、微笑等。自然语言的口头交际，往往要有体态语的辅助。体态语经过艺术加工，会成为一些艺术的表现手段，如舞蹈、戏剧动作等。正因为如此，当代语言学的触角也伸展到了体态语。

二、语言的基本属性

通过上面对语言的内涵和外延的介绍，已经对语言有了一个大概的认识，接着可以讨论语言的一些属性。语言的属性很多，较为重要的是符号性、系统性、生成性和民族性。

（一）符号性

用甲事物代替乙事物，甲事物就是乙事物的符号。符号具有约定性和任意性两个重要的特点。所谓约定性，是指用什么样的符号代替什么样的事物，是由使用者共同约定的；所谓任意性，是指符号与其所代表的事物之间没有必然的联系。生火有烟，烟不是火的符号，而是火的征候或征兆，因为二者之间不具有约定性和任意性。交通用的红绿灯是符号，因为红灯与"停"、绿灯与"行"之间，虽然有一定的理据可言，但没有必然的联系，其关系是约定俗成的。

语言也是一种符号。比如，水汉语普通话说 shui，汉语的一些方言说 sei、shei、sui、fei 等，英语说 water。可见这些读音与水之间的关系不是必然的，就本质上来说是任意的，是由各语言社团约定的。否则，无法解释语言中大量存在的同义词和多义词，无法解释同一事物在各种语言或方言中有不同的说法，无法解释语言的发展变化。当然，语言这种符号不同于一般的符号，个人并不直接参与对符号的约定，而必须接受上代人所使用的语言；同时，语言是一个十分复杂庞大的系统，没有任何一种符号能与语言相提并论。

（二）系统性

语言由语音、语汇、语义、语法等子系统构成，每个子系统又由更小的系统构成，如语音系统就可以分为音段系统和超音段系统，音段系统又可以分为元音系统和辅音系统等。这样就使语言形成了不同的层级。

然而语言的系统性不仅体现在它的层级性上，而且也体现在任何语言单位都处在组合关系和聚合关系中。组合关系是组成结构的语言单位间已经实现了的关系。如"看书"这个结构是由"看"和"书"这两个语言单位构成的，"看"和"书"在"看书"这个结构中所发生的动宾关系，就是组合关系。语言单位的组合是有层次的。如"慢慢地画了一个圈"，表面上看它是一个音节一个音节组成的线性序列，其实它的结构关系是逐层组合而成的，其结构层次可以分析为：

慢 慢 地 画 了 一 个 圈

这个例子是比较简单的，语言中的许多组合关系的层次要比这复杂得多。但是这个例子已经足以说明，线性是组合的表面现象，组合关系是具有层次的。

聚合关系是一种类的联想关系，凡具有相同组合能力的语言单位，可以在结构的相同的位置上彼此替换，它们之间就存在着聚合关系。例如，"看书"中的"看"可以由"写、买、借"等替换，"看"与"写、买、借"这些动词之间就具有聚合关系。语言就是由组合关系和聚合关系构成的系统。

（三）生成性

语言是由有限的语言单位及其规则构成的有限集合。正是这种有限性，才使语言具有可学习性。但是，人们却可以利用这些有限的单位和规则造出无限的句子，进而"随心所欲"地表达自己的意思。例如，"我、你、知道"这三个词，在理论上可以生成无数个句子：

1. 你知道。
2. 我知道。
3. 我知道你知道。
4. 你知道我知道。

5. 我知道你知道我知道。

6. 你知道我知道你知道。

只是由于记忆和发音器官的限制，句子不可能无限加长罢了。生成性是语言有别于任何动物"语言"的性质，也是语言之所以能较好地成为人类最重要的交际工具的奥妙所在。

（四）民族性

语言具有民族性。不同的语言，在语音、语汇、语法等子系统中，都有自己的特色，如 [b][p] 在汉语中是 /p/ 音位的两个条件变体，但在英语中却是两个不同的音位。又如，"同胞"这个词的语义场，汉语中有"哥哥、弟弟、姐姐、妹妹"四个词，既分男女，又分长幼；而英语中则只有"brother"（兄弟）和"sister"（姊妹）两个词，只分男女，不分长幼。再如，汉语在语法上缺少严格意义上的形态变化，词语在句内和句外，形式上没有什么变化，是以句法控制词法的语言；但是，俄语、法语等形态却非常发达，有时、体、态、格、位、级、数、人称等形态变化，这类语言是以词法控制句法的语言。

语言的民族性是各语言社团长期的文化习惯、社会生活方式、思维惯性和审美情趣等在语言中的积淀，反映着一个民族的深层精神。正因为如此，一个民族的语言，就是这个民族的标志和形象。

第二节　文化的内涵

一、文化的基本概念

（一）文化一词的来源

古汉语中的"文化"和现在的"文化"有着不同的含义。汉代的《说苑·指武》中第一次记载了该词，指出："文化不改，然后加诛。"这里的"文化"与"武功"相对，有文治教化的意义，表达的是一种治理社会的方法和主张。

我国《辞海》指出，广义的文化是指人类社会历史实践过程中所创造的物质财富以及精神财富的总和；狭义的文化是指社会的意识形态以及与之相适应的制度以及组织机构。

culture 一词来源于拉丁文 cultura，是"耕种、居住、保护和崇拜"的意思。它曾经的意思是"犁"，指的是过程、动作，后来引申为培养人的技能、品质。到了 18 世纪，该词又进一步转义，表示"整个社会里知识发展的普遍状态""心灵的普遍状态和习惯"和"各种艺术的普遍状态"。

（二）近现代学者的见解

英国人类学家爱德华·泰勒（Edward Burnett Tylor）对文化所下的定义可以算作是文化定义的起源，是一种经典性的定义，被学术界普遍接受和认同。19 世纪 70 年代，他出版了《原始文化》一书。他在该书中指出，从广泛的民族学意义来讲，文化是一个复合整体，包括了知识、信仰、艺术、道德、法律、习俗以及作为一个社会成员的人所习得的其他一切能力和习惯。

萨姆瓦（Larry A.Samovar）等人是研究有关交际问题的学者，他们对文化下的定义概括起来就是：文化是经过前人的努力而积累、流传下来的知识、经验、信念、宗教以及物质财富等的总体。文化暗含在语言、交际行为和日常行为中。

莫兰（Moran）认为文化是人类群体不断演变的生活方式，包含一套共有的生活实践体系，这一体系基于一套共有的世界观念，关系到一系列共有的文化产品，并置于特定的社会情境之中。其中，文化产品是文化的物理层面，是由文化社群以及文化个体创造或采纳的文化实体；文化个体的所有文化实践行为都是在特定的文化社群中发生的；文化社群包括社会环境和群体。

美国社会学家伊恩·罗伯逊（Ian Robertson）从社会学的角度对文化做了界定，他认为文化包括大家享有的物质的和非物质的全部人类社会产品。

张岱年和程宜山指出，文化是人类在处理其与客观现实的关系时所采取的行为和思维方式及其所创造出来的一切成果，是活动方式与活动成果的辩证统一。

金惠康指出，文化是生产方式、生活方式、价值观念以及社会准则等构成的复合体。[①]

总的来讲，文化可以分为广义和狭义两种类型，具体含义如下。

1. 广义的文化是人类从事物质生产活动和精神生产活动时所创造的一切成果。从这个意义上讲，文化实际是人类通过改造自然和社会而逐步实现自身价值观念的过程。

2. 狭义的文化是指精神创造活动及其结果。文化是在社会中习得的一整套价值观、信念和行为规则。

---

① 金惠康.汉英跨文化交际翻译[M].贵阳：贵州教育出版社，1998.

二、文化的特征

（一）动态的可变性

文化的稳定性是相对的，而可变性却是绝对的。文化的可变性具有内在和外在两方面原因。

文化可变性的内在原因：文化是为了满足人类生存需要而采取的手段，文化随着生存条件的变化而变化。在人类文化史中，因为科技的发展导致了人们思想和行为的变化，所以重大的发明和发现都推动着文化的变迁。

文化可变性的外在原因：文化传播或者文化碰撞可能使得文化内部要素发生"量"的变化，"量"的变化也可能促使"质"的变化。社会的发展，以及国家、民族之间在经济和政治方面的频繁沟通、交流，都使文化不断碰撞乃至发生变化。例如，佛教的传入导致了中国传统文化的变化；儒家思想等也导致了东南亚文化的变化。

物质形态的文化比精神形态的文化变化得更快、更多。例如，发生在衣、食、住、行等方面的变化要比信仰、价值观等方面的变化更加明显。随着改革开放的不断推进，人们的衣、食、住、行等"硬件"都发生了巨大的变化，但是"软件"方面的变化并不明显。文化定式决定了中国人对西方文化的接受度是非常有限的，"同国际接轨"的多数属于文化结构的表层，而深层文化的差异永远存在。

（二）交际的符号性

文化是通过符号加以传授的知识，任何文化都是一种符号的象征，也是人们的思维和行为方式的象征。人类最明显的特征就是符号化的思维和行为，文化的创造过程也就是运用符号的过程，所以说人是一种"符号的动物"。在创造文化的过程中，人类将认识世界和理解事物的结果转化为外显有形的行为方式，因而这些行为方式就构成了文化符号，从而成为人们的生活法则，人们在生活中必然接受这些法则的规范和引导。世界是充满文化符号的，人们一方面不可能脱离文化的束缚，另一方面又在这种文化中展现人生的意义和价值。例如，在中国封建社会，服装的不同颜色代表着不同的地位等级，服装颜色成了特定身份的象征符号：帝王一般穿着明黄色的衣服，高级官员和贵族一般穿着朱红或紫色的衣服，中下层官员通常穿着青绿色的衣服，衙门差役常常穿着黑色的衣服，囚犯穿着赭色的衣服。然而，随着社会的发展，服装颜色的等级象征已不复存在，只是人们又给色彩和款式赋予了一定的审美意义。

文化和交际之所以具有同一性，就是因为文化的这种符号性特征。文化是"符号和意义的模式系统"，交际被视为文化的编码、解码过程，语言被视为编码、解码的工具。在交际中，误解是常见的一种现象，要想尽力避免误解的产生而使交际顺利进行，就需要交际双方对同一符号具有一致或相近的解释。在交际过程中隐藏着一种潜在的危险，那就是差异，交际的顺利进行要求交际双方共享一套社会规范或行为准则。

（三）观念的整合性

文化集中体现群体行为规则，某一群体所有成员的行为可能都会打上文化的烙印。因此，才有了中国文化、东方文化或西方文化等一些概念和说法，而主流文化又包含亚文化或群体文化、地域文化等。世界观、价值观等是文化的核心成分，社会组织、社会关系、社会地位等都属于文化范畴，文化规定着人们交际行为的内容和方式。由此可见，文化是一个由多种要素构成的复杂整体，在这个整体中，各要素互相补充、互相融合，共同塑造着民族性格。整个民族文化具有一个或几个"文化内核"，它发挥着整合文化的潜在作用。文化的整合性可以保证文化在环境的变迁中，维持在一定限度的稳定性。例如，在中国的传统文化中，融自然哲学、政治哲学和伦理哲学为一体的"天人合一"世界观，以及"经国济世"等精神元素，作为中国文化的"内核"，一直发挥着"整合"作用。由于不同文化有着不同的"内核"，必然导致在价值观念、认知模式、生活形态上的差异，如果交际双方不能理解对方的文化，就会导致交际冲突。

（四）民族的选择性

文化植根于人类社会，而人类社会以聚居集中的民族为区分单位，因此文化也是植根于民族的机体。文化的疆界一般和民族的疆界一致，民族不仅具有体貌特征，还具有文化特征。例如，同为上古文明，古希腊、古印度、古埃及和古代中国的文化各有独特性；同为当代发达国家，日本和美国、欧洲国家就存在着文化差异。当一个社会容纳着众多民族时，不可能保持文化的完全一致，其中必定包括一些互有差异的亚文化，使得大传统下各具特色的小传统得以形成。于是在民族文化的大范围内，多种区域性文化常常同时并存。

文化具有选择性。每一种特定文化只会选择对自己文化有意义的规则,所以人们所遵循的行为规则是有限的。文化的这一特点导致了群体或民族中心主义,因此它对跨文化交际来说十分重要。群体或民族中心主义是人类在交际过程中的普遍现象,人们会无意识地以自己的文化作为解释和评价别人行为的标准,显然,群体或民族中心主义会导致交际失误,达到一定程度时会带来文化冲突。

第三节 语言与文化的关系

一、语言是文化的一部分

韩礼德(Halliday)认为,"整个社会是个语义系统,语言也是语义系统,但它是社会语义系统的一部分。……从符号学角度看,整个社会是一个符号系统,语言也是符号系统,而且是社会和文化这一大符号系统的一部分。不同之处在于语言同时又是社会语义系统的编码系统。这样,语言实质上就是文化符号"[1]。在这一段话里韩礼德首先清楚地说明了文化与语言的关系是整体与部分的关系;其次说明了语言是文化的符号。所以对语言符号系统的解释取决于对它赖以生存的社会或文化语义系统的解释,也就是说,离开了社会,离开了文化,就无法深刻理解语言这个语义系统。

大多数社会语言学家也都持有类似的看法,认为语言在绝大多数方面蕴含在文化之中,因此某一社会的语言乃是其文化的一方面,语言和文化的关系是部分和整体的关系。

二、语言是文化的载体

人类语言学家、功能派语言学家和社会语言学家都承认,语言作为一种社会现象,是文化的一种符号,是人类社会最重要的载储、交际和传递信息的工具。语言之所以能发挥这些功能,首要的是因为语言能承载社会信息和文化信

---

[1] 韩礼德. 功能语法导论[M]. 彭宣维,赵秀凤,张征,等,译. 北京: 外语教学与研究出版社, 2010.

息。语言的这一载储功能是其他两个功能的基础，因为只有语言载储了信息，然后才谈得上交际和传递。

任何一个民族的语言，在其形成、发展和变化过程中都与该民族的文化休戚相关。语言是个音义结合的词汇和语法体系。这一音义结合的过程是个长期的、由千百代人集体创造和约定俗成的过程。开始时具有偶然性和任意性，但最终形成时具有约定俗成性。在一个民族认识客观现实、改造客观现实的长期历史发展过程中，世世代代创造、积累、传递并形成了丰富的词汇、多彩的词义和精练的表达法。这些词汇和表达法就是这个民族文化发展的写照，它载储了使用该语言的民族的历史文化及风俗民情。语言成了文化主要的载体，主要的符号；成了文化储存、传播和发展的重要手段。

文化不是与生俱来的，而是在一个民族特定的生态环境和社会环境中习得和积淀而成的。例如，生活在赤道的非洲民族，他们从来没有见过下雪，所以用一个单词"雪"来记载这一概念就足够，而他们对热带雨林中的动物和植物必须细微地观察，辨别得十分清楚，因此就会有许多的词来标示和记载它们。生活在北极圈的因纽特人能接触到的动物和植物种类和数量有限，而各种各样的雪对他们的狩猎和生活却非常重要，在他们的语言中就有二三十个词来标示和记载各种形态的雪。在现代社会，美国被戏称为"轮子上的国家"，汽车型号、种类众多，因而有关汽车的名词就有30多个。而在非洲的一些贫穷国家，有"汽车"这一个概念词就行了。即使像近年来经济飞跃发展的中国，人们也很少见到像"camper"这样的车型，因此在汉语的词汇中也还没有出现统一标示和记载这种汽车的词。

受儒家学说的影响，中国文化中自古以来就有卑己尊人的礼貌习惯，因而在语言中就形成了一套敬辞和谦辞来记载这一文化习俗，几千年来代代相传。而英美文化中却没有这一套。所以在中国不论说"尊姓大名""贵姓"，还是说"敝姓"，到了英语里只有一个"name"，人们会说"What's your name?" "My name is..."

语言既然是文化的载体，那么，它的基础是文化，其发展是滞后的。只有文化发展了，语言才能应标示和记载文化的需要而有所发展。1964年苏联首次发射了人造卫星，用了"CPUMNIK"这个词来标示和记载，中国当时还没有这一事物，于是汉语中创造了"人造卫星"一词，英美国家也没有人造卫星，英语只有先用音译，借"sputnik"一词来做载体，后来才以原有词 satellite（原意：附属、仆从）增添附加意义，并在前面加限定词 artificial 来标示和记载。而后来又省去 artificial，单独使用 satellite。所以目前英语中有两个词标示人造卫星。

邢福义教授在其主编的《文化语言学》中说："语言是文化的符号，文化是语言的管轨。好比镜子或影集，不同民族的语言反映和记录了不同民族特定的文化风貌；犹如管道或轨道，不同民族的特定文化，对不同民族的语言的发展，在某种程度、某个侧面、某一层次上起着制约的作用。"这一段话表达了两个意思：第一，我们讲的语言是文化的载体。第二，语言的变化与发展在某种程度上受文化的制约。

在讨论完这一层意思后，有必要区分语言做文化载体时的两种性质：一个是语言做自然载体，另一个是做人为载体。一个特定民族的特定文化，当然是由该民族的特定语言承载的。例如，英国文化的天然载体当然是英语，汉民族文化的天然载体当然是汉语。那么，英国文化能否用汉语来承载？或者相反，汉文化能否用英语来承载？答案是肯定的。否则翻译就成为不可能。紧接着的一个问题是，做英国文化载体的汉语，其胜任程度是否和英语一样？对于这个问题，有一点翻译经验的人也都会非常迅速地回答："不一样。"因为用汉语来承载英国文化时，有时不能完全胜任。同样，用英语来承载汉文化时，也不完全胜任。

所以在语言承载文化时可能会有两种可能：一种是承载本民族文化，它完全胜任；另一种是承载异民族文化，它不完全胜任。我们可以把完全胜任的语言称为天然载体，把不完全胜任的语言称为人工载体。翻译就是通过语言的转换来改变文化载体的，变自然载体（母语言载体）为人工载体（译语言载体）。这里面自然就包含了对译语言不能胜任的许多情况的处理问题。

三、语言是文化的模具

在上文中，我们谈及语言是文化的载体，因此也是镜子；语言的变化与发展要受文化的制约。在这里我们要讲语言同时也是文化的模具。语言反过来要做文化的管轨，对文化产生影响，像模具管轨一样规约文化。汉语中有一整套谦辞和敬辞，一系列的亲属称谓词以及许多成型的表达法，用以显示出人的社会地位的高低、富贵与贫贱的差别、家族中的长幼有序、男女有别等。这一套套的词汇与表达法就像一个个模具，规约着人们的交际模式和行为准则，而且对中国文化的发展产生了深远的影响。

第一章　语言、文化与翻译

思维是精神文化的重要组成部分。在思维与语言的关系方面，有许多事实证明，语言不仅受思维制约，而且反过来可以制约思维。语言可以制约或影响思维就是语言对文化能起模具作用的明显表现。萨丕尔（Sapir）和沃尔夫（Whorf）在他们对印第安人的语言与文化的调查中强烈感受到，由于印第安语有别于印欧语言，因而他们具有不同于英美人的思维方式。萨丕尔认为"语言是社会现实的指南……它强有力地规定人们解决问题的思维及过程。人们不仅仅生活在一个客观世界之中，也不仅仅生活在一个通常想象之中的社会活动的世界之中，而是要受到社会的表达工具语言的任意摆布。……"[①]沃尔夫认为："一个人的思想形式是受他没有意识到的语言形式的那些不可抗拒的规律支配的。"[②]萨丕尔和沃尔夫的思想被称为萨丕尔·沃尔夫假说，该假说以前曾遭到批判，现在越来越多的人认识到其中的合理部分。其合理部分就是语言可以对思维产生影响，可以成为思维的模具。

可以认为，人类在进化过程中先有思维后有语言。所以说，决定人类思维的首先应是客观现实，而不是语言，或者说人的思维所反映的不是什么语言世界，而是客观现实世界。但是当人类的思维进入有语言阶段后，也就是思维主要由语言来表达时，某个特定的民族在其特定的社会文化背景下，思维的过程就会被某种特定的语言凝化，从而形成一定的模式，而这些凝化了的语言模式就会对思维的进一步发展产生强大的影响。它们会反过来像模具似的凝化思维模式。

为了说明语言与思维的这层关系，我们可以来分析一个例子。

在自然界和人类社会中，相互对立、平行的事物是一种处处都存在的客观现实。例如，自然界的日、月、水、火、冷、热、香、臭、明、暗、雌、雄、山、河、湖、海，再如，人类生活中的男、女、爸、妈、长、幼、大、小、长、短、粗、细、轻、重、快、慢、好、坏、善、恶等。在人类还没有产生语言之前，在他们认识这些客观现实的过程中，应该就已初步形成了这种对立并举或对偶排比的思维方式。在产生语言之后，这种思维方式就由语言来承载和表达。经过相当一段时间，语言中的词汇和对偶排比的表达方式逐渐凝固为一种模式，这种模式就像一种模具对思维方式起一种制约作用。

[①] 爱德华·萨丕尔.语言论：言语研究导论[M].陆卓元，译.北京：商务印书馆，1964.

[②] 罗伯特·保罗·沃尔夫.基于媒介融合的新闻传播与发展[M].长春：吉林出版集团股份有限公司，2022.

这种自然界和人类生活中的对偶排比、平衡对称规律对所有民族来说是共同的。在他们认识这些客观现实的过程中也都形成了这样一种相同的思维方式。因此在语言表达中也都会有这样一种相通的结构。英语中的 antithesis 就是这样一种对偶排比的方式。

后来产生了文字，这时人类的思维可以用口头语言表达出来，而且还可以用文字记载下来与别人交流或传给后代。文字的结构形式和发展变化有它自身的特点和规律。这些特点和规律也会对语言的发展和变化产生影响。汉语单音节词和双音节词占优的特点，用文字记载时就产生了一字一音的方块字，而且形、声、义三位一体。一个方块字一个音节，每个音节有四个声调，形成平仄。方块字写起来不管笔画多少，所占位置一样。这样一种写出来整齐美观，讲起来平仄有序的语言文字是表达对偶排比的最好工具。

早在《易经》时代，我们的古人就已乐于使用这种对偶排比的格式。例如，"昔我往矣，杨柳依依；今我来思，雨雪霏霏。"后来的骈文律诗都以骈偶为其特色。在汉语的格律诗中可以说没有对偶排比就不成其为诗。例如，大家耳熟能详的"野火烧不尽，春风吹又生。""欲穷千里目，更上一层楼。""自来自去梁上燕，相亲相近水中鸥。老妻画纸为棋局，稚子敲针作钓钩。"民间广为流传的对联，也是无对仗不成联。直到现代社会，这种模式越发流传为人民喜闻乐见的形式。新闻媒介及总结报告的大小标题也常常以四字格式或其他对偶排比的语言格式来吸引读者或听众。

英美民族在认识客观现实的过程中也产生了与汉民族一样的对偶排比思维方式。但是当他们的语言文字产生后，用语音和文字记载和表达起来就和汉语不一样了。英语用的是拼音文字，一个词可以由多个音节构成，每个音节除元音外可以有多个辅音。两个音节以上的词有一个重音，讲起来构成抑扬或扬抑的音步，但没有声调，所以就无平仄。英语词的音节长短不一，形不成汉语那样整齐美观的样式，因而用它来表示对偶排比时就不像汉语那样得心应手，在绝大多数情况下不可能构成像汉语对偶排比那样韵律协调、形式整齐的结构。这样，相对汉语来说，英语的语言文字在表达对偶排比时不及汉语有利。英语中虽也有些结构整齐的对偶排比格式，如"More haste, less speed" "Speech is silver, silence is golden."可是这种语音上抑扬对照、字母相等、形式整齐的 antithesis 与汉语比起来，实在是太少了。

汉语在词、词组、句子、篇章各个层面都有这种对偶排比的规律在起作用。它们就像一个模具般凝化汉族人对称平衡的思维方式，促进讲究平衡对称的风俗习惯。例如，建造皇宫庭院或民居房屋，要讲对称，室内摆设、室外环境规划、种几棵树、栽什么花，其布局也要平衡对称。而英语民族的思维方式和风俗习惯就与此大相径庭。这种文化上的差别及思维方式的不同，我们不能不说语言特点在起着某种模具作用。

总之，人类在认识世界时，便会对客观事物进行分类和整理，这种分类和整理的过程就是文化构建的过程，当过程及其结果用语言来表达、记录和传承时就构成了某种模式。当这些模式强制地传给后代时，就把前人观察、分析世界的角度和方式，即思维模式传给了后代，让他们按照这样的模式再去探索和认识新事物，这就起到了一种隐形的却又是顽强且无可替代的向导作用，这种向导作用就是我们所说的语言表达式对思维、对文化的模具作用。

在中国政治生活中有"唯物"与"唯心"、"左"与"右"这些概念。虽然它们都是译名，但不仅能生存而且盛行，这似与语言的特点有关。汉语是一种在使用中非常讲究形式工整的语言，几千年来的汉语运用中，对仗、韵律起了中心作用，"唯物"与"唯心"正好是整齐的一对，一正一反，一褒一贬，因此非常容易在汉语思维中成为占优势的程式。如果换成了多音节的不对称名词，则可能不会得到如此的运用。这种对语言形式的规整要求，必然影响思想本身的面貌。可以说，要懂得中国文化和中国哲学的特性，我们不能不注意到汉语文字上的这种齐整对仗的要求所产生的思想模具作用。

实际上，对于这种语言与思维的相互作用，弗兰西斯·培根（Francis Bacon）早在1620年就在他的《新工具》中指出："人们以为他们的理性支配词语；其实，同样真实的是词语反作用于理解。"[①]中国人的思维与文化模式可能与汉字有关，至少语言有助于塑造文化。

---

① 弗兰西斯·培根. 新工具[M]. 张毅，译. 北京：京华出版社，2000.

第四节　文化与翻译的关系

一、文化对翻译的影响作用

文化对翻译的影响作用主要体现在对翻译过程的影响和对翻译形式的影响两方面。

（一）文化对翻译过程的影响

翻译不仅仅是单纯的两种语言之间的转换，同时还是不同文化背景之间的转换。可以说，文化对翻译过程有着重要的影响作用。翻译不但是两种语言体系的接触，而且是两种不同文化的接触，乃至是不同程度的文明的接触。翻译过程不仅仅由语言因素所决定，还由社会因素和心理因素所决定。

在具体的翻译实践过程中，译者需要考虑具体的交际语境，在文化共识的基础上，对译文进行针对性翻译。从而能够使译入语读者了解原文信息，明确作者所要传达的感情。

翻译主要包括理解和表达两个关键步骤，对文章的理解是译者进行翻译的前提，表达是翻译的最终结果。这就是说，译者要从原文中找到和译入语文化背景相关的部分，针对原文中的文化特色，译者需要使用体现译入语国家的生活模式的语言进行得体翻译。在文化对翻译过程的影响下，翻译应该主要分为以下步骤进行。

1. 准确分析和翻译源语中的文化信息。
2. 考虑文化交流的目的。
3. 进行译文文化传达。

文化对翻译过程的影响除了表现在原文文化对译文表达的影响之外，还表现在译者自身文化背景对翻译过程的影响。

译者在翻译过程中，处在自身文化个体身份下，自己的文化取向会在一定程度上表现在翻译过程中。这种影响具有积极和消极两方面。译者应该正视自身的文化身份，进行灵活翻译。

（二）文化对翻译形式的影响

文化对翻译形式的影响主要是文化强势与弱势的作用。译者在翻译过程中，也会受到文化强弱的影响。这是因为，翻译过程带有目的性和倾向性。一般来说，人们总是试图选择强势文化下的作品进行翻译。

翻译本身带有一定的目的性与倾向性，这种文化活动的进行会在一定程度上影响译者的选择。以文学翻译为例，基本都是在不同时期选取一些强势文化下的作品，或是影响力最强的作品。这种文化强势对翻译形式的影响主要体现在语言的对译过程中。

例如，当罗马人征服希腊之后，以胜利者的身份自居，这种文化强势在对希腊作品的翻译中可见一斑。罗马人以文学战利品的态度对待希腊作品，翻译时十分随意。

二、翻译对文化的影响作用

翻译对文化的影响主要表现在对语言表达的作用、对文学发展的作用、对文化交流的作用三方面。

（一）翻译对语言表达的作用

在全球文化交流日益密切的今天，跨文化活动的数量也急剧增加。文化交流主要是通过语言进行的，而不同语言之间沟通的桥梁是翻译。在翻译的作用下，不同文化之间的沟通和往来更加密切，对语言表达也起到了丰富的作用。例如：

Taxi 出租车

DVD 影碟

VIP 贵宾

pose 摆姿势

party 派对

cold war 冷战

blue print 蓝图

tower of ivory 象牙塔

上述词汇翻译的出现，增加了译入语表达的形式，同时也促进了文化的发展。

（二）翻译对文学发展的作用

翻译对文学的发展也有着重大的影响作用。由于翻译的出现，不同国家的文学作品得以进行传播与交流，从而丰富了世界文学的发展。

例如，由于很多优秀的外国文学作品被介绍到中国，中国读者了解到了不同的文化，同时吸收借鉴外来文化中的优秀部分，结合传统文化进行创作，提升了我国文学的品质。翻译对文学发展的作用还表现在文化观念的交流与融合上。在翻译的中介作用下，新的文化观念不断涌现，使文学发展更加生机勃勃。

（三）翻译对文化交流的作用

翻译不仅是作品之间的传播、文化之间的传播，同时还是一种文化交流活动。

季羡林先生在1977年为《中国翻译词典》所写的序言中明确指出："只要语言文字不同，不管是在一个国家或民族（中华民族包括很多民族）内，还是在众多的国家或民族间，翻译都是必要的。否则思想就无法沟通，文化就难以交流，人类社会也就难以前进。"

从季羡林先生的表述中可以看出翻译对人类交流的重要影响作用。大体上说，翻译的实质是为了进行不同文化间思想的沟通与交流。翻译通过克服不同语言之间的障碍、改变语言的形式进行文化意义的传达。这种传达是一种文化的交流活动，沟通不同文化，同时也丰富着自身文化。

第五节 翻译研究的文化转向

翻译不仅是不同民族语言之间相互沟通的方式，而且是不同文化和文明沟通的理解方式。翻译实质是一种跨文化交流，是译者用目的语重现原作的文化活动；翻译的主旨是文化的交流、交融和借鉴，从而促进人类文明不断地更新和发展，翻译是文化的多维交融。

一、翻译研究的"文化转向"的内涵

随着文化学的兴起与繁荣以及翻译研究和文化研究之间的互相渗透、互相融合，20世纪80年代末，翻译研究的范式由以语言学为基础，以语言文本为中心的研究转向以译文产生的政治、经济、社会、意识形态等多方面的文化背景为内容。翻译研究的"文化转向"通常以1989年在英国瓦里克大学（The University of Warrick）召开的国际翻译研讨会为起点。1999年以巴斯奈特（Bassnett）和勒菲弗尔（Lefevere）为首的文化学派翻译理论者在他们合编的《翻译、历史与文化》中正式提出了"翻译的文化转向"的表述。文化学派的译学研究致力于通过跨学科的调查，尤其是文化调查，从宏观的视角来考察翻译。正如他们指出的："翻译研究已经从传统的形式主义方法转向文化研究的大语境、历史和传统。"翻译研究现在已意味着与翻译有任何关系的任何东西。翻译的"文化转向"为翻译研究展开了新的视角。他们认为翻译不是在真空里进行的，强调文化在翻译中的地位和翻译对于文化的影响，把翻译看作是宏观的文化转换，而不只是语言之间的转换，并将翻译的研究重点从原作转向了译作，从作者转向了译者，从源语文化转向了译语文化，从而对翻译和译者的地位与作用有一个新的认识。

文化学派认为翻译的目的是文化交流，文化是翻译的单位，跳出了传统翻译研究中把词、句、语义作为翻译目的和翻译单位的藩篱。他们提倡文化研究，认为通过翻译可以反对和抵制文化霸权主义，把翻译研究纳入一个宏观的社会文化范畴，让我们从新的视角重新看待翻译的性质、功能、译者地位以及翻译与语言学、翻译与译语文化、翻译与诗学等的关系，大大拓展了翻译研究的空间。

文化转向借用当代文化理论，从文化层面上对翻译进行整体的思考，通过个案研究对翻译进行考察、剖析，进行新的描述。文化转向后的翻译研究更注重翻译与译文社会的政治、文化、意识形态等的关系，更关注翻译作为一种跨文化行为对译文社会的巨大影响与作用。文化转向把翻译活动置于具体的文化语境中，引进了跨文化交际学、社会学等理论为传统语言翻译学提供新的借鉴，也为翻译批评提供新的思路。女性主义翻译学者西蒙（Simon）指出文化转向的意义："文化转向是翻译研究中最激动人心的一些进展，因为它意味着翻译研究增添了一个重要的维度，使我们理解到翻译与其他交流方式之间存在着有机的联系；它视翻译为写作实践，贯穿所有文化表现的种种张力之中。文化转向也使我们关注翻译作为跨文化交际行为的这一性质。"

二、翻译文化转向的意义

在国际交流日益频繁的今天，翻译的中介和桥梁作用越来越凸显，如何进行有效翻译，如何提升译文的质量成为译者关心的问题。在不断研究过程中可以发现，单凭翻译知识和技能，是无法提升翻译的有效性的。翻译中的文化因素越来越成为衡量翻译质量的重要因素，因此进行翻译文化视角转向是时代发展的必然，同时也是提升翻译有效性的必然。

在进行文化翻译的过程中，以语义为中心的翻译，为异化翻译，强调语义的适应性；以文化为中心的翻译，为归化翻译，强调文化的适应性。

以语义为中心的翻译主要强调文化的字面属性，也就是试图通过字面意思进行文化的传播，但是这种传播由于文化背景的差异，很可能让读者费解甚至误解。

第二章 英语语言文化多维度研究

第一节 英语姓名、称谓和地名

姓名是社会上每一个独立的个体所特有的标志，是生活中与每个人相对应的特定指称。姓名总体上是区别性符号，然而姓名既是历史，也是文化；既是故事，也是画卷。它们反映当时当地的经济发展状况、思想文化传统及人们的风尚习俗，内涵丰富，引人入胜。英语姓名的文化内涵极其丰富，诸多姓名不但折射英语国家的历史文化，反映时代特征，还寄寓着人们的情感和希冀。透过英语姓名这个窗口，我们可以深入地了解英语民族特有的文化。

一、英语姓名的构成

英语国家的姓名一般由"名"+"姓"两部分组成，其排列顺序正好与中国的"姓"+"名"相反，如 Mary Robinson（玛丽·罗宾森）中，Mary 为名，Robinson 为姓。也有人有两个或两个以上的名，按照"首名（First Name，简称 FN）"+"中名（Middle Name，简称 MN）"+"姓"（Last Name，简称 LN）的次序排列，例如，Linda Jane Smith（林达·简·史密斯）中，Linda 为首名或教名，Jane 为中名，Smith 为姓。英美人在大多数情况下只使用一个名字，即首名或教名，它们是孩子出生后接受洗礼时命名的，一般由父母或牧师来取；只有在办理公务或签署文件时才使用中名甚至第三个名字，中名多是以父母亲朋的某个名来命名的，表达了本人与父母亲朋之间的关系。

二、英语姓氏来源

中国人很早就有姓，而且把姓视为血缘关系、传宗接代最重要的标志，以姓聚族而居，建宗祠、立家庙。可是，英国人在历史上很长一段时间内却只有名而没有姓。这种只有名没有姓的情形一直延续到 10 世纪。为了避免重名，人们一般采用副名加以区别，即在名字后面加上修饰语，说明该人或其祖先的居住地、职业、地位、家系、身体或性格特点等，由此构成了英语姓氏的基础，这也是英美人士名字在前姓氏在后的缘起，在很长一段时期，姓氏是因人而异的。兄弟异姓，个人因时易姓的现象并不少见。后来，由于社会发展的需要，如继承田产以及威廉1066年征服英国后的影响（法国诺曼人的姓氏是世袭的），这种修饰语便逐渐固定下来，到了 14 世纪末终于演变成世代相传的姓氏。英美人在给孩子取名时是很慎重的，并受他们的文化习俗和价值观的影响。所以，看似简单的英语姓氏，却能体现出各自不同的身世或文化背景。英语姓氏是研究英语民族社会历史文化的活化石。但有点和我们是截然不同的，他们经常以父母亲朋或自己的名字为孩子命名，比如，美国前总统罗斯福给儿子取名为 Franklin Roosevelt Junior（小罗斯福）。

称谓语即人们在交际中用于称呼对方的词语，具有重要的社会功能：它是称呼者对被称呼者的身份、地位、角色和相互亲疏关系的认定，起到保持和加强各种人际关系的作用。每一种语言，经过长时间的发展和演变之后，都会形成各自独特的称谓体系和使用规范。称谓语是社会语言学家较早开始关注的言语行为，因为在每种语言中，在每个社会中，只要人们相互交谈，就涉及如何称呼对方的问题。

称谓语分为社交称谓语和亲属称谓语两大类，前者指对亲属之外所有其他人的称呼用语，后者指对亲属的称呼用语。

三、社交称谓语

从社会语言学的观点来看，社交称谓语具有极其丰富的社会和文化内涵，是社会中权势性和平等性的象征。权势性指上下或尊卑关系，也可依长幼、职业差别、教育高低等情况来定；而平等性则指平等关系，可指社会特征（宗教、性别、年龄、出生地、种族、职业）的一致性，彼此关系的亲密度。

四、亲属称谓语

亲属称谓语有正式和非正式说法，如 father（父亲）和 daddy（爸爸）。在书面语、正式场合和间接称谓中，一般用正式说法，如"祖父"（grandfather）和"祖母"（grandmother）。在口语、非正式场合和直接称谓中，一般用非正式说法，如"爷爷"（grandpa）和"奶奶"（grandma/granny/grannie）。英语和汉语中，长辈对晚辈，经常称呼名字，而不常使用亲属词。汉语中，晚辈直接称谓长辈，一般总是要使用亲属词，而不能使用名字，如果晚辈用名字直接或间接称呼长辈，会被认为是不敬的表现。但英美人在未成年时除使用亲属词称谓长辈外，有时也可以称呼名字（first name）。例如，小孙子可以直接称呼他的爷爷为 Tom 或 George，而不一定叫 Grandfather 或 Grandpa。英美人在成年后更多使用名字称谓长辈，而很少使用亲属词。这点和中国人有很大的不同。

在亲属称谓方面，汉语民族主要受其宗法血亲关系的制约。中国人习惯用表示血亲关系的名词来称呼家人、亲属，甚至会将此类称呼用于朋友和陌生人，以示亲近，而西方人则很少这样做，中国人很难想象美国孩子竟会对其长辈直呼其名。英语亲属称谓仅用13个名词和几个修饰词就可以反映所有的辈分、同胞、血缘关系。而汉语亲属称谓男女有别，长幼有序，血缘关系的远近疏密泾渭分明，因此要远比英语亲属称谓复杂得多。

五、称谓语的使用

总体说来，称谓语的使用有两种模式，即对称性模式和不对称性模式。美国的社会语言学家布朗（Brawn）和福特（Ford）曾经收集了不同职业的人在工作场合交谈的大量资料，通过对这些资料的研究，发现大多数情况下说话双方都采取对称性模式，即双方都使用名字或者都使用称谓加姓氏的方式称呼对方。通常朋友之间或关系比较亲密的人之间使用名字，而对刚刚认识的人或关系疏远的人使用称谓加姓氏。不对称性模式是指谈话中一方用名字称呼另一方，而另一方却用称谓加姓氏称呼自己。采取何种称谓取决于两个因素：权力（社会地位）和人与人之间的亲密程度（社会距离的远近）。谈话中社会地位或级别较低者对上级所使用的称呼是不对称的，体现了对上级的尊敬。同样的称呼如果用于地位相近的人，则体现彼此之间关系比较疏远，并且显得非常正式。同样，在不对称性模式中上级对下级所使用的称呼也是其权力的体现，同样的称呼如果用于同级别人，则表明彼此之间社会距离较近，较亲密，也显得非常随意。

一些情况下，尤其是双方经过一些接触，相互有了一定的了解，关系发生变化之后，即使是以英语为母语的人也无法确定用何种称谓合适。这时，通常是地位高的人先从正式称谓向非正式称谓转变。如果年轻人或地位低的人无法确定是否也要使用非正式称谓，这时，最明智的做法就是采用零称谓，即避免使用任何称谓。实际上这种做法在讲英语的人当中相当普遍。初学英语者对于在纷乱的语境中如何称呼往往不确定，如果能够巧妙地使用零称谓，就可以避免一些不必要的尴尬和麻烦，作为英语教师，向学生解释清楚这一点，无疑将对学生很有帮助。

地名是语言词汇中文化载荷的成分。作为历史文化的产物，地名深深烙上了社会变迁的痕迹以及一个民族特有的文化特征。随着语言文学的产生，人们根据自己的观察、认识和需要，对具有特定方位、范围及形态特征的地理实体用文学代号给以共同约定，这种约定俗成、世代相传的文学代号就是地名。地名固然是代表实体的符号标志，但同时又是一种超越时空的文化特征。地名是民族历史和文化的一部分，与人类的社会变化紧密相连。下面我们讨论一下英美国家地名的历史文化内涵。

（一）来自凯尔特语与拉丁语的地名

日耳曼征服以前，生活在不列颠的是凯尔特人，古罗马人也曾一度征服不列颠。古罗马人撤离之后，凯尔特人即面临撒克逊和朱特人的入侵、杀戮、驱赶。拉丁语和凯尔特语在英语中几乎没有留下什么痕迹，但却留下了一些地理名词或地理名词的构词成分。来自凯尔特语的地理名词包括：Thanes（泰晤士河：流经伦敦）、Avon（阿文河：在英格兰中部）、Dwer（多佛：英国东南部海港）、Wye（瓦依河：流经威尔士和英格兰西部）、Kent（肯特：英国东南部的一个郡）、Cornwall（康瓦尔：英国西南部的一个郡）。凯尔特语还留下了一些地名构词成分。

（二）来自英语的地名

日耳曼征服以后，撒克逊人和朱特人定居不列颠，翻开了不列颠历史上新的一页，也开始了英语的历史。随着城乡的发展，以古英语命名的名词不断产生。含有英语地名构词成分的名词遍布不列颠。Shire（郡）源于古英语词 scir（office：办公处），从古英语时期起就是英国的行政区。另外，shirefe 是英语地名的构词成分国地名 Lancashire、Yorkshire、Cheshlr 等中都含有这一成分。

来自古英语的地名构词成分还有很多，有一些保留了其古英语形式，有的则演变成了现代英语形式。

（三）来自斯堪的纳维亚语的地名

从 8 世纪起，不列颠被斯堪的纳维亚人入侵和占领。到 9 世纪中叶，丹麦人在英国东北部建立了丹麦区（Danelaw），并定居下来。英国有 1400 多个村镇的名称来自斯堪的纳维亚语，大部分都在该地区。在约克郡（Yorkshire），林肯郡（Lincolnsliire）、坎伯兰（Cumbertand），诺森伯兰（Northumberland），威斯摩尔兰（Westmorland）、诺福克（Norfolk）等地，75% 的地名来自丹麦语。

发生在 1066 年的诺曼底征服，使大量法语词汇进入英语，但是英语地名中来自法语的却很少。比较常见的只有由 -ville 构成的地名。有趣的是英语中的虚拟地名也常用 -ville 这一成分。

（四）美国的地名

欧洲文艺复兴时期以前，英国主要是移民输入国家，因而出现了很多来自其他民族语言的地名。从文艺复兴时期开始，英国国力渐强，开始了海上冒险，大批人走出国门，开始了拓展海外殖民地的过程。美国是英国人建立的最主要的海外殖民地之一。英国人一踏上这块北美的土地就开始了确定地名的活动。美国地名的确定有三个非常突出的特点：借用先于英国人栖居北美大陆的各民族所使用的地名；借用欧洲大陆，特别是不列颠的地名；以人名作为地名。

先于英国人栖居北美大陆的首先是印第安人。在欧洲殖民者到达北美大陆之前，印第安人世代栖居在这里并创建了辉煌的文化。欧洲殖民者在踏上陌生的土地时，沿用原有地名是很自然的事情。因此，很多美国的地名来自印第安人的语言。

美国东南部的佛罗里达为西班牙人的殖民地，美西战争后并入美国版图。南部原为墨西哥的领土，墨西哥人也讲西班牙语。很自然，在美国的东南部、南部有很多来自西班牙语的地名。

美国中部、中南部原为法国的殖民地，后由杰弗逊（Thomas Jefferson）任总统的美国政府购买，并入美国版图。因此，有些地区保留了一些来自法语的地名。

纽约原为荷兰人殖民地，现在还保留着一些来自荷兰语的地名。例如，Brooklyn（布鲁克林：纽约市行政区）、Harlem（哈莱姆：纽约的一个黑人居住区）、Staten Island（斯塔滕岛：纽约市行政区）、Bronx（布郎克斯：纽约市行政区）。

美国建国以后，版图不断扩大，来自世界各国的新移民蜂拥而来。随着中部、西部的开发，美国东部居民也大量西进。在中部、西部不断建立新的定居点，需要大量新的地名。人们便把眼光投向美国东部乃至世界各地，利用旧的地名为这些新的地点命名。有时，人们为和旧地名有所区别，就在前面加上New(新)。

美国有不少地名来自人名。以人名为其他事物命名体现的是一种人是世界的核心、是世界的主宰的思想，是个人主义文化的一个重要方面。

第二节　英语成语、谚语和典故

成语（idiom）是习语（俗语）的一种，是各个国家和民族语言中不可或缺的部分，含有丰富的社会和文化内涵，是人类在长期的社会实践中总结出来的语言精华。可见，英语成语是不可预见其意义的固定词组，其表述之义往往不是其单字意义的总和。在英语语言表达的生动性、凝练性及使用的程度等方面，要首选成语。英语成语一方面源远流长，另一方面顺应社会的发展不断有新的成语出现，学习英语成语不是一朝一夕的事情。一定数量的成语对于了解英语国家的社会与文化、融入以英语为本族语的人群具有十分重要的作用。

一、英语成语的特点

（一）语义的整体性

在英语中，成语大都是作为一个整体出现的，其意义往往难以从其中某个单词猜测出来。也就是说，组成成语的各个单词除了表达成语的整体意义外，往往不能再表达其他的意义。

（二）结构的稳定性

结构的稳定性也叫句法限制，即指成语的形式固定，其中各个单词不能被替换或是以别的形式出现。

（三）民族特色性

相当数量的英语成语的形成有着宗教、政治和文化历史的渊源，所以字面意思与实际含义时有天壤之别，不能望文生义，也不能一知半解就拿过来使用。

除了上述几个主要特点以外，还有一些英语成语从字面上看是违反语法规则的，还有一些则是违背逻辑的。为此，学习者在碰到英语成语时要加倍小心，稍不留神就会出现偏差。

二、英语成语分类

从跨文化比较的目的出发，将其分为短语动词和习语讨论。

（一）短语动词

短语动词是成语的一种，由一个动词加上一个小品词构成，如 look into（调查）。这个小品词要么是副词，要么是介词。短语动词也可由一个动词、一个名词和一个介词构成，如 take care of（照料）。

在 1500 多年的历史中，英语变得越来越简单了，英语失去了大多数的屈折词尾。没有人能够确切地说明在英语倾向于简化的同时，为什么出现了这么多的短语动词。或许是因为英国人民喜欢单音节词，喜欢用它们的组合来表达那些多音节的外来语的意义。斯威弗特，《格利弗游记》的作者，曾经抱怨过英语里的单音节词过多，并把这当作英国人的耻辱。当然，今天人们已经不再这样看问题了。相反，它正说明英国人喜欢在日常交流中使用单音节词，否则，它们也不会发展成今天这个样子。

这些短语动词和与其对应的拉丁语或法语借词的概念意义相近，但社会意义不同。一般来说，短语动词多出现在英语口语中，而与之相应的单个法语或拉丁语借词一般出现在书面语中。

（二）习语

短语动词只是英语成语的一部分，英语中还有其他数量巨大的习语。在英语的历史上，由于表示语法关系的词缀大量流失，特别是表示名词的格的词缀基本消失殆尽，英语更多地依赖词序来表达语法关系，而词序的固定则是英语习语大量涌现的土壤。

许多英语习语都与英语国家文化紧密相关。从这些习语中，我们可以看到使用英语的民族看待事物的方式。

我们可以看出英语成语一般都有与其对应的汉语表达方式。但通常这些英语成语和与其对应的汉语表达方式只是在概念意义上对应。它们在联想意义，特别是其中的反映意义上有明显差别。

这里需要特别指出的是，使用英语成语时必须注意场合和对象。大多数英语成语是非正式用语，有些甚至是俚语。因此，英语成语一般只能用于非正式场合，特别是口语中，如好朋友的私下交谈。一旦是正式场合，且听者又是陌生人或不太熟悉的人，就一定要措辞谨慎或少用成语。此外，英语成语和其他语言现象一样，也在不断地进行着更新交替，因此，除了一些文学上的浮夸的或旧式的成语之外，已很少出现在日常成语之列了。

英语的 idiom 很容易和 proverb 混淆，前者相当于汉语的"成语"，后者相当于"谚语"。从形式上看，两者的区别是比较明显的：idiom 是短语（phrase），proverb 是句子（sentence）。idiom 没有主谓语，故不成句；proverb 有时即使主谓不全，但是一个省略句。至于中文的成语和谚语，区别则较为含糊，一般四个字组成的称为成语，尽管有的成语也具备主语和谓语，而较长的语句为谚语。

谚语也是一种习语（俗语）。英语和汉语中都存在着大量的谚语。这些谚语是在民间流传的短小精悍的固定语句，是人们生活经验、生活智慧的结晶。英语谚语是英语民族智慧的集中体现。英语学习者通过英语谚语，可以学习国家思想与文化的精华，领略英语语言的精悍和传神。

三、英语谚语的主要来源

英语是一种兼收并蓄的语言，在其漫长的发展过程中，汲取了欧洲多种民族语言的精髓。英语谚语更是博采众长，特别是从古希腊、古罗马文化中汲取了大量的营养。而西方国家的作家、思想家，如培根、莎士比亚、蒲柏和富兰克林，则为这座宝库增添了更多丰富多彩的内容。但是，英语谚语的主体还是来自民间。早在 8 世纪上半叶，英语谚语就开始流行了。英语中大部分生动的谚语都是田间的农民、作坊工人、村中的猎手、海上的水手、家庭的主妇或厨师的口头创作，那些无从考证而又家喻户晓的谚语是普通民众长期积累、流传下来的思想火花与语言经典。英语谚语素有"俗谚""雅谚"之分，前者源自民间口语的诸语，后者则源自古希腊—罗马文明、英语文学名著的谚语。

（一）雅谚

英语中有相当一部分谚语源自古希腊—罗马文明、《圣经》和英语文学名著。与源自民间口语的谚语不同，这些谚语一般涉及典故，或多或少带有些书卷气，故称雅谚。

（二）俗谚

源自民间口语的俗谚，以世态人情为材料，以经验知识为依据，是人民大众生活和生产的缩影，也是他们经验的积累和总结，揭示了他们对客观世界的认识和感悟，也表露了他们的心理诉求和祈望。

四、英语谚语的修辞手法

谚语作为民间文学，具有诗的活泼、文的凝重，因而在各种文体中都很常见。如果稍加留意，不难发现英语谚语运用了许多修饰手法，如（反义）对比、比喻、拟人、倒装、省略、平行、重复和押韵。这些修饰手法的运用，常令人耳目一新，让人难以忘怀。

（一）比喻

比喻是英语谚语的主要修辞手法。比喻就是以此喻彼，它有一个基础（心理联想）和四项要素（本体、喻体、相似点、相异点）。比喻可分为明喻、暗喻、换喻和提喻。

（二）拟人

拟人实际上也是一种比喻，即把无生命的事物或抽象概念看成有生命的东西来加以谈论。

（三）夸张

夸张手法运用丰富的想象，在数量、形状或程度上加以渲染，以增强表达效果，具有诙谐、讽刺、褒贬的功能。

（四）押韵

为做到音韵美，许多英语谚语巧用头韵和尾韵来增强表达效果。一般成语、谚语让人过目成诵，正是得益于此法。

（五）双关

双关是指巧妙地利用同音异义或同形异义等现象，使词或句子具有两种不同的含义，从而创造含蓄、奇特而又不失幽默的表达效果。双关分为语义双关和谐音双关两种。语义双关即利用一词多义的特点，使语言表达的内容有两种不同的理解；谐音双关即利用词义根本不同的谐音词构成的双关。

（六）省略

英语常常省略某一（些）成分，以求言简意赅、朗朗上口的效果。

（七）重复

重复是指某词或词组的重复使用。英语谚语有时省略某一（些）成分使语义简明，但有时也要重复相关词，以使语义突出。

（八）对照

对照是把两种不同的事物并列出来，互相衬托，或是把一种事物的正反两方面并列起来，以便更加鲜明、更加全面地表现事物的本质。

五、英语典故的来源

（一）文学典故

莎士比亚是英语文学典故的重要源泉，其他英语文学家也创造了很多典故。在英语中我们也能发现源于欧洲其他语言的文学作品的典故。欧洲各国的文化有很多相通之处。

（二）源于古希腊—罗马文明的典故

古希腊—罗马文明是西方文化的底蕴，对西方人的生活产生了深刻的影响。现代公历中星期与月份的名称中很多与古希腊—罗马神话有关。

（三）源于宗教的典故

典故的另外一个来源是宗教。在英语国家里，基督教是主要宗教，人们在英语中自然能发现许多典故来自《圣经》里的人和事。

（四）源于历史的典故

历史事件和人物也可以是英语典故的来源。这些历史事件可能发生在英国或者其他西方国家，这些历史人物也可能是英语的人或者是说欧洲其他语言的人。

（五）源于体育的典故

英语里有许多与体育有关的典故。以英语为母语的人，特别是美国人，非常喜欢体育运动，或者亲自参加，或者观看。因此，英语中有很多有关体育的典故是很自然的事情。英语中有很多典故源于棒球、橄榄球、拳击等在美国或其他英语国家非常流行的体育运动。

六、英语典故的使用

从认知语言学角度来看，典故是一种隐喻，用典就是借用有来历、出处的故事和词语打比喻，意在不言中。构成典故的各个词形成了该典故的字面意义，虽然这些词不能完全揭示典故的特定寓意和文化特色，却构成了一个或者多个概念域。人们在使用语言的过程中，通过认知机制，在特定的语境中把这种概念域与典故的特定意义相联系，在这种联系中起关键作用的就是隐喻。典故的隐喻性只有在以特定语境为基础，通过映射等途径进行一系列认知活动时才能得到充分的体现。英语典故多由形象生动的故事、轶闻、传说或史实凝练而成，在于含蓄，其现实意义（听者或读者透过字面意义领会到的隐含意）的实现取决于使用者的意义赋值以及这种赋值与听者或读者的最佳关联性。

（一）意义赋值

实质上，典故的使用过程就是主体的人对作为理解对象的客体进行意义赋值的过程。

（二）最佳关联性

说话者对典故进行新的意义赋值，只是完成了交际过程的一半，要让听者（或读者）领略个中含义，说话者就必须对说话对象的文化水准和认知能力有一定的了解，适当地运用典故，以实现表述内容与听者（读者）的最佳关联，从而有效激活听者（读者）的理解力、联想力与想象力。

特定话语的会话含义通常与其所处的语境密切相关。这里所说的语言环境、副语言环境和非语言者的结合因素，即交际的场合、时间；交际双方的身份、地位；交际双方的关系；交际双方的心情、行为；交际双方的语调、语气、表情、手势等。英国学者斯珀波和威尔逊在《关联：交际与认知》一书中将这一术语定义为"当且仅当，一种假设在一定的语境中具有某种效果时，这种假设在这个语境中才具有关联性"[1]。由此可见，语境是确定关联程度的重要因素。

---

[1] 丹·斯珀波,迪埃钰·威尔逊.关联 交际与认知[M].蒋严译.北京:中国社会科学出版社,2008.

第三节　英语俚语、委婉语和禁忌语

俚语是一种行话，它排斥规范用语的语言规则，具有较强的新颖性、较为短暂的词语寿命以及特色鲜明的用法，意在强化行业或集团内部的一致性。结合以上定义，俚语即特定人群的俚俗新奇的口头用语。

在现代语言中，俚语其实早已超出了特定人群行话的范畴。随着大众传播媒介的日益发达和人际交往范围的不断扩大，汉语中的许多方言词广为流传（如东北话里的"忽悠""唠嗑"等），逐渐成为大众性的俚语。英语俚语不仅在当今西方社会（尤其是美国）的影视、小说、报纸杂志以及日常交流中形成了一个强有力的磁场，有些说法还在全球范围内流行。要想熟悉英美社会，了解英美人的风俗习惯，提高阅读、理解、听说能力，就必须懂些英语俚语。

一、美国俚语产生的社会条件

（一）表达情感

语言是交际的工具，而俚语作为语言中一个实际存在的组成部分，常常被使用者用来传递信息、交流思想、表达特定感情。在熟悉的朋友举办的鸡尾酒会上与人交谈时，适度地使用一些俚语就会使气氛轻松活跃。朋友之间的通信也是如此，字里行间穿插使用一些俚语更具人情味，使收信人读起来感到比较亲切。

（二）逆反心理的价值取向

逆反心理的价值取向为俚语的产生提供了动力，由于俚语是以亚文化的形态公开向主导文化的价值挑战的，由此引起了价值观的冲突。美国人崇尚流行、乐观、自由、反叛以及个人主义，在日常工作生活中，美国人往往会有一种逆反的心理，即越是禁忌的东西，人们就越想去冲破、去超越，美国俚语正好顺应了这一心态。因此，它的产生是正常的社会道德规范和价值观念下思想禁忌的反向推动作用的结果。所以，语言中越是禁忌的词，在俚语中的表达方式就越丰富，如美语中对死、性爱、个人隐私、贫穷等敏感话题，在词的表达形式方面有很多，美国人创造俚语就是为了打破语言的禁忌常规，宣泄自己的情感，表达自己的个性，丰富自己的内心世界。

(三)崇尚自由,追求时尚

俚语不仅能反映出创造者和使用者的个性和内心世界,而且能折射出社会和文化,反映人们的价值观念、道德规范、思维方式。美国人具有较强的个性,不怕犯错误,勇于探索,充满好奇心,因此他们力图寻找新颖有力、绚丽多彩、生机盎然的词句。因此,俚语在其形成和发展的过程中,以对常规的反叛和对新奇的追求为主要特征,以新颖的通俗形象见长。美国人在不断的试验中,在对新形式的坚定追求中体现其语言特色。

(四)追求喜剧效应

俚语以其幽默风趣、生动活泼见长。对于性格开朗的美国人来说,俚语又往往可以避免原来的标准语所呈现的拘谨和感伤,幽默和乐观正是喜剧所体现的精神,因而美国俚语有"音乐喜剧"之称。美国俚语往往反映其创造者和使用者的个性,一个善于创造和惯于使用俚语的人大多是坚强、活泼和乐观的,美国人生而具有活泼的民族性格,他们在生活中以幽默和谐的表达增强语言的生动性,俚语的幽默轻松和乐观随处可见。

二、英语俚语的风格特征

(一)新颖时髦,别具特色

美国人民富于创造性,追求新奇。这种民族性格不仅表现在他们的日常生活中(如各种稀奇古怪的发型、琳琅满目的奇装异服、各种荒诞古怪的比赛),而且也反映在他们的言语中,俚语的广泛使用便是最有力的佐证。

三、委婉语的含义

委婉语是一些让人听起来悦耳、礼貌或是无恶意的词或词组,用来代替那些粗鲁、刺耳、不雅的词语。

大概在任何一种文化中都有这样一些概念或事物,尽管表达它们的词汇在语言中是存在的,可是人们出于宗教或者社会习俗的原因,总是尽量避免直接提及它们。当这些概念或事物不得不涉及时,人们总是选用一些听起来让人觉得更易接受的词或词组,于是就产生了委婉语。

四、英语委婉语的修辞功能

（一）避讳功能

西方语言禁忌起源于古希腊、古罗马时期人们对神的敬畏。在人类文明的早期，科学尚不发达，人们常常因感受到神秘力量的存在而心怀恐惧，于是在口头语言表达上有了不愿言、不敢言的内容，久而久之就成为一种语言的禁忌。但因相互交流的需要，有时又不得不表达出此种意思，于是人们逐渐学会了用避讳的话来表达，委婉语也就由此产生并被广泛应用。这样，避讳禁忌、消除恐惧便成了委婉语的第一个功能。

（二）礼貌功能

委婉语的第二个主要功能是在交际中避免伤害他人的面子。所谓面子，是每个人都希望能维护自己的公众形象。爱面子或害怕丢面子是广泛存在的，"人要脸，树要皮"是超越所有文化界限的。当迫不得已要涉及令人不快的事情时，人们本能地相信，使用委婉语以示礼貌，是有效避免各类冲突的重要交际策略或方法。这种信念使人们创造出许多含蓄婉转的表达方法，从而避免了较为粗俗、直截了当的表达方法，这就是委婉语的礼貌功能。

（三）掩饰功能

随着现代社会的发展，英语委婉语的使用也发生了很大的变化。使用委婉语的动机已不再单纯是出于避讳或照顾听者或读者的感情，而往往是为了达到说话者自身难以告人、无法直言的目的。这方面的一个典型例子就是在西方政治事务中，一些政客常常混淆视听、歪曲真相，以掩盖某些事情的本质。

委婉语既是一种语言现象，也是社会和文化现象，从中不难领略相关国家的社会心理和民俗文化。委婉语的使用必须因时、因地、因人、因事而制宜，唯有如此，才能有助于人们自如地表达思想。委婉语一旦滥用，只会显得荒唐滑稽，适得其反。

五、英语禁忌语的起源

在任何一个社会里总有一些事物是不能直接说及的，即使该社会所用的语言中有这样的词语。倘若必须要说，则运用转弯抹角的说法。一旦有人违反这些戒律，在大庭广众之下说了某个词语或谈及某个话题，他将处于非常尴尬的境地，甚至成为不受欢迎的人。这种现象与人们常说的禁忌有关。尽管禁忌语是普遍存在的语言现象，在各种语言中都有与迷信心理、性器官、性行为有关的禁忌语，但是不同的文化传统有各自不同的禁忌方式，因而对于学习外语的人来说，了解英语禁忌语就得很有必要。

禁忌语源自太平洋群岛波利尼西亚的汤加语。20世纪初以来的人类研究，说明禁忌起源于远古人们对语言的崇拜与迷信。著名英国人类学家爱德华·泰勒在其著作《原始文化》一书中指出，原始人民无法分辨自然现象与超自然现象，他们认为周围的一切事物都是有生命的，那些指代自然物体与现象的词语也有血肉灵性而且有超自然的魔力。对它们敬畏和合理运用，就能给人们带来好运，相反，对它胡乱运用，灾难就会降临。[①] 各种禁忌形成许多独特的民俗，同时独特的民俗又反作用于人们的思维方式，进而影响人们的观念世界，它们隐藏在人们的潜意识之中，渗入生活的各方面，因此，禁忌也是社会和心理共同作用的产物。

六、禁忌语的特点

（一）普遍性

语言禁忌存在于世界各民族之中，无论是原始部落，还是高度文明的社会，无论在东方还是在西方，语言禁忌都普遍存在。可以说，人从降生到社会的瞬间，各种禁忌就制约着其言语行为。人在社会化的生活中，语言禁忌有效地协调着人与自然、人与社会、人与人之间的关系。

（二）时代性

时代性亦可称为可变性。语言是活的，处于不断变化中。一个时代的禁忌语到了另一个时代可能就变成一个普通的词语。

（三）民族性

民族性也可称为特殊性。语言是文化的符号，文化是语言的体现。一个民族的文化可以在一个民族的语言中折射出来，语言禁忌也不例外。而各民族的文化模式有其个性和特色，中西方的历史沿革、社会制度、价值观念、风尚习

[①] 泰勒. 原始文化[M]. 蔡江浓, 译. 杭州: 浙江人民出版社, 1988.

俗、生活模式等方面的差异，使得二者在语言禁忌的内容与形式上均有不同。以英语和汉语为例，比较而言，英语中与宗教、犯罪、酗酒、妇女解放等方面有关的禁忌语居多，谈论话题涉及个人隐私（privacy）的内容常被列入禁忌、避讳之列。而汉语在称谓方面大有讲究，禁忌较多，另外，汉语中对有关性的词语和话题特别敏感，禁忌也多。

第三章 英语文化教学方法探索

语言是文化的载体，是文化的主要表现形式，也是文化的组成部分，对文化起着重要作用。同时，语言又受到文化的影响，反映文化。语言教学必须包含文化教学，学习语言的过程就是了解和掌握该语言的文化知识的过程。就英语学习而言，学习英语的过程就是对英语国家文化知识进行了解和掌握的过程。对英语国家文化知识掌握程度的高低直接影响着一个人的英语使用能力。因此，教师在英语教学中可以适度引入英语文化教学方法，以促进英语教学的新发展。本章对英语文化教学方法进行具体探讨。

第一节 英语文化教学存在的主要问题

一、教材内容的限制

现在使用的教材说明性和科技型较强的文章所占比重较大，大多为"骨架"知识，忽视了语言形式的文化意义。教材中涉及英语文化，特别是关于英语国家伦理价值、思维方式、民族心理等精神层面文化的材料较少。这就使得学生在学习英语时对非语言形式中的一些西方文化因素，如生活习俗、社会准则、价值观念、思维特征等方面了解不够。教学实践功利色彩浓重，片面追求学生书面语言能力（尤其是书面应试能力）的提高，忽略了文化因素在语言教学中的重要性。

笔者对外语教学与研究出版社出版的《新视野大学英语》各单元的主题进行了统计，其中直接与文化有关的仅有五个单元。它们是：第二册的 Unit 1 和 Unit 4，以及第三册的 Unit 3、Unit 4 和 Unit 7。这套大学英语教材从第一册到第四册共有 40 个单元，可见有关文化的材料仅占 12.5%。因此，学生所学到的知识也就很少触及异族文化中的行为原则和准则,造成跨文化交际能力培养的收效甚微。

二、教师的文化意识淡薄

教师因素是英语文化教学能否落实到位的关键因素。英语教学活动仍然停留在传统的语言知识教授层面,很少涉及文化教学。导致这一现象的原因是多方面的,主要有以下两点。

(一)教师受传统英语教育观念影响

教师本身所受的教育就是传统的英语教育,即单纯的"骨架知识"教育,因此导致教师的教学观念存在偏误。课堂上,大多数教师只重视语言形式的正确性,很少教授如何得体地运用语言形式,英语文化知识的介绍也很少,也随心所欲,点到即止,缺乏系统性和条理性。有些教师认为只要学生记住单词、句型、语法等语言知识就够了,没必要导入文化知识;有些教师认为学生学习外语,就是学习语言系统成分的正确用法,学习者在此基础上自然会掌握实际应用语言的能力,从而忽视了语言的得体性和社会环境等重要因素在交际中所起的作用;还有些老师担心文化教学会加重大学生的负担,不愿把紧张而宝贵的时间花在文化教学上,所以就放弃了文化教学。

(二)教师跨文化知识匮乏,没有时间进行英语文化教学研究

教师作为非母语学习者,缺少英语学习的大环境,已经掌握的跨文化知识零散琐碎;而且由于教师教学任务繁重,没有很多的时间和精力进行教学研究。许多高校英语教师的平均周课时都在14节以上,繁忙的教学活动直接影响了教师的专业学习和教学研究。

三、学生的学习主动性不足

由于长期传统教学模式的影响,很多学生过于依赖英语教师,缺乏学习的自主性和目的性,教师不教语言如何运用,学生便不学语用知识;教师不介绍英语文化,学生便认识不到语言和文化的密切相关。在实际教学活动中,以教师为主导,学生为主体的教学模式没有得以充分体现。在课堂教学活动中学生缺乏主动性,习惯于教师的灌输式教学,很少主动翻阅相关文化知识书籍,探索与积累这方面的内容更是无从谈起。

可见，造成我国英语文化教学效果不尽如人意的原因，既来自教材编制中文化侧重少，相关教师忽视课堂上文化知识的传授，照本宣科的教学方式造成枯燥乏味的课堂气氛，还来自学生本身受传统教学方式的影响，不善于、不积极或不方便获取相关文化的知识。因此，怎样才能改善我们的英语课堂气氛，提高英语课堂的文化教学效果是有效进行外语文化教学，学习西方文化首先要解决的问题。

第二节 开展英语文化教学的现实意义

一、文化教学是语言教学的一部分

文化教学是英语教学中的一项重要内容。传统的英语教学的中心任务只涉及语言的四大要素教学，包括语音、词汇、语法和修辞四方面。但是，这些内容并不是语言学习的全部。因为语言是文化的反映，是文化的一部分，是传播文化的一种媒介。如果我们只懂语言而不了解语言背后的文化，就不能真正地、完整地理解和运用语言。语言既是文化的产物，也是文化的一种表现形式，语言的使用要遵循一定的文化规则。换句话说，文化不仅决定思维，也决定语言的表达方式。

综上所述，语言与文化之间的关系很紧密，它们相互影响，相互作用。要想更好地理解语言必须了解它的文化，反过来，要想理解目的语文化又必须了解它使用的语言，语言与文化是息息相关的。语言渗透于文化的各个层面，是文化不可分割的一部分，因此语言的学习不可能离开文化，外语教学从某个角度来讲就是文化教学。

二、文化教学是实现运用语言进行交际的关键

虽然说语言能力是交际能力的基础，但是具备了语言能力并不意味着掌握了交际能力。越来越多的人已经认识到，学习一种语言，单纯地学会其语音、词汇与语法知识是远远不够的，还要学习与所学语言有关的国家和民族的历史文化传统和社会风俗习惯。只有这样，才能真正掌握这种语言的精髓，才能保证理解和运用这种语言进行交际的准确性。

三、文化教学是实施素质教育，提高教师素质的需要

了解目的语的文化背景，提高学生的文化知识水平，这无疑是对教师的素质提出的更高要求。

英语教师在之前很长一段时间内主要抓的是语言基础知识的教授，对文化教学的内容缺乏一定的关注。因此，为了更好地实现文化教学，首先应该从英语教师的自身素质抓起。英语教师应该阅读有关文化专题的专著和背景性的书籍。只有教师的文化知识水平提高了，才能有效地对学生进行文化教育。否则，教师自身的知识存储量不够就没有办法给学生传授更多的文化知识，学生的素质教育也会沦为一句空谈。

四、文化教学是人才培养的需要

随着社会的进步和教学改革的不断推进，培养学生的综合素质成为21世纪外语教学的必然趋势。从某种意义上来说，学习一种新的语言，就是掌握一种新的交际技能，了解一种新的民族文化。通过对中西方文化的对比和分析，学生能够客观、全面地认识英语文化，同时用新的眼光和角度来审视和认识本国文化，进而在国际交往中做到知己知彼。只有这样，学生才能具备较强的国际理解力和竞争力，才能在经济建设中起到桥梁沟通作用，积极有效地推进国际的交流与合作。

文化教学不应该只是单纯地介绍外国文化，还应注意中西文化之间的平衡。我们既要介绍西方文化中的优秀人类文化，也不能忽视中国文化的精髓，而且应该通过对国外文化的学习，对自己的文化产生更深刻的认识。只有这样，学习者在将来才能在适应国外的文化环境的基础上，把我们优秀的文化传统在国外发扬光大，为世界文化的繁荣贡献自己的力量。

第三节 英语文化教学内容与目标

一、英语文化教学内容

(一)听力教学

听力是理解和吸收口头信息的一种能力,也是日常交际的基础。听力教学是英语教学的重要组成部分,学生英语听力能力的高低是判断其英语水平的一个重要指标。

听力作为语言实用技能之一,被认为是获取信息、汲取语言营养的一个重要手段。当下国际信息交流日益频繁,能够听懂别人说是顺利交流的第一要务。因此,学生们都迫切希望提高自己的听力水平,但有关调查发现听力依然是他们的难题,即使花费了很多时间还是不能取得比较理想的成绩。

英语听力文化教学内容要体现出工具性与人文性相整合的特性。而当前我国英语听力教学更多偏重工具性,对于学生的文化素质培养和文化知识传授仍然较为忽视。因此,英语听力文化教学内容可以在选择上既继承以往注重听力能力培养的优点,也要注意选取具有文化内涵的素材,并且通过提问、讨论、介绍、总结和复述等方式强化和内化文化知识,为人文素养的培养进行文化积淀。与此同时,听力内容的安排要按照学生的接受能力循序渐进,由慢到快,由易到难,让学生真正能够把自己的学习兴趣激发出来。

(二)口语教学

随着经济全球化的影响,我国在政治、经济、文化等方面与其他国家的交流也日益频繁,拥有娴熟口语交际能力的人才成为各个领域迫切的需求。语言通过口头表达和书面表达的形式实现其交际的功能。众所周知,在日常生活交往中,口语是运用较多的,因此,英语学习中对于口头表达能力的训练非常重要。

任何一种语言的使用都依赖于一定的语境条件,这种条件总是受到地域环境、历史文化等因素的影响。学生英语口语能力的培养不只是对其语音语调的训练,更为重要的是让学生在接触丰富语言材料、掌握西方文化背景的基础上,提高口头表达能力，实现顺利交际。否则，即使经过了严格的训练，语音语调准确无误，也会因缺乏有关的文化背景知识而造成不必要的误会和不愉快。英语中有许多固定的表达方式是不能随意改变的。例如，在西方文化中别人赞扬你时，你应该遵循西方会话交际中的得体原则，说"Thank you"等感谢的话，而不是遵循我们文化中的谦逊原则。可见，民族不同，风俗习惯不同，在语言使用的方式上也不尽相同，因此，对语言使用的文化背景的了解是必不可少的。

简单的问候、谈论天气等话题已经不能满足当今学生在英语听说课课堂上的需要，听说材料的深度性、文化性成为他们关注的重点。因此，英语文化教学内容要依据学生的现实与未来需要及社会需要来组织，要启发和调动学生说英语的积极性，英语口语教学内容一定要有思想性，选择的内容应注重人文科学。

（三）阅读教学

阅读教学是英语教学中的一个重要部分。传统的英语阅读教学通常采用三段教学法：首先是阅读前的"预热"阶段，通过对一些问题的讨论来调动学生的相关背景知识，以便进行有目的的阅读；其次是"讲解"阶段，教师重点讲解生词的意思和用法，介绍一些语法现象并对较难的句子做解释；最后是阅读后的"巩固"阶段，主要是通过做课后的词汇、语法和阅读练习，来达到对课文及所学知识的巩固。这种三段式教学法本身并无可厚非，通过循序渐进的教学安排可以充分调动学生已有的知识背景，然后理解生词难句，最后实现理解全文的目的。但是在实施过程中，教师将全部的注意力集中在了教材上，对于和时事挂钩的教学内容涉及太少，这就难免使教学失去弹性，因而也就失去了许多功能性和时效性。

英语阅读文化教学就必须在阅读教学内容的题材上跟上时代步伐，体现科技的新发展、社会的新进步、人类的新思想。同时，要充分考虑学生的已有发展水平，在适度的空间内合理安排学习内容，充分调动学生的学习主动性，在发展学生认知能力和交际能力的同时，使学生能够受到文化熏陶。鉴于英语教学的跨文化交际特点，可以适当地让学生对外国的思维方式、行为方式和文化底蕴进行了解，如种族、宗教、旅游、金融、生态、人文景观等。通过阅读教学培养学生参与跨文化交流的兴趣，进而培养他们对异域文化的正确辨别力，增强自身的民族责任感和使命感。

（四）写作教学

目前的英语写作教学上存在着一些问题。首先，在传统应试教育理念的影响下，许多教师认为写作就是能够写出应考性作文，因此，在教学过程中强调模板和范文的重要性，忽视培养学生写作的主动性和内容的丰富性。其次，写作的内容和体裁也是以考试要求的格式来定，学生创造力培养被忽视。总之，英语教学中的写作教学注重结果写作法而忽视过程写作法，这样的写作教学显然扼杀了学生的主动性与创造性。

此外，学生使用的英语写作材料大致可以分成两类：一种是理论型；另外一种是实用型。前者主要用于学生对写作技巧、修辞等语言知识和篇章结构及内容的学习；后者主要用于学生的英语考试，包括"套句大全""万能作文模板"等内容。这些材料都各有特点，但也都有不足之处。理论型显得呆板枯燥，学生难以理解；实用型因为过于模式化使得中国学生的英语作文千篇一律，内容流于形式。英语写作教学缺少一套系统的、涉及面广的、理论与实际相结合的教材。

英语写作文化教学重视学生人文性的培养，所以英语写作教学应该配备这样一套系列教材，包括写作技巧、句型练习、实用词汇、优秀范文等各个专题，这样的教材既具有理论性也具有实用性，既能满足教学目标的要求又能满足学生的个体需要，这样的教学内容无疑能够对英语写作教学提供有力的支持，促进学生写作能力的提升。

二、英语文化教学目标

（一）认知目标

工具论者认为，任何一种语言都是由口头语和书面语这两种形式组成的，语言就是一种工具或手段。就外部语言而言，语言是一种交际的工具；就内部语言而言，语言是思维的工具。因此，在工具论者思维理解模式中，英语学科的本质属性就是工具性，英语教学目标就是获得更多的工具性知识。其实，任何一门学科的教学价值理念都源于其学科本身的属性，教学目标的理念不能与学科的本质属性相分离。

虽然英语本身就是人与人之间的交流工具，以工具论为主导取向的英语教学目标在一定程度上讲有其合理性的一面，但如果我们从文化的视角对英语进行理解的话，英语仅仅是一种工具性的存在，虽然工具性可以视为语言的属性，但绝不是语言的唯一属性，而只是语言属性的一方面；英语还是一种文化性的存在，当然，文化是一个很难界定的概念，不同的学者对其有不同的理解和认识。

英语作为一种文化的存在，是文化信息的载体。任何一个民族的语言都和这个民族的文化有着天然的联系，如这个民族的历史、传统、风俗习惯、政治、经济、文化、教育等多方面。所以，通过英语教学，不仅要让学生学习英语的基本知识，还要让他们对英语所蕴含的文化内涵有所了解和理解。在了解和理解中，学生与异域文化、思想等进行心与心的交流和对话；在交流和对话中，他们体验到的是学习英语的快乐和异域文化的丰富多彩。从这个意义上说，学习英语的过程不仅仅是英语知识积累的过程，更带有鲜明的民族性和人文性特征，英语的工具性和人文性真正地融为一体。所以，英语教学目标的制定必须坚持工具性和人文性的协调统一，无论是学生还是教师都应认识到英语不仅是一门工具性课程，更是一门人文性课程。人文性与工具性的协调发展是我国英语教学改革的必然趋势。

英语教学目标有两个趋势是比较明显的：从单向的以英语为工具获取信息，到双向甚至多向的以英语为工具交流信息的演进；从强调英语的工具性到工具性和人文性和谐统一的转变，提倡人的文化素养的提高，满足人的工作和社会交往的需要。

（二）技能目标

思维同感知觉一样，是人脑对客观现实的反映，但感知觉所反映的是事物的个别属性、个别事物及其外部的特征和联系，属于感性认识，而思维所反映的是事物共同的、本质的属性和事物间内在的、必然的联系，属于理性认识。思维方式对人类的外部和内在活动方式都具有重要的影响。人类很早就开始对思维方式进行探索，产生了"思维是一种无法把握的东西，是由人的先天遗传所决定的，与人的生存环境没有任何关系"的先天遗传论观点和"思维不是由人的遗传所决定的，而主要是由人的后天环境所决定"的环境决定论观点。这两种观点从一定程度上讲，都有其合理性的一面，但都不是很完善。后来有学者在科学研究证实的基础上提出，思维不仅受人的先天遗传的影响，而且受人的后天生存环境的影响和制约。这种观点后来为大多数人所接受。因此，人们对思维方式的认识和理解经历了从非物质阶段到物质阶段，再到非物质阶段与物质阶段相综合的认识过程。对思维方式的认识和理解，有助于我们认识到在英语教学中培养学生思维方式对于他们学习、掌握英语知识和技能的重要性。

人们对技能理解维度的差异导致了对其分类的多样性，其中加涅（Gagne）的技能分类法影响最为广泛。他根据学生学习结果的情况，将技能分为三类：智慧技能，即运用概念和规则对外办事的能力；认知策略，即运用概念和规则对内办事的能力；动作技能，即身体和肌肉协调的能力。这三类技能的本质都是概念和规则对人的行为控制，其中智慧技能和动作技能为信息加工心理学中的程序性知识，而认知策略则是策略性知识。

技能与思维之间有着密切的关系，思维的培养可以有效地促进学生技能的获得。在英语教学中，教育者不能仅仅以一种传输的教学方式对学生进行知识、技能等方面的培养，培养学生的思维方式、让学生成为一个"会思考者"才是英语教学目标培养的方向。所以在英语教学中必须注重对学生思维方式的培养，使之养成用英语进行思维的习惯和模式。下面主要从两方面来探讨如何培养学生的思维方式。

1. 创设良好的语言学习环境，使学生能用英语进行思维

环境对语言的习得至关重要。这里所谓的环境一方面是学校创设的英语文化环境，可以说整个学校的英语文化氛围对于促进学生英语学习兴趣和学习态度等方面有着重要的意义，如学校可以以开设英语辩论赛、英语演讲比赛、英语文化节等多种形式，为学生的英语学习创造良好的文化环境；另一方面，环境是学校为学生学习英语创设的良好物质条件，如网络资源、英语学习网站等，这些物质条件能为学生的英语学习创造良好的物理空间，从而让学生在这种学习环境中养成用英语进行思维的习惯。

在传统的英语学习过程中，很多学生都习惯于用本族语的思维方式来看英语中的一些问题，而且这种思维方式很难摆脱掉，这其实与一个人的语言学习环境有重要的关系，因为我们每天生活在母语环境中，在与周边人和事的相互交往中都是以本族的思维方式进行的，真正的纯英语环境几乎不可能存在或如果真正有那也只是暂时的英语学习，如果脱离与之相应的语言环境，其效果是很不理想的。所以要让学生养成一种用英语进行思维的习惯，学校应力求为学生创设良好的英语学习环境。

2. 培养学生的英语语感

语感是指在语言学习过程中逐渐形成的语言意识，以及在接触语言材料过程中积累的语言经验。英语语感是指学生对英语语言的感觉，如学生对英语的语音感受、语意感受及对语言情感色彩的感受等诸方面。英语语感是学生对英语的直接感知能力，是学生对英语语言法则或语言组织方法的掌握和运用。所以，语感在英语学习过程中起着重要的作用。当然，语感的形成是一个漫长的积累过程。

西方著名语言学家和心理学家乔姆斯基（N.Chomsky）认为语感是语言学习的核心，语感越强，就越能创造性地学习和使用语言。语感的获得可通过大量的语言信息刺激得到。因此在学习过程中，学生不仅要学习教科书上的文章，还要广泛涉猎一些课外的英文书刊、报纸、电影等，从而提高自己对英语学习的兴趣和敏感性。然而，在实际的教学过程中我们发现，教育者往往将英语学习人为地分割成不同部分，如词汇的学习、语法的掌握、句型的解释等，学生在英语学习过程中学到的也是一些零碎的知识，最后很难将英语当成一个整体来进行学习。当然，从一定意义上讲，这种教学方式有利于学生对英语知识的掌握，但从另一方面讲，这种教学很难让学生形成英语语感，学生所学的知识很难和自己生活的周边环境融合。长此以往，学生对英语学习就会感到枯燥无聊，最后失去对英语学习的兴趣和热情，因为这种学习没有把英语当成一个整体的文化存在，而失去了文化生命力的英语教学定是一种不理想的教学。所以，英语教学理应把学生放入整个英语学习的文化背景中，让学生在与英语文化的交融中得到发展和成长。

第四节 英语文化教学原则

一、认知原则

文化教学中的认知原则，一方面指关于英语文化和社会的知识；另一方面指可能进一步涉及诸如观察力、识别力等某些能力的培养。

英语中有很多词汇、语句、习语、典故等来源于神话、文学作品、文学故事等。如果学生对这些词汇、语句或典故所蕴含的文化不了解、不熟悉，那么就难以理解这些语言所表达的内涵意义。

在高校英语文化教学中,教师应该注意培养学生发现、分析、总结目标文化的能力,并据此掌握西方文化在价值观、生活习俗等方面的特点,以及中西方文化的区别。为此,教师可以鼓励学生收集相关资料、撰写相关论文。

二、灵活性原则

在英语文化教学中,对文化知识的理解相对容易,但是要让学生学会在跨文化交际中对文化知识运用自如,相对来说并不是一件容易的事情。为了取得更好的文化教学效果,为了更有效地培养与提高学生的跨文化交际能力,教师应该对不同的学生,按不同的教学要求,灵活采用不同的教学方法,以激发学生的学习兴趣,调动学生学习文化的积极性。

文化内容广泛复杂,而教师的讲解毕竟是有选择的、有限的。因此,在英语教学的过程中,教师应该将文化教学的场所延伸到课外,做到课内外相结合,开展内容丰富、形式多样的课外实践活动,以此提高学生的实际运用能力。

三、循序渐进原则

文化知识有着自己的科学体系,因此教师应遵循循序渐进原则,合理安排不同阶段的学习内容,以使教学内容符合学生的认知特点和发展规律,使学生由简到繁、由浅入深地掌握文化知识。

具体来讲,在文化教学的初始阶段,以日常生活的主流文化为主;在中间阶段,可以教授文化差异带来的词语的内涵差异及其运用差异;在最后阶段,可以渗透一些文化差异导致的思维方式、心理方式以及语言表达差异,使学生深层次地了解英语文化。

四、因材施教原则

虽然因材施教原则对几乎所有的教学活动都是适用的,但是对跨文化英语教学而言,这一原则有着特别重要的意义。这是因为学习者的文化体验和价值观、世界观和思维等个人因素在跨文化英语教学中起着重要的作用,它们是英语文化教学(在一定程度上也是语言教学)的基础,因为跨文化交际能力的培养需要从学习者现有的文化体验出发,通过将本族文化与目的文化和其他文化进行对比,来增强跨文化意识。正因为如此,在英语教学过程中,教师一定要尊重学习者的个人体会、文化背景、价值观念、思想感情等，不能对学习者及其思想感情持有轻视、蔑视、否定及批判的态度。

此外，任何学习者都有自己的学习风格和方法偏好，在以学习者为中心的跨文化英语教学中，因材施教就显得尤其重要，一般来说，不同的学习风格对应不同的教学方法，所以教师应该对学习者的学习风格有所了解，并相应选择和设计合适的教学方法。

当然，学习风格并非一成不变，教师还可以在迎合学习者学习风格的基础上，有意识地向他们介绍一些适合其他学习风格的教学方法，让学习者了解不同学习风格和方法的优点和不足，鼓励他们尝试其他学习方法，拓展他们的学习风格，提高他们学习的灵活性。

五、以学生为中心原则

在高校英语文化教学中，教师应以培养学生的自主学习能力为中心，以学生为主体，引导学生感受和领悟语言与文化，进行文化体验，促使学生进行知识与意义的内在建构。

具体来说，教学的设计和活动的安排要考虑到各种因素对学生的影响，不仅考虑英语语言知识学习，还要注重学生对本族语和本族文化的理解和体验、对目的语文化的态度、学生个人的综合素质等。英语文化教学的内容与目标相较于传统的高校英语教学扩大了数倍，但教学时间并没有随之增加，因此为了实现教学目标，培养学生的文化意识和跨文化交际能力，教师需要在以学生为中心的前提下培养学生的自主学习能力。

六、适度性原则

适度性原则是指教师在文化教学中所采用的教学方法和教学材料都具有适度性。其中，教学方法的适度性是指教师在文化教学中应该创造机会，让学生进行探究式、研究式学习；而教学材料的适度性则是指所选择的材料要能代表主流文化，代表普遍性文化，而不是个别的、特殊的文化。总体而言，英语文化教学中的适度，就是指教师要根据教学任务、教学目的的需要，适度地教授学生学习所需要的文化内容，而不是无限制或不考虑学生接受能力地进行文化教学。适度应该以能扫除"当前文化障碍"为标准，并适当考虑"尔后文化障碍"为限，也就是说，在教学中遇到文化障碍时，只根据此时此景的文化障碍而进行必要的背景文化介绍，同时，为了便于今后克服相同或类似障碍，文化知识所传授的面和度可适当放宽一些。

另外，适度性原则也意味着教师应该控制英语文化教学占用的教学时数，因为如果缺乏针对性，宽泛、深入地介绍文化背景知识，势必占用宝贵的教学时间。因此，点到为止或稍加发挥也是适度的应有之义。

七、对比性原则

对比性原则是指在英语文化教学中，教师引导学生将英语国家的文化和本土文化进行对比，从而使学生意识到中西方文化的差异。

通过对比，学生既可以加深对英语国家文化的认识，又可以了解不同国家在价值观、思维方式、审美情趣等方面的巨大差异。这一方面可以避免学生形成种族中心主义，另一方面有助于提高学生的文化理解能力。

对比除了可以让学生更加深入地理解不同的文化概念，还能帮助学生避免不同的文化行为，从而避免根据自己的标准来理解他国的文化行为，也可以避免把自己的文化带入其他文化情境中去。实际上，学生经常犯文化类知识的错误，主要是因为缺乏对文化差异的了解，同时学生只关注文化的相似性，却忽略了文化的差异性。

另外，在英语文化教学中，教师要抛砖引玉，组织、引导学生在课后收集资料，了解中西文化的差异，不断积累文化知识，提高学生的跨文化交际能力。由于不同的文化使人产生不同的看法，因而不同文化背景下的生活方式、价值观念、思考方式、社会规范、文化冲击和文化冲突难以避免。但是，如果在学习过程中时刻注意不同文化的差异，并对这些文化差异进行对比，就可以加深对其他文化的了解，消除彼此间的误会，从而减少甚至避免由于文化的冲突而引起的暴力行为、武装冲突等。

第五节　英语文化教学方法与评价

一、英语文化教学方法

（一）对比教学法

中国和西方由于不同的历史沉淀，形成了不同的文化和社会习俗等。教师在进行文化教学时，要将母语文化和英语文化进行对比讲解，从而提高学生对母语文化和外语文化差异性的敏感度。

学生对目的语文化了解得越透彻，就越有利于避免交际中的误解和障碍，这样能够促进学生增强跨文化交际的能力。例如，中国人在路上相遇时，常常会用"去哪儿？"这种提问来打招呼，而英美人却认为这种问候方式是干涉私生活的表现，所以他们常常会以"How are you?"等打招呼。

在《大学英语教程》（外语教学与研究出版社）第三册第四课 *Darken Your Graying Hair, and Hide Your Fright* 一文开始的一段中，主人公有这样一句自我介绍："I have a wife, three daughters, a mortgaged home and a 1972 'Beetles' for which I paid cash."根据中国目前的经济水平和消费情况，能承担起一辆小汽车的家庭应该还不算贫穷，因为有车的家庭除了承担购车费用，还要承担停车费用。而对英美国家的人来说，汽车就如同中国的自行车一样，和贫富的关系不大，人人基本能够拥有。文章中的主人公有一台Beetles牌汽车，学生只知道Beetles为德国大众汽车公司出品的一款名为"甲壳虫"的汽车恐怕是不够的，还需要了解这一款车虽小，但很结实又节油，最重要的是它深受中、低收入家庭的青睐。了解了这些文化背景知识，学生才能明白文章主人公的实际生活情况：他人过中年，家庭成员较多，生活比较紧张。至此，教师还可以引导学生对中国和英美等国的消费观念等进行讨论，中国人倾向于将货款一次性付清的保守方式，而英美人则倾向于提前消费的方式。如分期付款、抵押贷款等。这样学生就能透过文化现象了解英美国家人的价值观念和思维方式。

（二）互动教学法

英语文化教学中的互动教学法涉及两方面：一是全体师生通过讨论导入文化；二是学生通过表演导入文化。

1. 讨论

教师通过与学生进行讨论，使学生在文化讨论的过程中感知外来文化。例如，教师和学生可以以某一文化现象为题展开讨论，学生在讨论的过程中感知教师对文化的不同看法，然后进行自我判断，可以采用的方法有文化专题研究、文化疑惑解析、文化冲突化解等。这种方式主要用于培养学生的文化态度，让学生在平等的、开放的、交流式的讨论中自觉地形成开放、平等、尊重、宽容、客观、谦虚的文化态度。当然，要想营造这样的讨论氛围离不开教师的努力。教师应在讨论的过程中引导学生保持良好的文化态度，并将这种态度融入整个教学活动中去，只有这样才能真正有助于学生形成相应的文化态度。

2. 表演

教师可以通过让学生表演短小的戏剧对学生进行文化的导入，每个微型剧包括3~5幕，每一幕都有1~2个反映文化冲突的典型事例。学生通过参与戏剧，会体验一些文化困惑，从而寻找导致文化障碍的根本原因。

通过角色扮演，学生能够体验到使用英语的真实情景，将语言知识的学习与实际运用相结合，体现了语言学习的实用性。

（三）影视欣赏法

影视作品涉及社会生活的方方面面，包含着大量文化信息，是进行文化教学的有利途径。教师可以在课前备课时查找与英美文化知识相关的电视剧和电影，然后在课上通过多媒体放映出来。通过多媒体放映影片使原本无声无形的文化知识以声像并茂的形式出现在学生眼前，让他们对英美文化知识的了解不再仅仅局限于课本的文字和图片上，而是有了更加深入的了解。这不仅为学生提供了多种不同的文化背景知识，还可以吸引学生的注意力，以及进一步提高学生学习英语的兴趣。在欣赏影片的过程中，学生可以身临其境，感受大量有声与无声、有形与无形的社会文化知识。

电影是一种让我们可以轻松愉悦地学习西方社会文化的手段。那些以社会变迁和发展为主题的纪录电影，其直观的画面与所要教授的文化内容一呼应，使得学生获得更直观的体验和感受，这比从书本上学的知识更难忘。

二、英语文化教学评价

尽管有很多教育教学工作者早已认识到了英语教学评价体系中存在着诸方面的问题，但是要想打破传统开展新的教学评价体系需要耗费大量的人力、物力和财力，所以一种新的教学评价体系要想真正得以实行是一个很困难的过程。不过，传统英语教学评价依然对构建英语文化教学评价体系具有重要的意义和价值。

（一）评价内容

1. 瓦莱特（Valette）的观点

瓦莱特将文化意识、社交礼节、文化差异（包括社会习俗、语言的文化含义等）、文化价值观、目的文化分析（文化研究方法）等列为文化测试的内容，并针对每一项内容设计出各种形式的测试。她的研究无论从内容涵盖面，还是测试方法和形式上都是较为全面合理的，可谓当今文化测试的楷模。

2. 西利（Sedye）的观点

西利认为文化测试的具体内容应该包括下面几方面的内容：文化行为的含义和功能、语言与社会因素的相互作用、行为习惯、词和短语的文化内涵、有关一个社会的评价性的陈述、对另一个文化的研究以及对其他文化的态度。

西利的研究没有将文化事实和信息作为教学和测试的主要内容，而是强调文化在社会中的功能、文化与语言之间的相互作用，学习者对其他文化的态度和其文化研究能力等。这些测试内容在很大程度上反映了文化教学的目的和宗旨，如果应用于测试和评价一定会对文化教学起到积极的指导意义。但是，就测试和评价的实际操作而言，这些目标不够具体和现实，可操作性不强。

3. 张红玲的观点

综合各位来自跨文化培训和外语教学界专家的观点，国内学者张红玲从具体文化层面和抽象文化层面对文化测试和评价应包括的内容进行了研究，在具体文化层面，张红玲认为，文化测试和评价的内容应包括文化知识、文化价值观念、文化功能、文化差异以及交际能力。其中，文化知识指的是有关目的文化的历史、地理、政治和社会等宏观层面的知识；文化价值观念指的是目的文化的世界观、价值观和信念及其对人们日常生活和工作的影响；文化功能指的是目的文化在其社会各种场合的功能，在语言使用中的体现，在个人生活中的作用，这是文化的微观层面；文化差异指的是目的文化与本族文化的差异；交际能力指的是使用目的语言和以上相关文化知识与来自目的文化的人们进行有效、恰当的交流。

在抽象文化层面，张红玲认为，文化测试和评价的内容应包括文化意识、文化学习能力以及跨文化交际能力几方面。文化意识指的是对文化差异具有敏感性，能够用不同的文化参考框架去解释文化差异的意识和能力；文化学习能力指的是具备文化探索、学习和研究的方法的能力；跨文化交际能力指能够灵活应对不同文化，与来自目的文化和其他文化群体的人用英语进行恰当、有效的交流的能力。

通过以上分析可以看出，文化教学的丰富内容要求测试和评价的形式也要多种多样。由于文化内容的教学应该贯穿小学、中学以及大学等不同的阶段，教师还应该根据不同阶段的语言和文化教学目标的需要，对测试和评价内容进行选择，而且，文化教学的测试和评价还必须与语言内容的测试和评价有机结合。

（二）评价特征

教学评价理念对于英语教学评价的整个过程具有决定性的意义和价值。从其发展历程可以看出，中国英语教学评价经历了从以知识为本位的教学评价到以能力为本位的教学评价视野的转变。虽然这两种教学评价观从一定意义上讲有其合理性，但都呈现出一个共同的特征，即教学评价的单一性。随着时代的快速发展及人自身发展的需要，这种单一的教学评价观日益显现出其自身的缺陷和弊端。

全球化文化呈现多元化发展趋势，基于此，英语学习的目的不再局限于知识和能力的提升，而在知识和能力提升的同时提升人文素养。因此，英语教学评价也应顺应时代发展的要求和需要，寻求新的教学评价理念和方向，而文化为当代英语教学评价提供了新的视角和价值取向。英语文化教学评价具有以下几方面的特征。

1. 强调评价对象的全面性

教学评价作为教学活动的重要组成部分，它的评价对象是一个个完整的生命体的存在。所以英语文化教学理应强调人的完整性与和谐性。在评价的过程中，评价者不能对学生进行"肢解"，而应对学生的智力、人格、兴趣等方面予以全面的观照。英语教学评价的本质是要促进学生全面和谐发展。因此在文化价值观理念的指导下，英语教学评价应确立起以学生的人格和谐发展为目标的教学评价体系，英语教学评价要对学生给予密切的关注。

2. 强调评价的多元化

英语教学评价中往往缺少对人本身的评价，英语教育界的许多学者对此抱有深深的担忧。而英语文化教学评价应尽力避免这一点。

社会发展的多元化预示着会有越来越多的因素对英语教学评价产生影响。随着经济全球化的到来，文化的单一性将会走到"尽头"，文化的多元化带给英语教学的是教学形式的多样化、英语学习的多样化等。所以英语文化教学评价必须顺应时代的精神诉求，从一元化走向更合乎教学实际和学生个性发展的多元化阶段。

（三）评价方式

1. 质性评价

在传统英语教学评价中，学生的考试成绩是衡量学生英语水平的主要指标，而对学生人格面貌、内心情感及价值观等方面有所忽视。这不仅不利于学生的全面和谐发展，而且在很大程度上也很可能促使学生走向片面发展。

质性评价是在长期以来量化评价带来的种种弊病的基础上发展起来的一种评价方式，与量化评价之间并不是完全对立的关系，而是一种相互补充的关系。与量化评价相比，质性评价强调的是教学的情境性和学生学习的过程性，是一种形成性评价，它主要是通过自然的调查，充分而全面地理解和描述评价对象的各种特征，以阐明意义，促进理解，从而更清晰地认清教育现象。所以质性评价强调的是对真实情景下教育现象的关注。

英语文化教学评价的最终目的是促进学生的全面和谐发展，这种全面和谐发展的能力不仅建立在学生语言知识、语言技能、情感态度的基础之上，而且还建立在学生的文化意识形态之上。因此，英语教学评价，在强调对学生做"客观的"量化评价的同时，还应通过观察、调研等多种形式，对学生进行质性评价，以促进英语教学的顺利开展及学生跨文化交际能力的提升。

2. 理解性评价

长期以来，在中国英语教学评价过程中，评价者把英语教学评价看成一种特殊的认知过程，这种认识论的教学评价观强调的是学生在英语学习过程中对知识的获得和占有。在这种以知识为价值取向的教学评价中，英语教学演变成了一种典型的灌输式教学，英语教学活动中理应有的丰富性、多样性等内涵被单一的、确定的认识论所吞没。

理解性教学评价观是对当下以认识论为导向的教学评价观的反思和批判，是对认识论教学评价观发出的真正挑战。可以说理解性教学评价观是教学评价观发展的必然趋势。理解性教学评价观是对认识论教学评价观的断裂和拆解，然后走出以认识论为理论基础的教学评价观。因为教学不是教与学的简单相加，教学评价也不是对教与学评价的简单组合过程。理解性教学评价观提倡的是以理解为核心的教学价值观。因此，在英语文化教学评价中，教师应做到以下几点。

首先，教师应时常对已经完成或正在进行的英语教学活动进行反思，发展其合理的方面，对自己教学中存在的不足进行改进和完善。教师还应时常对自己的教学言语、教学行为、教学内容等方面进行反思和理解，从而达到自我剖析和理解的目的。另外，教师要对学生的评价及同事对自己的评价做合理的分析，其最终目的是促进自身的成长与进步。

其次，在理解性教学评价中，必须克服评价者与被评价者之间的分离状态，因为评价者和被评价者之间理应是一种相互平等、相互理解、相互尊重的关系。这种关系有助于教学评价主体和客体间相互沟通、理解，从而使教学评价能够得以顺利实施。

第四章 英语翻译概述

第一节 英语翻译的性质与分类

一、翻译的定义

随着世界经济全球化程度的不断加深,国与国之间的交流日益频繁。翻译作为交际的媒介和信息转换的手段,其重要性也日益凸显。事实上,自翻译活动诞生以来,人们对翻译的各种研究就没有停止过。本章作为开篇章,首先对翻译的各种基础知识加以介绍,包括翻译的定义与分类,以帮助读者对翻译活动有一个整体上的把握和认知。

翻译工作至今已经走过了几千年的历程。可以说,无论是在东方还是在西方,翻译工作都源远流长、历史悠久。但是,对于到底什么是翻译这个问题,学界一直众说纷纭,不同的学者有不同的观点。下面将从国内和国外两个视角来看一下不同学者对翻译的界定。

(一)国外较有代表性的翻译定义

1. 美国翻译理论家尤金·A. 奈达认为,所谓翻译,是指从语义到文体在译语中用最切近而最自然的对等语再现源语的信息。这是国外比较有代表性的翻译定义。

2. 英国著名语言学家和翻译理论家卡特福德认为,翻译是一种语言(源语)的话语材料被另一种语言(目的语)中的对等的话语材料替代。卡特福德认为,翻译主要是两种存在状态:一是源语,即译出语。二是目的语,即译入语。

3. 彼得·纽马克认为,通常翻译就是把一个文本的意义按原作者所意想的方式移入另一种文字。

（二）国内较有代表性的翻译定义

1. 茅盾认为，文学翻译是用一种语言把原作的艺术意境传达出来，使读者在读译文的时候能够像读原作一样得到启发、感动和美的感受。

2. 吕俊认为，翻译是一种跨文化的信息交流与交换活动，其本质是传播，是传播学中一个有特殊性质的领域。

3. 林煌天认为，翻译是语言活动的一个重要组成部分，是指把一种语言或语言变体的内容变为另一种语言或语言变体的过程或结果，或者是把一种语言材料构成的文本用另一种语言准确而完整地再现出来。

4. 沈苏儒认为，翻译是把具有某一文化背景的发送者用某种语言（文字）所表达的内容尽可能充分、有效地传达给使用另一种语言（文字）、具有另一种文化背景的接受者。

5. 王克非认为，翻译是将一种语言文字所蕴含的意思用另一种语言文字表达出来的文化活动。

6. 孙致礼认为，翻译是把一种语言表达的意义用另一种语言传达出来，以达到沟通思想感情、传播文化知识、促进社会文明，尤其是推动译语文化兴旺昌盛的目的。

7. 林汉达认为，正确的翻译就是尽可能地按照中国语文的习惯，忠实地表达原文中所有的意义。

以上我们介绍了国内外学者对翻译的各种见仁见智的定义。无论是国外学者还是我国学者，都将翻译视作一种文字之间的转换活动。具体来说，这种转换过程主要包括以下特征：第一，在信息和风格上要力求使翻译作品与原语言作品等值。第二，这种等值应是尽可能地接近，而不是机械地生搬硬套，即一味追求形式上的对等，从而牺牲某些更重要的东西。第三，要注意不同体裁的作品在各方面的诸多不同，不能千篇一律，也就是要注意各种文体在个性上的差别。

在翻译的定义中还需注意一点，即在翻译这一转换过程中，译者的任务只是转换文字而不是改变其意思。翻译有两个要素，即准确性和表达性。准确性是翻译的首要条件，即译者必须谨慎地遵循原作者的意思，所选用的字词和句式结构必须如实地传达出原文的思想。表达性是为了让译文易于理解。也就是说，译者必须用自己的手段尽可能地将原文的思想清楚有力地表达出来。准确性使译文的思想明确无误，而表达性则使译文生动有魅力。

二、翻译的性质

翻译是什么？不同的人对此问题有不同的看法。不同的看法会产生不同的翻译方法和策略。首先来看看持不同翻译观的学者是如何解释翻译的。

语言学翻译观可分为传统型和当代型两种。传统型语言学翻译观以19世纪以来的传统语言学理论为基础研究翻译问题，如英国的语言学家卡特福德认为，翻译是一项对语言进行操作的工作，即用一种语言（SL）中的文本（text）来替代另一种语言（TL）的文本的过程。张培基认为，翻译是用一种语言把另一种语言所表达的思维内容准确而完整地重新表达出来的语言活动。苏联语言学家巴尔胡达罗夫则认为，翻译是把一种语言的连贯性话语在保持其内容即意义的情况下，改变为另一种语言的连贯性话语的过程。

当代语言学翻译观主要受当代语言学的影响，把研究的观点从语言本身扩展到交际语境、语域、语用等领域，认为翻译是一种交际活动。从语言的功能和交际的角度来研究翻译，一般注重的是翻译信息而不是文字，目的是与接受者的沟通。尤金·A.奈达是持交际翻译观的代表人物，他认为，"翻译就是在译入语中再现与源语的信息最切近的自然对等物，首先是就意义而言，其次是就文体而言"。这条定义常常被人引用。尤金·A.奈达认为，理想的译文应该由读者的反应来衡量，即译文读者对译文的反应应该与原文读者对原文的反应大致相同。我国著名翻译理论家刘宓庆则认为"翻译的实质是语际的意义转换"。蔡毅也认为翻译的定义应该是："将一种语言传达的信息用另一种语言传达出来。"

文艺学翻译规则从文艺学的角度来解释翻译。他们认为，翻译是艺术创作的一种形式，强调语言的创造功能，讲究译品的艺术效果。巴斯纳特、兰伯特、拉斐维尔等人是典型的文艺学派，他们认为，翻译就是对原文重新摆布。在我国，持文艺学翻译观的人也很多。例如，傅雷的"神似说"和钱钟书的"化境说"。傅雷认为，以效果而论，翻译应当像临画一样，所求的不在形似而在神似。钱钟书在《林纾的翻译》一文中则提出："文学翻译的最高理想可以说是'化'。把作品从一国文字转变成另一国文字，既不能因语言习惯的差异而露出生硬牵强的痕迹，又能完全保存原作的风味，那就算得入于'化境'。"

文化学翻译规则以文化为重点来研究翻译。持文化翻译观的学者认为，翻译不仅是语言符号的转换，还是一种思想文化的交流，翻译是将一种语言所蕴含的意思用另一种语言文字表达出来的文化活动（王克非），翻译是跨语言、跨文化的交流（沈苏儒）。不少西方学者使用"跨文化"来形容翻译这一活动。例如，斯内尔·霍恩比把翻译看成"是一种跨文化的活动"。巴斯纳特和拉斐维尔认为，翻译研究进入20世纪90年代，其历史性的转折点是文化研究。

从以上持不同翻译观的学者和翻译理论家对翻译的定义或解释来看，翻译过程不仅涉及两种语言，还涉及两种文化。由此可见，翻译既是一种语言活动，又是一种文化活动。语言是文化的载体。翻译是通过语言机制的转换连接或沟通自身文化与异国文化的桥梁。实际上，翻译是两个语言社会之间的交际过程和交际工具，它的目的是要促进本语言社会的政治、经济、文化进步，它的任务是要把原作中包含的现实世界的逻辑映象或艺术映象完好无损地从一种语言移注到另一种语言中去。

三、翻译的分类

（一）不同视角下的分类

"翻译"这个术语是一个笼统的概念。广义地讲，翻译包括语言和非语言符号之间的转换。我们要讨论的翻译一般集中在语言上，就是将某一语言活动的言语产物转换到另一种语言中去。整个翻译活动可以按照不同的处理方法把翻译分为若干类型。

就翻译所使用的源语和目的语而言，翻译可分为语内翻译（intralingual translation）、语际翻译（interlingual translation）和符际翻译（semiolingual translation）。语内翻译指在同一种语言内部的不同语言变体之间进行翻译。例如，将古代汉语译为现代汉语、上海话译为普通话、四川话译为广东话等。语际翻译就是把本族语（native language）译为外族语（foreign language），或将外族语译为本族语。再如，将汉语译为英语，或将德语译为汉语。符际翻译指各种非言语符号之间的转换。再如，当我们处在一个陌生的语言环境中，即使自己不懂该环境的语言，但当我们看到马路上红绿灯亮了，仍能解读出其含义。

就翻译的活动方式而言，翻译可分为口译（interpreting）、笔译（translation）、机器翻译（machine translation）和网络翻译（online translation）。口译多用于外交会晤、经贸谈判、学术研讨和参观游览等场合。笔译多用于公文往来、商务信息、科学著作和文学翻译等活动。机器翻译主要利用计算机和其他设备进行，人工只起辅助作用。网络翻译则是随着网络的普及而发展起来的一种新兴、快捷的翻译方式。

就翻译材料的文体而言，翻译可分为新闻文体、科技文体、应用文体、文学文体和论述文体。新闻文体包括新闻报道、电讯、新闻评论等。科技文体包括科学著作、实验报告、情报资料、设备和产品说明等。应用文体包括广告、启事、通知、契约、合同、公函、私信等。文学文体包括小说、散文、诗歌、戏剧等。论述文体包括社会科学著作、政治文献、演说报告等。

就翻译活动的处理方式而言，翻译可分为全译、节译、摘译、编译。全译就是把原文原封不动地照译出来，译者不得任意增删或自行改动，但必要时可加注说明或加序评论。节译就是根据原文内容把原文的全部或部分进行节缩译出，但应保持原作内容相对完整。摘译就是译者根据实际需要摘取原文的中心内容或个别章节进行翻译，内容一般是原作的核心部分或内容概要。编译指译者在译出原文的基础上以译文为材料进行编辑加工。

就译文文字的表达方式而言，翻译主要可分为直译（literal translation, word for word translation）和意译（free translation, liberal translation）。

（二）罗曼·雅各布森的分类

美国语言学家、翻译理论家罗曼·雅各布森认为，翻译是用另一种语言解释原文的语言符号。他在《论翻译的语言学问题》（*On Linguistic Aspects of Translation*）中，从语言学和符号学的角度，即按所涉及的两种代码的性质，将翻译分为语内翻译、语际翻译和符际翻译。可以说，这三种类型的翻译几乎包括了一切语言的交际活动。这种翻译分类也打破了翻译的传统框架，开阔了人们对翻译认识的视野。下面就来详细分析这三种翻译类型。

1. 语内翻译

语内翻译是用同一语言的另一符号来阐释其言语符号。换句话说，语内翻译是同一语言间不同语言变体的翻译，如把用古英语写的《贝奥武夫》译成现代英语，把用古汉语写的《史记》译成白话文，把客家话译成普通话，把黑话、行话译成普通话，等等。或者说，语内翻译就是把一种语言材料用同一种语言换一种说法，即重新解释一遍。语内翻译包括古代语与现代语、方言与民族共同语、方言与方言之间的转换。英语学习中解释疑难句子常常用到的 paraphrase（改述）一词，其实也是一种语内翻译，即同一种语言内部的翻译。

在某种程度上，语内翻译不需要将意指对象完整真实地显现出来，它仅是一种表现形式。下面是有关语内翻译的几个例句，通过前后两个句子的对比，我们可以从中理解语内翻译的基本内涵。

例　Radiating from the earth, heat causes air currents to rise.

Heat causes air currents to rise when it is radiating from the earth.

例　余闻而愈悲。孔子曰："苛政猛于虎也！"吾尝疑乎是，今以蒋氏观之，犹信。（柳宗元《捕蛇者说》）

我听了(这些话)更加感到悲伤。孔子说："苛酷的统治比猛虎还要凶啊！"我曾经怀疑这句话，现在从姓蒋的遭遇看来，这是可信的。

2. 语际翻译

语际翻译是运用另外一门语言的符号来阐释言语符号。换句话说，语际翻译是一种语言的符号与另一种语言的符号之间的口头或笔头的转换，如英译汉、汉译英等。实际上，语际翻译也就是人们通常所指的真正意义上的翻译，也可以说是狭义的翻译。

可见，语际翻译是对原文符号在另一种文化中的解读，原文本中所有的符号都置身于一个宏观的文化背景中，或称"非语言符号体系"中。要想达到语际翻译层面的对等，就要使处于源语文化中的符号在目的语文化中进行正确的解读与传译。从符号学的角度来讲，一个语言符号的指示意义由三种意义共同构成，即语义意义、句法意义和语用意义。如何正确地传达出这三种意义便是实现语际翻译的重点所在。

例　His criticisms were enough to make anyone see red.

译　他那些批评任谁都得火冒三丈。

例　空山不见人，但闻人语响。返景入深林，复照青苔上。

译　A hollow mountain sees no soul, but someone's speaking does echo. As the setting sun penetrates the deep woods, the reflective tints don on the moss.

例　子曰："学而不思则罔，思而不学则殆。"

译文　Confucius said, "Reading without thinking results in bewilderment; thinking without reading results in peril."

3. 符际翻译

符际翻译就是运用非言语符号系统来阐释言语符号。也就是说，符际翻译是语言与非语言符号或非语言符号之间的翻译，语言与手势语之间的翻译，英语与计算机代码之间的翻译，数学符号、音乐符号、美术符号、手势语与旗语之间的翻译等都属于符际翻译。

我国南京大学外国语学院许钧教授在湖南大学外国语学院的一次学术讲座中指出，所谓符际翻译，就是人类掌握的语言文字、音乐、绘画、舞蹈几种符号之间的翻译。这需要通过感知，领悟音乐、绘画、文字和数理等符号系统。一般来说，掌握的符号越多，符号之间的翻译能力越强，感知世界的能力也就越强。可见，符际翻译是指原文符号在非言语层面上的解读。它并不传递原文的意义，而是传递对原文的直接感觉，是对作为基于图像符号意义本身特性的翻译。具体来说，符际翻译对等表明了原文与译文的一些相关的物理特征。英汉差异使译文在长度、标点符号使用上难以达到对等，但在符际层面上至少要达到外观结构上的大致对等。

（三）卡特福德的分类

英国语言学家和翻译理论家卡特福德根据翻译的范围、层次和等级对翻译进行了分类，具体如下：

1. 根据翻译的范围，可将其分为全文翻译和部分翻译。全文翻译是指源语文本的每一部分都要用译语文本的材料来替代。部分翻译是指源语文本的某一部分或某些部分是未翻译的，只需把它们简单移植到译语文本中即可。部分翻译并非节译，而是某些词因为种种原因不可译或不译，只能原封不动地搬入译文。

2. 根据翻译的层次，即语法、词汇、语音、词形等，翻译可分为完全翻译和有限翻译。完全翻译是指源语的语法和词汇被等值的译语的语法和词汇所替换；有限翻译则是指源语的文本材料仅在一个层次上被等值的译语文本材料所替换。

3. 根据语言的等级，即词素、词、短语或意群、分句或句子，可将翻译分为逐词翻译、直译和意译。逐词翻译是建立在单词级上的等值关系，意译"不受限制，可以在上下级之间变动，总是趋于向较高级的等级变动……甚至超过句子的层次"，直译则是介于逐词翻译和意译之间的翻译。

第二节　英语翻译的基本原则

一、翻译的基本原则

翻译的基本原则是翻译实践的准绳和衡量译文优劣的尺度。国内外对翻译标准的讨论一直都没有停止过，正是在这场对翻译的标准的讨论中，翻译理论的研究得到不断发展和完善。因此，我们借用前人的研究成果来指导翻译的实践，即在翻译实践过程中，应遵守以下两个翻译的基本原则，即忠实（faithfulness）和通顺（smoothness）。

忠实指译文要准确地表达出原文的思想、内容和文体风格，要再现出原文的特色。翻译不是译者的独立创作，而是把原作用另一种语言表达出来，译者不得对原文进行任何篡改、歪曲、遗漏或任意增删。如果译文与原作不符，那就不能称之为翻译。对译者来说，要实现译文忠实于原作，首先便要对原文有正确的理解，并且吃透原文的词义、语法关系和逻辑关系。

例　Scientists defined the temperature requirements necessary for survival the black carp.

原译　科学家们规定了青鱼生存的必需温度。

改译　科学家们证明了青鱼生存所需的温度。

例　Such a system must be tailored quite closely to the machines it monitors.

原译　这样的系统必须对监视的机器十分接近地配置。

改译　这种系统的配置必须十分接近被监控的机器。

所谓通顺，指译文语言通顺易懂、自然流畅，符合译文语言的表达习惯，没有文理不通、晦涩难懂等现象。

例　Darkness released him from his last restraints.

原译　黑暗把他从最后的顾忌中解放出来。

改译　在黑暗中，他就再也没有什么顾忌了。

例　你们谁想参加春游就在星期五之前报名并交费。

原译　You whoever wants to go spring outing; please sign up your name and pay dues before Friday.

改　译　Whoever wants to join the spring outing should sign up and pay the expenses before Friday.

例　语言这个东西，不是随便可以学好的，非下苦功不可。

原译　Language is something difficult to learn well and to learn it well one has to study very hard.

改译　The mastery of language is not easy and requires pains taking effort.

综上所述，翻译离不开"忠实、通顺"这两条目前翻译界公认的原则。实际上，忠实和通顺相辅相成。忠实而不通顺，读者就会看不懂译文，失去了翻译的意义。通顺而不忠实，则脱离了原文的内容和风格。

二、翻译工作者的基本原则

翻译教学涉及两种相互联系又各有目的的教学模式，即教学翻译和翻译教学。根据我国目前的实际情况和社会需要，在我国的英语教学中，无论是非英语专业，还是英语专业，教学翻译和翻译教学这两种教学模式是不能相互分离的，它们是相辅相成的。

我国各级英语教学中对翻译的基本教学要求正是从翻译的基本原则出发而制定的。从我国英语专业和非英语专业的英语教学大纲来看，甚至在各级英语过级考试中，我们都可以看出翻译的"忠实和通顺"始终贯穿英语教学中。

我国高等院校英语专业对翻译的教学要求是分级的，如下所列：

1. 入学要求：能将内容不超过高三课文难度的短语和句子翻译成汉语，要求理解正确、语言通顺。

2. 二级：能独立完成课程中的各种翻译练习，要求理解准确、语言通顺。

3. 四级：能独立完成课程中的各种翻译练习，要求译文忠实于原文、表达流畅。

4. 六级：初步了解翻译基础理论和英、汉两种语言的异同，并掌握常用的翻译技巧，能将中等难度的英语篇章或段落译成汉语。译文忠实于原文，语言通顺，速度为每小时250~300个英文单词；能将中等难度的汉语篇章或段落译成英语，速度和译文要求与英译汉相同；能担任外宾日常生活的口译。

5. 八级：能运用翻译的理论和技巧，将英美报刊上的文章以及文学原著译成汉语，或将我国报纸、杂志上的文章和一般文学作品译成英语，速度为每小时250~300个英文单词。译文要求忠实原意，语言流畅。能担任一般外事活动的口译。

高等院校英语专业四级、八级考试对翻译的测试要求如下所列：

1. 汉译英项目要求应试者运用汉译英的理论和技巧，翻译我国报纸杂志上的论述文和国情介绍，以及一般文学作品的节录。速度为每小时 250~300 个英文单词。译文必须忠实原意，语言通顺。

2. 英译汉项目要求应试者运用英译汉的理论和技巧，翻译英美报纸杂志上有关政治、经济、历史、文化等方面的论述文以及文学原著的节录。速度为每小时 250~300 字。译文要求忠实原意，语言流畅。

我国高等院校非英语专业大学英语教学对翻译的教学要求也是分级的。由于大学英语教学分为基础阶段（一至二年级）和应用提高阶段（三至四年级），全国高等院校非英语专业英语教学大纲对翻译的教学要求也分为两个阶段：

1. 基础阶段对翻译的基本要求（达到四级）：能借助词典将难度略低于课文的英语短文译成汉语，理解正确，译文达意，译速为每小时 300 个英文单词；能借助词典将内容熟悉的汉语文字材料译成英语，译文达意，无重大语言错误，译速为每小时 250 个英语单词。

2. 基础阶段对翻译的较高要求（达到六级）：能借助词典将难度略低于课文的英语短文译成汉语，理解正确，译文达意，译速为每小时 350 个英文单词；能借助词典将内容熟悉的汉语文字材料译成英语，译文达意，无重大语言错误，译速为每小时 300 个英语单词。

3. 应用提高阶段的专业英语对翻译的教学要求：能借助词典将有关专业的英语文章译成汉语，理解正确，译文达意，译速为每小时 350 个英语单词；能借助词典将内容熟悉的有关专业的汉语文字材料译成英语，译文达意，无重大语言错误，译速为每小时 300~350 个英语单词。

4. 应用提高阶段的高级英语对翻译的教学要求：能借助词典将有一定难度的英语文章译成汉语，理解正确，译文达意，语言通顺，译速为每小时 400 个英语单词；能借助词典将题材熟悉的汉语文章译成英语，内容完整，译文达意，语言通顺，译速为每小时 350 个英语单词。

忠实和通顺是翻译实践中必须遵守的原则。要达到上述原则，必须不断提高英、汉两种语言的水平，掌握丰富的知识，熟悉使用这两种语言国家的社会风俗，了解他们的政治、经济、历史、文化等各方面情况，并且要掌握一定的翻译方法和技巧。

第三节　中西方翻译理论

一、中国翻译理论

（一）中国古代翻译理论

中国的翻译活动可追溯至春秋战国时期，当时的翻译活动主要限于诸侯国家之间的相互交往，因此这种翻译还谈不上是语际翻译。在中国翻译史上，真正的语际翻译当属佛经翻译。佛经翻译历经千年，出现了一大批杰出的翻译人员，他们译出的佛教经卷数以万计，为佛教在中国的传播以及丰富中国的语言、文化做出了不可磨灭的贡献。同时，不少译经人在佛经翻译过程中总结出了翻译心得，其中有一些已具备了理论的雏形，如支谦、释道安、彦琮、玄奘、赞宁等。

（二）中国近代翻译理论

中国近代翻译以西学翻译为主，涌现出一批优秀的翻译家，他们致力翻译的实践研究，提出了独到的翻译见解和理论。可以说，这一时期是我国翻译理论自成体系的开创时期。

1. 徐寿、傅兰雅的翻译理论

徐寿是洋务运动时期著名的化学家、科技翻译家，他与傅兰雅合译或自译西方书籍13种，代表作有《化学鉴原》《化学考质》等，并首创了一套化学元素的中文名称。傅兰雅结合自己丰富的翻译经验，提出了翻译应"不失原文要旨""易于领会"的翻译标准。这一时期的翻译大家对翻译理论的最大贡献是对科学技术术语的统一工作，从译名统一的原则到科学术语词典的编纂都在翻译史上留下了宝贵的财富。徐寿、傅兰雅等人提出了著名的"译名七原则"。

（1）尽可能直译，而不意译。

（2）万一不能意译，则要用尽量适当的汉字音译，要建立音译体系，基本词素要固定，要用官话音译。

（3）新术语尽可能同汉语的固有形式构建相一致。

（4）译名要简练。

（5）译名要予以准确的定义。

（6）译名在各种场合都要符合原意，不致矛盾。

（7）译名要有灵活性。

"译名七原则"的提出对科技名词的翻译和外来科学技术的引入做出了巨大贡献，促进了中国翻译理论的形成；有力驳斥了汉语难译科技书籍的说法，指出中国人也可以创造新词汇；倡导科技译名统一，并指定译名的具体规则，使有关地理、物理、化学、医学、数学等科学书籍译成，并广泛流传。

2. 马建忠的翻译理论

马建忠是洋务运动时期的语言学家，他关于翻译的论述主要见于其1894年写的《拟设翻译书院议》这篇文章中。他在文中明确指出了翻译对中国反抗外国欺侮，并最后战胜外敌的重大意义和创设翻译书院、展开翻译活动、培养翻译人才的紧迫性。在该文中，马建忠提出了自己的"善译"翻译观："夫译之为事难矣，译之将奈何？其平日冥心钩考，必先将所译者与所以译者两国之文字，深嗜笃好，字栉句比，以考彼此文字孳生之源，同异之故。所有相当之实义，委曲推究，务审其音声之高下，析其字句之繁简，尽其文体之变态，及其义理精深奥折之所由然。夫如是，则一书到手，经营反复，确知其意旨之所在，而又摹写其神情，仿佛其语气，然后心悟神解，振笔而书，译成之文，适如其所译而止，而曾无毫发出入于其间，夫而后能使阅者所得之益，与观原文无异，是则为善译也已。"

这段话的意蕴非常丰富、全面，涉及语义学、语用学、文法学、修辞学，以至于进入了文化研究的领域。在马建忠看来，翻译是很难的事情，我们应该怎么翻译呢？平时在翻译训练中就应该培养自己对两种语言的浓厚兴趣，用心思考，一定要先将所要翻译的语言和用来翻译的语言进行仔细的研究和比较，以考察两种语言文字产生的渊源，领悟两种语言相同或相异的缘由。对两种语言相当的意义应加以反复推敲，务必探究其语调的高低，分析其字句的繁简，弄清其文体的变异，了解其内涵细微差异的由来。这样，拿到一本书必须反复阅读，掌握它的精神实质，并且揣摩出它的风格，体会到它的语气，才能消化吸收，翻译起来得心应手，使译文和原文一模一样，没有分厘丝毫的差别，读者能从中得到与看原文相同的收获，这样的翻译才称得上好翻译。

马建忠非常强调细致的文本分析，而且推崇翻译中的直译。他的"善译"理论与当代的翻译等值理论如出一辙，建构了中国近代重要译学理论的发展基础。我们可以认为他是采用以语言对比研究为取向、以翻译对等为中心、注意翻译过程和翻译方法的中国翻译理论家先驱。

3. 梁启超的翻译理论

梁启超是我国近代史上著名的思想家和文学家。梁启超把翻译当作强国之道，目的在于推行维新变法。梁启超在其长篇巨著《变法通议》的第七章"论译书"中指出了译书的两个弊端："一曰徇华文而失西义，二曰徇西文而梗华读"，即一是由于遵循汉语的表达习惯而失去了原文的文化内涵等，二是由于遵循英语的表达习惯而造成汉语译文的晦涩难懂。同样在第七章中，梁启超曾指出："自鸠摩罗什、实叉难陀皆深通华文，不著笔受。玄奘先游身毒，学其语，受其义，归而记忆其所得从而笔之。言译者，当以此义为最上。"这段话的含义是，鸠摩罗什和玄奘等都精通汉语和梵文，能够了解原文含义，因此翻译时无须多加润饰，只需记下来直接译成汉语即可，这是翻译的最佳方法，也值得其他译者仿效。梁启超还曾指出，凡译书者，将使人深知其意，苟其意靡失，虽取其文而删增之，颠倒之，未为害也。然必译者之所学与著书者之所学相去不远，乃可以语于是。其含义是翻译书籍务必让读者深刻了解原文含义，如果原文含义有所靡失，只保留原文部分含义或增减原文内容、颠倒原文顺序等，都是有害的。另外，译者的学识专业必须和原作者接近，这样才能翻译出质量上乘的作品。

4. 林纾的翻译理论

林纾是中国近代翻译史上的翻译大师，也是中国文学翻译事业的先行者和奠基人，被公认为中国近代译界的泰斗。林纾不懂外语，但他仍然和朋友共同翻译了十几个国家的几十位作家的作品。尽管其译文难免出现一些错误，但这并不影响他对中国翻译事业做出贡献。林纾的翻译思想主要体现在以下几方面。

（1）翻译不易。林纾认为，翻译书籍需抱有严谨、审慎的态度，要想翻译出好的作品，首先译者必须了解原文所引用的历史典故、风俗文化、古籍旧说等知识，同时需了解源语和目的语之间的异同，在传递源语文化的同时使译文符合目的语的表达习惯，这样才能达到理想的翻译效果。

（2）译名统一。林纾在《中华大字典》的序言中阐述其对译名统一问题的看法，汉语中一个字只有一个含义，只有将一个一个的汉字联合起来才能成文。因此，在翻译英文时往往需要耗费大量汉字，再加上由于没有一定的名词，常会和英文原作相左。对此，林纾提出"由政府设局，制新名词，择其醇雅可与外国之名词通者，加以界说，以惠学者"。尽管这个提议并未被当局采纳，却是他对中国翻译的另一个重要贡献。

（三）中国现代翻译理论

1. 胡适的翻译理论

胡适是我国现代著名的学者、诗人、历史学家、文学家和哲学家。从1919年起，胡适陆续翻译了都德、莫泊桑、契诃夫等人的短篇小说，拜伦的长诗《哀希腊》，易卜生的剧本《娜拉》（与罗家伦合译）等西方著作。

胡适也是中国白话新诗翻译的领军人物。胡适认为，用文言文译诗，无论做得怎样好，究竟只够供少数人的赏玩，不能行远，不能普及。诗歌必须为贫民大众所理解和接受，因此翻译应该做到明白流畅。胡适的诗歌翻译无论在语言、格律上还是在意境上都极大地促进了白话文的开创和发展。

胡适用十分严肃认真的态度对待翻译，提出了"三负责"之说。胡适认为，写文章有两重责任：一是向自己负责。二是向读者负责。但翻译文章时有三重责任：一是要对原作者负责任，求不失原。二是要对读者负责任，求他们读懂。三是要对自己负责任，求不致自欺欺人。

胡适在《建设的文学革命论》中提出了翻译西洋文学名著时只译名家著作，不译第二流以下著作的看法。胡适还主张全用白话进行翻译。胡适的这两个观点在当时产生了很大影响，大大推动了白话文翻译的发展。

2. 郭沫若的翻译理论

郭沫若是中国现代著名的诗人、文学家、戏剧家和翻译家，其翻译理论主要表现在以下几方面。

（1）风韵译理论。郭沫若指出："诗的生命，全在它那种不可把握之风韵，所以我想译诗的手腕于直译意译之外，当得有种'风韵译'。""风韵译"理论不赞同移植或逐字逐句地翻译，而是强调"以诗译诗"。郭沫若认为，翻译的过程是两种文化融合的过程，不仅仅是两种语言的转换，更是译者对原文审美风格的再创造。

（2）生活体验论。对于译者的素质，郭沫若认为，主体性、责任心是译者必须具备的。郭沫若指出，翻译工作要求译者具有正确的出发点和高度的责任感，一方面要慎重选择作品，另一方面要以严肃的态度进行翻译。除了责任心以外，郭沫若认为，译者主观感情的投入对翻译工作也十分重要。翻译之前，译者首先要深入了解原文作者和作品,只有这样才能更深刻地了解原文和作者的思想。郭沫若曾说自己在翻译别人的作品时常常和原作者"合而为一",使自己变成作者,融入作品中去,体会原作的情感与内涵。这种"合而为一"的翻译思想对翻译理论的发展同样具有重大意义。

(3)好的翻译等于创作。郭沫若早期认为翻译是一种附属事业,贬低了翻译的作用。随着文学思想的转变,郭沫若端正了对翻译的态度,认识到了翻译的重要作用,并指出好的翻译等于创作,甚至可以超过创作。翻译有时比创作还困难。因为创作需要一定的生活体验,而翻译需要体验别人体验的生活。另外,翻译要求译者不仅要有扎实的英文功底,还要有扎实的汉语功底。由此可见,翻译其实并不比创作容易。

翻译不是一份简单的工作,而是一种需要创造力的艺术。好的翻译和创作无异,甚至会超过创作。郭沫若本人在翻译过程中无不关注原作的艺术风格以及精神思想,并将其融入笔端,进行艺术的再创作。只有这样的创造性翻译,才能是真正高质量的翻译。

3. 茅盾的翻译理论

茅盾是中国现代著名小说家、文学评论家、文化活动家。茅盾所倡导的是"形貌"与"神韵"辩证统一的文学翻译批评理论,对中国的文学翻译批评产生了极大的影响。

茅盾在大量翻译外国文学作品的同时,十分注重中国古代文论中的精华。对于当时文学翻译批评界争论不下的"直译"和"意译"问题,茅盾提出了符合中国传统文化思想的文学翻译批评主张,即"形貌"和"神韵"相结合的辩证统一的文学翻译批评理论。

对于直译和意译,茅盾曾指出,由于英汉文字不同,对所有文本一律采取直译法很难。译者往往照顾了语言的形式就会导致神韵不足,而照顾了神韵,语言形式又会和原文不同,即"形貌"与"神韵"无法同时保留。尽管如此,"形貌"与"神韵"却又是相辅相成的,"单字""句调"不仅构成了语言的"形貌",也构成了语篇的"神韵"。

茅盾通过中国古代文论中的"形貌""神韵""单字""句调"概念打破了晚清以来文学翻译批评的限制,他所倡导的"形貌"与"神韵"的辩证统一的文学翻译批评理论也是对当时争论已久的"直译"和"意译"问题的一个最佳解决办法与完善,这使中国的翻译批评摆脱了传统束缚,产生了新的生机,极大地促进了中国传统文学翻译批评向现代文学翻译批评转换。

4. 叶君健的翻译理论

叶君健，中国著名的翻译家、儿童文学家，擅长用世界语、英语写作。叶君健通晓英文、法文、丹麦文、瑞典文、世界语等多种语言，一生翻译了大量的外国文学著作，尤以翻译安徒生的童话而闻名于世。其他主要译著有：爱斯古里斯的《亚格曼农王》、麦特林克的《乔婉娜》、易卜生的《建筑师》、托尔斯泰的《家庭的幸福》、梅里美的《卡尔曼》、贝洛奇等的《南斯拉夫当代童话选》等。主要论著有《读书与欣赏》《西楼集》等。叶君健自1958年翻译《安徒生童话全集》以来，一贯关注译者在翻译中的主体性和创造性。传统翻译观念认为，译者应充当"隐形人"，彻底"隐身"，完全忽略了译者客观存在的介入行为。叶君健认为，文学翻译不是简单的符码转化，也不是单纯的翻译技巧问题，翻译有再创造的一面，因而也是一种文学创作。译作的倾向和功能要受到译者文化身份、修养、意识形态、立场等因素的影响。

1997年，叶君健发表了《翻译也要出"精品"》一文，系统地论述了他的"精品"理论，即把一部外国作品移植到国文中来，如果功夫到家，就使其转化成为本国文学作品。在文中，叶君健格外强调了"译者的个性"和"个性的译作"。叶君健的"精品"论具有鲜明的学术个性，不仅是他毕生翻译经验的精华，也是他留给译界后人的最后一笔财富。

5. 傅雷的翻译理论

傅雷是中国著名的文学翻译家、文艺评论家。傅雷在《高老头》的译序中提出了"神似论"的翻译标准，具体来说对翻译理论的贡献主要表现在以下两方面。

（1）传神达意。傅雷曾说，领悟原文是一回事，而将原文含义用汉语表达出来又是另外一回事。傅雷认为，翻译时要做到"传神达意"必须做好以下三点。

第一，中文写作。傅雷认为，好的译文要给人一种原作者在用汉语写作的感觉，这样原文的精神、意义以及译文的完整性和流畅性都得以保证，也不会产生以辞害意或以意害辞的问题。

第二，反复修改。傅雷对待翻译的态度极其严肃，并以"文章千古事，得失寸心知"为座右铭。傅雷指出，好的翻译离不开反复的锤炼和修改，做文字工作不能只想着一劳永逸，而应该不断地推敲、完善。

第三，重视译文的附属部分。所谓译文的附属部分，即注解、索引、后记、译文序等内容，这些内容都对译文能否"传神达意"有着重大影响。妥善处理这些内容有助于读者更好地理解原文的形式和内容。

（2）神形和谐。傅雷认为，翻译要像临画，重点求神似，形似次之。傅雷将中国古典美学理论运用于翻译之中，用绘画中的"形神论"的观点来看待翻译。傅雷指出，要做到"传神达意"，仅仅按照原文句法拼凑堆砌是不行的，更重要的是要和原文神似。然而，这并不是说译者可以抛弃原文的形式，而是要在和原文神似的基础上追求形似，不能求形而忘神。神和形是语篇的两方面，两者紧密联系。神依附于形而存在，神又是形的根本意图。因此，两者是一个和谐的整体。

形与神的和谐需要译者的创造。傅雷认为，翻译的标准应该是假设译文是原作者用汉语撰写的，并提倡译文必须使用纯粹的、规范的中文，不能声音拗口。另外，为了再现原文的生动内容，体现出时空、语境的差异，傅雷还指出译者可以杂糅各地方言，也可以使用一些旧小说套语和文言。然而，使用方言、旧小说套语和文言的关键在于适当调和各成分在语篇中的作用，避免导致译文风格杂乱。傅雷的这种将方言、行话、文言和旧小说套语等融入白话文中，从而竭尽所能地转达原文的"神韵"，不能不说是一个创造性之举。

6. 钱钟书的翻译理论

钱钟书是我国著名的作家、文学研究家。他对翻译也有着很多发人深省的论述。"化境说"是钱钟书对翻译理论的主要观点，也是最大贡献。"化境"和中国传统文论一脉相承，原指艺术造诣达到精妙的境界，而被钱钟书引入翻译领域中则指原作的"投胎转世"。钱钟书在《七缀集·林纾的翻译》中首次提出了"化境说"的翻译观。具体而言，"化"包括以下三方面。

（1）转化，即将一国文字转换成另一国文字。

（2）归化，即能用汉语将外国文字准确、流畅、原汁原味地表现出来，读起来不像是译本，倒像是原作。

（3）化境，即原作的"投胎转世"，虽然语言表现变了，但精神姿致如故。

此外，"化"还需注意以下两方面。

（1）翻译时不能因为语言表达的差异而表现出生硬、牵强之感，否则须得"化"之。

（2）"化"的时候不能随便去"化"，不能将原文文本中有的东西"化"没了，即虽然换了一个躯壳，译文仍要保留原文的风味、精神、韵味。

"化境说"是钱钟书将原本用于中国古典美学的"境界"概念引入翻译领域中得出的一种翻译理论。钱钟书指出,"境界"是所有学科的共性,是相通的。钱钟书将文学翻译理论纳入文艺美学范畴的做法对中国文化而言意义深远。"化境说"不仅兼顾了翻译中的语言形式和神韵,还强调了译者的创造性。因此,"化"是翻译的最高境界。

二、外国翻译理论

(一)古代至中世纪翻译理论

1. 西塞罗的翻译理论

西塞罗是古罗马晚期的政治家、哲学家、演说家、散文家、律师和拉丁语言大师,是西方翻译史上最早的翻译理论家之一。西塞罗曾翻译过许多古希腊政治、哲学、文学等方面的名著,其中包括柏拉图的《蒂迈欧篇》和荷马的《奥德赛》。因此,他的译论深深根植于翻译实践的基础之上。西塞罗对翻译理论的阐述主要见于《论演说家》和《论善与恶之定义》。虽然这两部著作并非论述翻译的专著,但其中的精辟见解对后世的翻译理论与实践产生了深远的影响。

在《论演说家》第五卷第十四章中,西塞罗提出了所谓"解释员"式翻译与"演说家"式翻译的区分,即"直译"与"意译"两种基本译法的区分。在《论善与恶之定义》中,西塞罗提出翻译必须采取灵活的方式,选词造句要符合自己的语言,以达到感动读者的目的。在此基础上,西塞罗强调翻译是一种文学创作。西塞罗是西方翻译史上正式提出翻译的两种基本方法、译作与原作的关系、形式与内容的关系及译者的权限和职责等问题的第一人。他打破了翻译只限于实践而脱离理论的状态,是西方翻译史上的第一位理论家。

2. 贺拉斯的翻译理论

贺拉斯是古罗马时期的著名政治家、抒情和讽刺诗人、文艺批评家、翻译家。他的翻译思想集中体现于《诗艺》。《诗艺》中"忠实原作的译者不会逐词死译"这句话后来成为活译、意译者用来批评直译、死译的名言。他受西塞罗的影响,认为翻译必须避免直译,应选择意译,但意译并不意味着翻译可以天马行空地任意发挥。同时,他根据自己的创作和翻译实践率先提出"以希腊为典范的旗帜",制定出一套古典主义的文艺原则,提倡创新、平易、和谐、寓教于乐的风格,影响了文艺复兴以后的许多翻译家。

3. 布鲁尼的翻译理论

布鲁尼是意大利著名的人文主义者、学者和政治家，是中世纪末期最著名的翻译理论家。布鲁尼在《论正确的翻译方法》这篇论文中对翻译问题进行了专门论述，是西方翻译史上最早对翻译问题进行专题研究的学者。布鲁尼的翻译思想主要有以下三方面的内容。

（1）译者应当尽可能模仿原作风格。

（2）任何语言都可以用来进行有效翻译。

（3）翻译的实质是把一种语言里的东西转移到另一种语言中，因此译者必须具备丰富的知识。

（二）文艺复兴时期翻译理论

1. 马丁·路德的翻译理论

马丁·路德是德国神学家、辩论家、社会学家和翻译家。马丁·路德按照通俗明了的翻译原则完成的《圣经》德译本被誉为第一部大众的《圣经》，在西方翻译史上占有极其重要的地位，对宗教改革、德语的统一、德国的文学和语言的发展意义重大。此外，他翻译的《伊索寓言》具有很高的文学价值。马丁·路德在翻译理论方面的主要贡献体现在以下几方面。

（1）只有使用人民大众所熟悉的通俗语言才能使翻译大众化。

（2）翻译必须注重语法和意思的联系。

（3）翻译要将原文的语言现象放在首位，要采用意译的方法来帮助读者完全看懂译文。

（4）翻译必须集思广益。

（5）系统地提出了翻译的七条原则：可以改变原文的词序；可以合理运用语气助词；可以增补必要的连词；可以略去没有译文对等形式的原文词语；可以用词组翻译单个的词；可以把比喻用法译成非比喻用法，把非比喻用法译成比喻用法；注意文字上的变异形式和解释的准确性。

2. 多雷的翻译理论

多雷是法国文艺复兴时期著名的人文主义者、学者和翻译家。多雷翻译和编辑过《圣经·新约》，弥撒曲、柏拉图的对话录《阿克赛欧库斯》以及拉伯雷的作品。

在多雷看来，翻译是译意，而不是译字。为了表达作者的意图，译者有调整、颠倒译文句式的权利。多雷认为，要想翻译得出色，必须做到以下五点。

（1）译者必须完全了解他所翻译的作者的旨趣和内容。

（2）译者应该精通原文语言和目的语语言，不损害原文的优美。

（3）译者不应该亦步亦趋地逐字翻译。

（4）译者应该避免刻板的拉丁化味太浓的语言，使用通俗的形式表达。

（5）译者应该调整次序、重构语序，避免生硬翻译。

（三）西方近代翻译理论

1. 巴特的翻译理论

巴特翻译过亚里士多德、贺拉斯等的许多经典作品，是18世纪法国乃至欧洲最富影响力的翻译理论家之一。巴特的代表著作有《论文学原则》和《纯文学教程》。巴特认为，语言的普遍因素不是语法，而是语序，语法结构为句子次序所支配。因此，如果出现矛盾，语法结构应让位于句子次序。巴特在《论文学原则》的第五部分着重讨论了翻译的语序问题，并提出了12条规则，如应该保留原文思想出现的先后顺序，原作中所有的连接词都应该保留，译文应该使用尽可能相同的篇幅来表达以使译文具有与原文同等程度的明晰，必须在译文中保留原作的修辞手段和形式等。

《论文学原则》集中体现了巴特对翻译问题的种种看法，观点新颖，论述精当，是西方18世纪翻译理论发展史上一个重要的里程碑。巴特既是一位翻译理论家，又是一位积极的翻译实践者。他所译的亚里士多德的《诗学》始终保留原作的语序，句子长短也与原文接近，达到了形式上的对等。

2. 歌德的翻译理论

歌德是享誉世界的文坛巨匠，是近代德国伟大的文学家、翻译家和翻译理论家。歌德所译的意大利雕刻家切里尼的《切里尼自传》、西班牙戏剧家卡尔德隆的戏剧和法国哲学家狄德罗的《拉摩的侄儿》等作品在整个欧洲文学中都是最有影响力的上乘之作。

在歌德看来，翻译是世界事务中最重要、最有价值的活动之一，译者是人民的先知，因此人们应该重视翻译。歌德认为，文学作品包括诗作之所以存在可译性，是因为不同的语言在其意思和音韵的传译中有着彼此相通的共性。歌德把翻译分为三类：传递知识的翻译、按照译语文化规范的改编性翻译和逐字对照翻译。歌德的翻译理论是建立在浪漫派的美学基础之上的，因此他认为第三类翻译最好，既能传递原文的信息，又可以体现译文的优美。同时，歌德提出不论外国名著是诗体还是散文体，都应使用平易明快的散文体来翻译。歌德的翻译理论,尤其是以散文译诗和三种翻译类型的主张,对德国以及其他欧洲国家的翻译理论和实践都有非常巨大的影响。

3. 洪堡的翻译理论

洪堡是德国的哲学家、教育改革家和语言学家。洪堡对德国在18世纪末至19世纪初成为西欧翻译理论研究中心做出过特殊贡献。《按语言发展的不同时期论语言的比较研究》和《论人类语言结构的差异及其对于人类精神发展的影响》是洪堡的两部代表性论著。此外,洪堡为自己翻译的古希腊戏剧家埃斯库罗斯的《阿伽门农》写过一篇重要的序言。在这些论著中,洪堡用崭新的观点对语言问题进行了深刻的讨论。

洪堡认为,语言和人类思维、民族精神、文化有着密不可分的关系,语言决定思想文化。洪堡进而提出,可译性与不可译性是一种辩证关系。虽然语言的不同给翻译带来了一定的困难,但不同语言之间的翻译是可能的,而且翻译对丰富译入语民族文学和语言起到了难以替代的作用。在谈到翻译原则时,洪堡主张把忠实列为翻译的首要原则,但这种忠实必须指向原文真正的特点而不是其他的旁枝末节。

洪堡的最大贡献在于他提出了一种两元论的语言观。尽管在19世纪这种语言观并没有引起重视,但在20世纪,现代语言学家(如索绪尔、帕尔西格等)在洪堡两元论的影响下提出了二分法语言观,即语言可以从"语言系统"和"言语系统"两方面来进行分析,奠定了现当代翻译理论的基础。可见,没有洪堡的两元论就没有二分法语言观,也就没有当今翻译理论的繁荣发展。

(四)西方现当代翻译理论

在现当代,国外涌现出了一大批翻译理论学家,他们对翻译的研究大大丰富了翻译理论的内容,拓展了翻译研究的方向,对世界翻译理论做出了巨大的贡献。这里我们就以学派为分类标准,介绍一些具有代表性的学者的翻译理论。

1. 语言学派

奥古斯汀以亚里士多德的"符号"理论为基础,提出了语言符号的"能指""所指"和译者"判断"的三角关系,开创了西方翻译理论的语言学传统。20世纪初,索绪尔提出的普通语言学理论对语言和言语、语言的历时和共时进行了区分,提炼出语言符号六对对立统一的性质,深深地影响了其他人文学科,如哲学、人类学、社会学、文化学、历史学、逻辑学、美学等,也极大地影响了西方翻译理论的发展,构筑了此后翻译研究的语言学派的基本框架,为当代翻译研究的各种语言学方法奠定了基础。索绪尔的语言哲学思想为翻译理论的研究开辟了新的研究途径。西方翻译学者开始从科学的现代语言学视角来讨论翻译问题，充分运用语言理论来建立自己的翻译模式。翻译语言学派强调翻译过程中的语言现象的研究与分析，着重从语音、词汇、句子、篇章等不同的语言结构层次出发来探索翻译活动的普遍规律。此外，他们以"等值"为理论核心，认为语言和语言之间相互转换的等值方法是解决语言之间翻译问题的根本途径。翻译研究的这一语言学转向是西方翻译理论发展史上出现的第一次质的突破和飞跃，因此在20世纪40—70年代初，翻译被纳入了语言学范畴，被视为比较语言学、应用语言学和语义学的一个分支。语言学派在地域上分布较广，代表性学者也很多，下面介绍其中几位学者的观点。

（1）奈达的翻译理论。著名语言学家和翻译理论家奈达长期供职于美国《圣经》公会翻译部，是公认的现代翻译理论的奠基人，也是语言学派的代表人物之一。从1945年开始，奈达共发表250多篇文章，著述40多部，其著述数量之多、质量之高、述之详尽、系统之完备在西方翻译理论史上都是空前的。奈达的代表性专著有《翻译科学探索》（1964）、《翻译理论与实践》（1969，合著）、《语言结构与翻译》（1975）、《从一种语言到另一种语言》（1986，合著）以及《语言与文化：翻译中的语境》（2001）等。

奈达的翻译理论依据扎实的语言学基础对翻译的概念及术语进行了科学明晰的界定。同时，其翻译理论的探索经过大量《圣经》翻译活动的实践检验后被证明是行之有效的。理论与实践的相互结合确立了奈达的学术地位。尽管如此，奈达的动态对等原则乃至功能对等原则都过于注重内容而忽视形式，有一定的局限性。如果应用于文学翻译，有可能导致风格的失落和文学性的削弱。

（2）卡特福德的翻译理论。卡特福德在1965年发表的《翻译的语言学理论》一书中探讨了翻译的定义和基本类型、翻译等值、形式对应、意义和完全翻译、转移、翻译等值的条件、语法翻译和词汇翻译、翻译转换或翻译转位、翻译中的语言变体以及可译限度等内容，从现代语言学视角诠释翻译问题，是翻译理论史上一部划时代的著作，在世界翻译学界产生了广泛影响。卡特福德的主要翻译理论包括以下几方面。

①对等值做了较为深入的研究，认为确立语言之间的等值关系是翻译的本质和基础。

②将翻译界定为"用一种等值的语言（译语）的文本材料去替换另一种语言（源语）的文本材料"，并指出"对等"是关键词，将寻求对等视作翻译研究和实践的中心问题。

③独创了"转换（shift）"这一术语，并将"转换"区分为"层次转换"和"范畴转换"两种形式。

④建议采用系统地对比原文和译文，辨别两种语言的不同特征，观察两种语言的限制因素的方法来培训翻译人员。

卡特福德摆脱了传统的印象式翻译研究方法，详尽地分析了翻译等值的本质和条件，对语言转换的规律进行了科学的阐述，是20世纪少有的有原创性的翻译理论家。

（3）雅各布森的翻译理论。著名语言学家雅各布森于1959年发表的《论翻译的语言学问题》第一次将语言学、符号学引进了翻译学，并从语言学的角度对语言和翻译的关系、翻译的重要性以及翻译中存在的一般问题进行了详尽的分析和论述，为当代语言学派翻译研究的理论方法做出了开创性的贡献，被奉为翻译研究经典之作。在《论翻译的语言学问题》中，雅各布森首次将翻译分为三类：语内翻译、语际翻译和符际翻译。这一分类方式准确概括了翻译的本质，在译学界影响深远。此外，雅各布森认为翻译除了必须考虑语言的认识、表达和工具等功能之外，还必须重视语言的比较，包括语义、语法、语音、语言风格以及文学体裁的比较。

雅各布森的研究领域十分广泛，这种多领域、跨学科的研究使他在沟通欧美语言学的交流中起到了突出作用。其著作《语言学与诗学》入选100位哈佛大学教授推荐的最有影响的书。雅各布森的语言功能理论为翻译研究提供了超越词汇、句子以外的语境模式，探讨了翻译中语言的意义、等值、可译性和不可译性等翻译理论和实践中的根本问题。雅各布森对语言和翻译的新颖而全面的论述开启了20世纪翻译研究的语言学派的大门。

（4）纽马克的翻译理论。英国学者纽马克在奈达、卡特福德等人翻译思想的启迪下，将跨文化交际理论和现代语言学的研究成果（如格语法、功能语法、符号学和交际理论等）运用到翻译研究中，形成了自己在许多翻译理论问题上独到的见解和认识。纽马克提出了"交际翻译"和"语义翻译"的概念，还提出了自己的一套文本功能及其分类。

在1981年发表的《翻译问题探索》中，纽马克提出的语义翻译（semantic translation）和交际翻译（communicative translation）两个重要的翻译策略成为西方翻译研究史上的重要里程碑。纽马克认为，语义翻译和交际翻译的区别是后者产生的效果力求接近原文文本，前者则在目的语结构许可的情况下尽可能准确地再现原文意义和语境。但是，在翻译中具体采用哪一种翻译方法还需考虑不同的文本类型，这样才能达到效果等值（equivalent effect）。语义翻译法和交际翻译法是纽马克翻译理论的核心所在，也是其翻译理论中最主要、最有特色的组成部分。1991年，针对原有理论中的不足，纽马克又提出了一个新的翻译概念，并于1994年将其正式定义为"关联翻译法"，即原作或译出语文本的语言越重要，就越要紧贴原文翻译。这标志着纽马克的翻译理论渐趋系统和完善。

此外，纽马克借鉴、修正和补充了雅各布森的功能模式，将文本功能分为表情功能、信息功能、呼唤功能、审美功能、寒暄功能、元语言功能六种，使文本的功能分析更加系统和完备。在此基础上，纽马克试图通过对源语和目的语系统的比较和描述来建立文本类型的样板。纽马克勤于著述，他的代表作还有《翻译教程》（1992）、《关于翻译》（1991）、《翻译散论》（1993）等。

2. 功能学派

德国的功能翻译理论产生于20世纪70—80年代，当时结构主义语言学对德国译学界的影响越来越大，导致翻译成为语言学的附属品，严重制约了翻译这一学科的发展。理论与实践的严重脱节促使一些学者寻找新的途径，于是功能学派应运而生。

功能学派翻译理论认为，要想解决翻译研究中的所有问题，不能完全依靠纯语言学理论。因此，功能学派针对翻译语言学派的薄弱环节，广泛借鉴交际理论、行为理论、信息论、语篇语言学并接受美学的思想，将研究的视角从源语文本转向目标文本，成为当代德国翻译界影响最大、最活跃的学派。

功能学派翻译理论推翻了原文的权威地位，帮助译者摆脱了传统的对等、转换等语言学翻译方法的羁绊，转而运用功能和交际方法来分析、研究翻译，在翻译理论史上有着重要的意义。它的诞生标志着流行于20世纪50—70年代的结构主义语言学统治地位的结束。下面介绍功能学派中具有代表性的几位学者的翻译理论。

（1）莱斯的翻译理论。莱斯毕业于海德堡大学翻译学院，长期在高校从事翻译教学研究工作，是德国翻译功能学派早期重要的创建者之一，也是费米尔、曼塔里和诺德的老师。

莱斯早期的理论研究主要围绕对等概念展开。莱斯认为，翻译追求的对等应该是语篇层面的对等，而非词、句的对等，因此主张将翻译策略和语言功能、语篇类型以及文章体裁结合起来考察。但到了后期，在自身翻译实践的启发下，莱斯认识到在翻译实践中不可能实现真正的对等，于是逐渐将研究的目光转向翻译的功能，并和费米尔一起成为翻译研究功能论的倡导者。莱斯于1971年出版了《翻译批评的可能性与限制》一书。在这本书中，莱斯首次把功能范畴引入翻译批评，将语言功能、语篇类型和翻译策略联系起来，发展了以原文与译文功能关系为基础的翻译批评模式，从而提出了功能派理论思想的雏形。目前，翻译理论界普遍认为《翻译批评的可能性与限制》一书标志着功能学派的创立。

莱斯借鉴卡尔·比勒对语言功能的三分法，将语篇分为重内容（content-focused）文本、重形式（form-focused）文本、重感染（appeal-focused）文本三个类型。在安德鲁·切斯特曼的德文版本里，莱斯将这三个类型分别称为"信息（informative）文本""表情（expressive）文本"和"感染（operative）文本"。一些翻译理论书籍将这三个类型概括为信息型、表达型和操作型。莱斯认为，不同的文本类型决定着不同的翻译方法。每一种语言功能都有一个相对应的语言层面，逻辑功能对应信息层面，审美功能对应表情层面，对话功能对应操作层面。能否传达原文的主导功能是评判译文的重要因素。另外，莱斯认为，目标文本的形态应该先由目标语境中所要求的功能和目的来决定，功能随接受者的不同而改变。

（2）费米尔的翻译理论。费米尔长期从事翻译教学研究工作，是杰出的语言学家。费米尔在莱斯的指导下研究语言学和翻译理论，突破了莱斯的理论局限，创立了目的论。

作为一名有长期翻译实践经验的译者，费米尔认为翻译不仅是语言符号的转换，还是一项非言语行为。翻译符号的使用是为了达到一定的目的，而且会涉及不同的跨文化模式。为此，费米尔在现代语言学（实用语言学、语言行为论、话语语言学）和美学的启发和影响下，在与莱斯合著的《普通翻译理论原理》一书中提出了以翻译"目的论"为主的基本理论。目的论影响深远，因此功能学派也被称为"目的学派"。目的论坚持三个原则：目的原则、连贯原则和忠实原则。

①目的原则将行为理论引入翻译理论中，认为翻译行为所要达到的目的决定了翻译所应采取的方法与策略。

②连贯原则具体指语篇内连贯,即译文必须符合逻辑,符合译入语的表达习惯,能够让译文读者理解,并在目的语文化以及使用译文的交际环境中有意义。

③忠实原则具体指语篇间连贯,即译文不违背原文,译文和原文存在某种联系,但不要求译文和原文在内容上一字不差。目的论所要求的忠实,其程度和形式是由译文的目的和译者对原文的理解来决定的。

在上述三个原则中,语篇间连贯从属于语篇内连贯,两者同时受目的原则的统领。也就是说,当目的原则要求语篇间或者语篇内不连贯时,两者都将失去作用。目的论的出现标志着翻译的研究角度由以语言学和形式翻译理论为基础转向更加倾向功能化和社会文化,因而成为功能主义翻译理论最核心的理论。

(3)曼塔里的翻译理论。曼塔里是德国籍翻译学者和翻译家,长期在荷兰工作。她借鉴赖特的行为理论和里宾的功能语用学提出翻译行为论,进一步发展了功能派翻译理论。曼塔里认为,目的语的文本功能并不是从分析原文文本中自动获得的,而是通过跨文化交际的目的,从语用角度达到目的语文本的功能。换句话说,译文功能与原文功能不同,根据语境做出"功能改变"是译者主体性的体现。功能改变不是例外,而是常态。

此外,曼塔里特别重视行为参与者(信息发出者、译者、译文使用者、信息接收者)和环境条件(时间、地点、媒介)。曼塔里对自己理论模式中参与者的角色做了这样的分析:信息发起者可以是需要翻译的公司或个人,委托人是译者的联系人。原文文本的生成者是创作原文文本的人,但不一定与翻译有关。目的语文本的生成者是译者,目的语文本的使用者是具体使用译文的个人,目的语文本的接受者则是目的语最终的受众。从一开始,译者在翻译行为中就扮演着至关重要的角色,他是跨语际转换的专家和任务的执行者。

(五)西方女性主义翻译理论

女性主义翻译理论探讨了女性主义与翻译的历史渊源、对翻译的影响及作用,颠覆了传统翻译论中原文与译文的主仆关系,瓦解了传统翻译论关于译文要忠实于原文的观点,给翻译研究带来全新的启迪。女性主义翻译理论的主要代表人物有西蒙、张伯伦等。下面介绍他们的翻译理论。

1.西蒙的翻译理论

西蒙是著名翻译理论家、文化专家,是当代女性主义翻译理论最有影响力的声音。

西蒙摒弃了传统的翻译理论，认为翻译不是简单机械的语言转换，而是无限的文本链与话语链中的意义的不断延伸。此外，西蒙从建构主义的观点出发，指出翻译的衍生性和女性的从属性。性别像其他文化身份一样，是身份与经验的构成因素，是由社会意识和话语建构的。西蒙通过系统考察西方，尤其是加拿大女性作家和女性译者的话语实践，为女性主义翻译理论奠定了坚实的基础。

2. 张伯伦的翻译理论

张伯伦是美国翻译家和女性主义翻译理论家，曾在《当代文学》《国际小说》《符号》发表过论文。发表于《符号》的文章《性别和翻译的隐喻》立刻就成为女性翻译研究的经典代表作。在《性别和翻译的隐喻》中，张伯伦通过梳理西方翻译史上17—20世纪关于翻译的性别化隐喻，深入探究这些隐喻中所隐含的性别政治。张伯伦指出，尽管我们所看到的翻译的隐喻试图给翻译的次等地位披上一件阳性语言的外衣，但是西方文化极力强化这种次等地位，坚持赋予翻译女性化的地位。因此，对于长期流传于西方的男女之间的等级关系、文本的等级关系以及这种带歧视性的隐喻必须予以消解。这样，我们才能真正理解翻译，承认女性的平等地位。

张伯伦通过后结构主义理论的运用，解构了原文和译文、男性和女性的边界，提高了女性译者的政治文化地位和主体地位，对翻译理论界产生了巨大的影响。

第五章　中西方文化与翻译

第一节　中西典故文化与翻译

典故文化是民族语言智慧的结晶，折射着流光溢彩的民族历史。英汉语言中包含大量的典故，通过对典故文化的对比与翻译研究，能够提高对典故的认识程度，从而为以后的交际奠定基础。

典故原指旧制、旧例，后用来指典章制度、历史人物的故事或传说等。关于典故，严格来说，汉语里的"典故"这个词语本身在英语中是难以找到相对等的词语的。

汉语典故在一般情况下更注重所引用故事、词句等的出处和史实，而英语中的allusion则更加注重所引用文字的间接性和含蓄性等。受地理环境、历史、传统文化以及宗教信仰等因素的影响，英汉典故在文化内涵、来源以及结构形式等方面都表现出巨大差异。了解和分析英汉典故的异同之处，对译者深入了解外来文化、进行跨文化交流和作品翻译有着重要意义。

一、英汉典故文化的对比

（一）英汉典故结构对比

1.英语典故的结构

英语典故往往具有灵活、自由的结构特点，句式可松可紧，可长可短，字数的伸缩范围极大，甚至有的典故只有一个词。例如：

Eden 伊甸园

Watergates 水门事件

Shylock 放高利贷者

而有的典故则很长，可以是几个字、十几个字，甚至完整的句子。例如：
hair by hair you will pull out the horse's tail 矢志不移，定能成功

the last supper 最后的晚餐

One boy is a boy, two boys half a boy, three boys no boy.
一个和尚有水吃，两个和尚挑水吃，三个和尚没水吃。

What one loses on the swings one gets back on the roundabouts.
失之东隅，收之桑榆。

另外，英语典故往往可以独立成句，这一点在莎士比亚的作品中表现得尤为明显。

2. 汉语典故的结构

与英语典故相比，汉语典故具有结构紧凑、用词精简的特点。其表现形式主要有以下两种。

（1）四字结构。典故演变为成语时，多采用四字结构，这种结构的典故十分常见，如"掩耳盗铃""守株待兔""画蛇添足""百步穿杨"等。

（2）对偶性短句。这种形式的汉语典故虽然没有四字结构的多，但也较为常见，如"鹬蚌相争，渔翁得利""皮之不存，毛将焉附""庆父不死，鲁难未已"等。

除上述两种形式外，汉语中偶尔也有二字或三字组成的情况，字数较多或单独成句的情况比较少见，如"不到长城非好汉"等。需要注意的是，汉语中有相当大一部分典故是名词性词组，它们在句子中可以做一定的句子成分。

（二）英汉典故来源对比

1. 英语典故的来源

（1）源自神话传说

英语中的很多典故都出自神话传说。例如，（the）wheel of fortune（命运之轮）就出自古罗马传说。命运之神福尔图娜（Fortuna）手中有一金轮，此轮旋转一下便可指示出一个人的运气，又由于此轮停止的方位不同所显示的人的命运就不同，所以此典故也指命运的变化。

再如，墨丘利（Mercury）是宙斯和迈亚（Maia）的儿子，他行走如飞，多才多艺，掌握商业、交通、畜牧、竞技、演说。传说罗马人把无花果树上结出的第一批果实送给墨丘利，后来Mercury fig（墨丘利的无花果）被用来比喻"获得的第一批成果"。

（2）源自寓言故事

寓言是用假托的故事或自然物的拟人手法来说明某个道理或教训的文学作品，常带有讽刺或劝诫的性质。英语中的很多典故都出自寓言故事。例如：

a wolf in sheep's clothing 披着羊皮的狼

（喻指"貌善心毒的人""口蜜腹剑的人"）

borrowed plumes 借来的羽毛

（喻指"靠别人得来的声望"）

sour grapes 酸葡萄

（喻指"假装瞧不起自己想得而得不到的东西"）

don't count one's chickens before they are hatched

不要蛋尚未孵先数鸡

（喻指"不要过早盲目乐观"）

（3）源自文学作品

英语中，有相当一部分典故出自一些著名作家的作品，如莎士比亚（Shakepeare）、狄更斯（Dickens）等。例如，Romeo（罗密欧）是莎士比亚戏剧《罗密欧与朱丽叶》中的男主人公，指英俊、多情、潇洒，对女人有一套的青年。Cleopatra（克娄巴特拉）是莎士比亚戏剧《安东尼和克娄巴特拉》中的人物，指绝代佳人。再如，英语中《奥德赛》（Odyssey）与《伊利亚特》（Iliad）合称为希腊的两大史诗，相传为荷马所作。该诗描述了希腊神话英雄 Odysseus 在特洛伊战争中以"特洛伊木马"攻破特洛伊城后，在海上漂流10年，战胜独眼巨神，制服了女巫，经历了种种艰险，终于回到了自己的国家，夫妻团圆。后来，用 Odyssey 一词喻指"磨难重重的旅程"或"艰难的历程"。

（4）源自历史事件

英语中有很多来源是欧洲众多国家的历史事件的历史典故。例如，Pyrrhic victory（皮洛士的胜利）喻指得不偿失的胜利。这一典故来源于古希腊时期。伊比鲁斯（Epirus）的国王皮洛士（Pyrrhus）在公元前281年、279年两次率重兵渡海征战意大利，在付出了巨大的代价后取得了胜利。再如，fiddle while Rome is burning（面对罗马火灾仍弹琴作乐）喻指大难来临却依然寻欢作乐，对大事漠不关心。公元64年，罗马帝国首都罗马遭遇大火，而当时的罗马皇帝尼禄（Nero）却依然无动于衷，坐在高高的城楼上一边弹奏乐器、哼唱歌曲，一边欣赏着眼前的火灾景象。又如，Gold Rush（淘金热）喻指做某事的热潮。这一典故原意是指美国历史上西部淘金时期的高峰期。

2. 汉语典故的渊源

汉语典故主要来自以下几种途径。

（1）神话传说

中国是四大文明古国之一，中华民族具有悠久的历史，其神话传说也是源远流长。神话是关于神仙或神化的古代英雄的故事，是古代人民对自然现象和社会生活的一种天真的解释和美丽的向往。汉语中有很多来源于神话故事的典故，如上面提到的"点铁成金"。"点铁成金"来源于古代神仙故事，说的是仙人可以用法术将铁（也有的说是"石"）变成金子，如《列仙传》就谈到许逊能点石成金。到后来，"点铁成金"除了本意外，还引申出了比喻义，比喻把不好的诗文改好，如宋代黄庭坚的《豫章黄先生文集》（答洪驹父书）："古之能为文章者，真能陶冶万物，虽取古人之成言入于翰墨，如灵丹一粒，点铁成金也。"还有许多类似的来自典故的成语，如"精卫填海""夸父追日""愚公移山"等。

（2）寓言故事

寓言通常用假托的故事或自然物的拟人手法来说明某个道理或教训，常带有讽刺或劝诫的性质，能够明理启示。汉语中来自寓言故事的典故也为数不少。例如，《吕氏春秋·自知》中有这样一个故事：从前有个人看上了别人家的大钟，由于钟的个头太大，无法整个背走，于是他打算把钟打碎一点一点搬回家。但钟一被击打就会发出声音，于是他将自己的耳朵捂上，以为这样别人就听不到钟声了，但结果他很快就被人发现并抓住了。后来，"掩耳盗铃"一词常被用来比喻自欺欺人，明明掩盖不了的事却偏要设法掩盖。

再如，据《吕氏春秋·察今》记载，楚国一个人乘船过江时，腰间的宝剑不小心滑落江中。他在船舷上宝剑落水的地方刻了一个记号，等船靠岸后他便从刻记号的地方下水寻找，结果自然是无功而返。后来，"刻舟求剑"用来喻指思想僵化，不会根据情况的变化进行调整。

又如，据《韩非子·五蠹》记载，战国时宋国有一个农民在田间休息时看到一只兔子跑得太快，结果撞到树桩上死了，他便把那只兔子带回家当午饭。从此以后，他便放下手中的农具到田里等待，希望能再遇到撞死的兔子。他再也没能等到兔子，自己的庄稼也荒芜了，故而产生了"守株待兔"这样的一个典故。

（3）历史故事

中华民族是一个历史悠久的民族，经历过多次改朝换代，而每个朝代都会发生重大的历史事件。因此，有大量反映历史事件、历史故事的典故成为汉语语言的一部分。例如，"卧薪尝胆""负荆请罪""四面楚歌""闻鸡起舞""口蜜腹剑"等，这些典故本身就是对历史事件所做的概括，而"助纣为虐""殷鉴不远"等典故则表达了人们对历史的看法和评价，具有一定的社会认识价值。下面再介绍一些源自历史史实的汉语典故。

"乐不思蜀"喻指乐而忘返，用于贬义时则指贪图享乐而忘记自己的家乡与职责。根据《三国志·蜀志·后主传》记载：三国时期，蜀汉亡国后，后主刘禅被安置于魏国的都城洛阳。有一天，司马昭问刘禅是否想念西蜀，刘禅回答道："此间乐，不思蜀。"

（4）文学作品

汉语中也有很多典故是出自文学作品中的事件或人物，如"亡羊补牢"出自《战国策·楚策四》："庄辛引鄙语：'见兔而顾犬，未为晚也；亡羊而补牢，未为迟也。'"喻指在遭受损失之后想办法补救，免得以后再受损失。再如，"倾国倾城"出自《汉书·外戚传》："一顾倾人城，再顾倾人国。"该典故喻指女子容貌美艳非凡。

类似的典故还有："罄竹难书"出自《吕氏春秋·明理》；"皮之不存，毛将焉附"出自《左传·僖公十四年》；"鞭长莫及"出自《左传·宣公十五年》；"逃之夭夭"出自《诗经·周南·桃夭》；"士为知己者死"出自《战国策·赵策》；"锦囊妙计""三顾茅庐""过五关斩六将"等出自《三国演义》；"像刘姥姥进了大观园"出自《红楼梦》；"猪八戒倒打一耙"出自《西游记》。

（三）英汉典故设喻方式对比

1. 以人物设喻

以人物设喻是指将特定时间或故事所涉及的人物作为喻体，来表达一种特定的寓意。

例如，英语中有 a Herculean task（赫拉克勒斯的任务），这一典故取自古希腊神话，赫拉克勒斯是主神宙斯之子，力大无比，故被称为大力神，所以该典故用来喻指艰难的、常人难以完成的任务。

汉语中也有许多以人物设喻的典故。例如，"孟母三迁"原本说的是孟子的母亲在孟子幼年时，十分重视居所邻居的选择，目的是给他选择良好的教育环境来教育他，并因此曾三次迁居，后来被用来喻指选择良好的居住和教育环境对于儿童教育的重要性。其他的以人物设喻的汉语典故还有"成也萧何，败也萧何""姜太公钓鱼""王祥卧冰"等。

2. 以物品设喻

以物名设喻是指以特定事件、故事中所涉及的事物的名称为喻体来表达某种寓意或喻指。例如，Barbie doll（芭比娃娃）是借女童所喜爱的一种时髦、靓丽的盛装玩偶，来喻指注重仪表而无头脑的女子；英语的 Ark（方舟）喻指避难所，是以《圣经》所载上帝命令挪亚在洪水到来之际乘方舟逃生的传说来设喻。再如，汉语的"杯弓蛇影"喻指无端地疑神疑鬼、自己吓自己。这一典故是借墙上的弓映射在酒杯里使客人误以为是蛇的故事来设喻。

3. 以动植物设喻

以动植物设喻是指将特定的事件或故事所涉及的动植物作为喻体，用以表达一种特定的寓意。

例如，英语 scapegoat（替罪羊）源自《圣经》故事，讲的是大祭司亚伦将通过抽签抽出来的一只大公羊作为本民族的替罪羊放入旷野以带走本民族的一切罪过。现用来指代人受过或背黑锅的人。

汉语中，"鹬蚌相争，渔人得利"也是以动植物设喻的典型例子。讲的是一只蚌张开壳晒太阳，鹬去啄它，被蚌壳钳住了嘴，在两方相持不下时，渔翁来了，把两个都捉住了，后人用这一典故来喻指双方相互争执，却让第三方得了利。再如，"草木皆兵"，前秦苻坚领兵进攻东晋，进抵淝水流域，登寿春城瞭望，见晋军阵容严整，又远望八公山，把山上的草木都当作晋军而感到惊惧，后来被借来喻指惊慌之时的疑神疑鬼。类似的典故还有"狐死首丘"等。

4. 以地名设喻

以地名设喻，是指以特定事件、故事所涉及的地名为喻体来表达某种寓意或喻指。例如，英语典故 Dunkirk 喻指全面撤退、失败前的规避行为或面临困难险情。Dunkirk 是法国港市的名字，是第二次世界大战的"敦刻尔克大撤退"发生之地。再如，汉语典故"东山再起"喻指失势之后重新恢复地位、权势等。这一典故讲的是东晋谢安退职后在东山做隐士，后来又出山任要职的故事。

5. 以事件设喻

以事件设喻是指将特定的事件或故事作为喻体，用以表达一种特定的寓意或喻指。

例如，英语中的 the Last Supper 出自基督教故事：耶稣基督得知自己将被一门徒出卖之后，依然从容坚定，召集十二门徒共进最后的晚餐，同时当场宣布这一预言。后用该典故喻指遭人出卖。

汉语中也有很多以事件设喻的典故。例如，"负荆请罪"这一典故讲的是战国时期廉颇为自己的居功自傲、慢待蔺相如而向其负荆请罪，从而使将相复合。后用该典故指认错赔礼。

虽然英汉典故中都有以上设喻方式，但是英语典故最为常用的是以人设喻，而汉语典故最为常用的则是以事设喻。其深层次的原因与中西方不同的思维模式有关：在人与世界的关系上，中国人比较看重周边环境、客观事物，处事倾向于从他人出发、从环境着手；而西方人则更注重人类自身，处事倾向于从个人出发、从自己着手。

（四）英汉相似或共通的典故

通过对英汉典故的文化对比，可以发现英汉典故的许多不同之处。但是这并不能说明英汉两种语言在典故文化方面完全不同，事实上，英语和汉语中有一些典故的喻体、喻指都相似甚至完全相同。

1. 共同吸纳的典故

在英语和汉语中，有些典故都是从共同的某一个出处吸收过来的。例如，与英语典故 pull chestnuts out of the fire 相对应的是汉语的"火中取栗"，这两个典故均出自一则法国寓言：一只猴子和一只猫看见炉火中烤着栗子，猴子叫猫去偷，猫用爪子从火中取出几个栗子，结果烧掉了自己脚上的毛，而猴子却吃掉了栗子。该典故在两种语言中都用来喻指冒风险给别人出力，自己却上了当，结果一无所得。类似的还有，英语中的 cry wolf 与汉语中的"狼来了"。cry wolf 与"狼来了"都出自《伊索寓言》，讲的是一个小羊倌放羊时为了打发时间就谎称"狼来了"，看到大家纷纷来救他却没有见到狼，他觉得很好笑。大家看到小羊倌撒谎，都不相信他的话了。后来，小羊倌真遇到了狼，任凭小羊倌怎么呼救，大家都无动于衷，结果小羊倌被狼吃掉了。在英语与汉语中，这个典故都喻指说谎的人会遭到报应。

2. 巧合的典故

英语中的 burn one's boats 与汉语中的"破釜沉舟"这两则典故虽然史事背景不同，但是情节十分相似。英语 burn one's boats 取自这样一个史实：公元前49年，罗马执政庞培与元老共谋进攻恺撒。当时，恺撒的领地与意大利交界处有一条小河。恺撒率军渡过河，准备与敌军决一死战。他烧毁了渡河用的所有船只，以断绝本军后路、逼士卒奋勇向前，最后一举战胜敌人。汉语"破釜沉舟"也取自一个非常相似的史实：战国时期，项羽率兵与秦军打仗，过河后命令部下将渡船凿沉，把饭锅砸破，然后携带三日的干粮，以表示为取得战争胜利必死的决心，喻指背水一战、志在必得。这两则典故的寓意也相同，都指的是采取不留后路的行动，表示勇往直前的信念和决心。

（五）英汉典故折射出的文化差异

语言是文化的载体，不同文化的差异，自然会反映在语言中。典故是语言的一种特有形式，其形成和发展都受到文化的深刻影响。下面就来探讨一下典故中折射出的中西方文化差异。

1. 地理位置差异

（1）英国的地理位置

英国是一个岛国，并且其航海业在世界一度领先。这一特点在英语典故中得到了很好的体现。例如：

be all at sea 茫然无措

deep six 埋入海底六尺，即抛弃

sit at the stern 掌权、掌握政事

spin a yarn 编造海外奇谈，即讲故事

Davy John's locker 海底坟墓，即葬身鱼腹

（2）中国的地理位置

中国是一个内陆国，无论是在人们的实际生活中，还是在人们的心中，土地和农业都占有十分重要的地位。因此，汉语中有很多关于土地和农业的典故，如"揠苗助长""雨后春笋""藕断丝连""亡羊补牢"。

2. 历史文化差异

任何文化都是不同民族在自身的发展历程中累积起来的精神成果，不同民族在不同的历史时期存在疆域的变迁、适度的革新、事件的发生、文学艺术的

发展等，因此形成了许多具有民族历史属性的文化词。而且，在文化发展的过程中，人们对事物的名称、观念也会随着历史的发展而发生变化。因此，英汉典故因历史文化的不同也存在较大的文化差异。

这里所说的历史文化是文化的历史发展与文化的历史沉积在各自语言中的表现。英汉语言中都有很多反映历史文化的典故。例如，汉语里的习语"程咬金""应声虫""河东狮吼""穿小鞋""戴高帽子""抓辫子""身在曹营心在汉"等。而英语中的 eat crow，beat the air，the Judgment Day，January chicks，green revolution，black Friday，talk turkey，white elephant 等典故都具有一定的历史文化内涵，被打上了历史文化的烙印。

二、英汉典故的翻译

由于英汉典故来源多样，同时蕴含着丰富的历史文化，因此对英汉典故进行翻译并非易事。下面就根据英汉典故的特点，对其可以使用的翻译方法进行总结分析。

典故承载着厚重的民族历史，凝结着独特的民族智慧，大都形象而生动，词约而义丰。因此，在翻译典故时，要保证意义传递真实，同时还要尽量考虑使其保持原来的民族性、形象性。具体的翻译方法主要有以下几种。

（一）直译加解释法

有些英语典故并不适合直译，如果生硬地直译过来，很难使我国读者完全理解其中的寓意。如果改为意译，又很难做到保持原有的形象和风格。这时就可以采用直译加解释法来对其进行翻译，这样不仅可以保持其原有的形象和风格，还可以让读者理解其潜在的意义。例如：

There is no rose without a thorn.

没有不带刺的玫瑰。（世上没有十全的幸福；有乐必有苦）

（二）直译联想法

在英汉两种语言中，有许多典故的含义或比喻意义基本相同，但是表达方法差异很大，这是由英汉两民族的文化差异造成的。对于这种情况，就可以使用直译联想法进行处理。所谓直译联想法，是指直译原文而得出的译文容易使译文读者联想到他们所熟悉的典故。例如：

Bad workmen often blame their tools.

拙匠常怪工具差。（联想：不会撑船怪河弯）

It's a long lane that has no turning.

路必有弯；世上没有直路。（联想：事必有变；瓦片也有翻身日）

（三）意译改造法

英汉语言中，有许多差别仅在于形象和风格上的典故，它们的意义大致相等，所以翻译时，只需略加改造即可达意，同时还可以避免改变原文典故的结构和习惯。例如，"One swallow does not make a summer."这句英语谚语的直译是只发现一只燕子不能说明夏天的来临。汉语里没有与此完全等值的谚语，但是有与其相似的谚语，如"一花不是春"或"独木不成林"等。因此，可以采用意义加改造的方法将其译成"一燕不成夏"。再如，no smoke without fire 无火不起烟（来自"无风不起浪"）等。

有些汉语典故在英语中没有相对应的形象，需要改变形象进行意译。例如：

"爹爹，依孩儿看，妹妹与司马相如既然这么做，已是破釜沉舟了。若是不认他们的婚事，任凭他们这样胡闹下去，爹爹难道一辈子就闷在家里不再出门？"

（徐飞《凤求凰》）

"Father, they've burned their bridges," pleaded Wenzhang. "If you don't consent to their marriage, they'll go on like this for ever. You can't spend the rest of your life too ashamed to leave the house!"

（Paul White 译）

在译文中，译者将破釜沉舟转变形象，意译成 burned their bridges，虽然喻体发生了改变，但是寓意是相同的，即"自断后路，背水一战"。

这妯娌俩，可真是针尖对麦芒了。

（周立波《暴风骤雨》第二部第九章）

These two women are like diamond cutting diamond.

（许孟雄译）

这句话虽然喻体不同，两者的本质却是相同，讲妯娌两个人都很厉害，互不相让。

（四）对联增字法

汉语中经常可以发现以对联形式构成的谚语，对联的上联描绘形象，下联陈述意义，如"棋逢对手，将遇良才""路遥知马力，日久见人心"等。在对某些英语谚语进行翻译的过程中，如果无法用少量汉字将其含义准确完整地表达，就可以采用对联加字的手段处理，将会收到较好的效果。例如，"Great men are not always wise"，直译是"伟人也不总是聪明的"，其实它的含义是"再聪明的人也有糊涂的时候"。如果采用对联增字法翻译，效果可能更好，可译为"人有失手日，马有失蹄时"或"老虎也会打盹，好马也会失蹄"或"智者千虑，必有一失"。再如：

Good news comes apace.

好事不出门，坏事传千里。

He who keeps company with the wolf will learn to howl.

近朱者赤，近墨者黑。

（五）等值互借法

对于英汉中一些在意义、形象或风格上都比较相似或近似的典故，就可以采取等值互借法。例如，"Walls have ears."就可以借助汉语谚语将它译成"隔墙有耳"，这样既能忠实于原义、原有形象及风格，又符合汉语的谚语结构和习惯。还有很多这样的例子可以用此法翻译。例如：

Amongthe blind the one-eyed man is king.

山中无老虎，猴子称霸王。

Great minds think alike.

英雄所见略同。

Like father, like son.

有其父必有其子。

Where there is a will, there is a way.

有志者事竟成。

（六）加注法

加注法要求在翻译典故时，要在保留原文人物、事件等原有形象的基础上，用注释加以进一步说明。例如：

又见香菱这等一个才貌俱全的爱妾在室，越发添了"宋太祖灭南唐"之意，"卧榻之侧岂容他人酣睡"之心。

（曹雪芹《红楼梦》）

Moreover, the presence of such a charming and talented concubine as Xiangling had filled her with the same resolve as the First Emperor of Song when he decided to wipe out the Prince of Southern Tang, demanding, "How can I let another sleep alongside my bed?"

（杨宪益、戴乃迭译）

把"宋太祖灭南唐"直译成英语之后，另外注明 the First Emperor of Song: Zhao Kuangyin（927—976），Southern Tang（937—970），使读者清楚了解南唐所处的历史时期。

（七）释义法

有些汉语典故在翻译成英语时需要保留形象并进行释义。这种翻译方法适用于文化内涵深厚、丰富的典故。例如：

"三个臭皮匠，合成一个诸葛亮"，这就是说，群众有伟大的创造力。

（毛泽东《组织起来》）

"Three cobblers with their wits combined equal Zhikeh Liang the master mind." In other words, the masses have great creative power.

（北京外文出版社 1965 年英文版）

"三个臭皮匠，合成一个诸葛亮"对中国人来说是一个很常见的说法，诸葛亮也是人们耳熟能详的历史人物。但是对于不了解诸葛亮为何许人的英语读者来说，如果直译成 Three cobbles make one Zhuge Liang，他们自然无法理解。如果把它译成 Two heads are better than one，就会将原文的形象全丢；译者在直译的框架中添加了 with their wits combined 和 the master mind 两个解释性词语，这样，译文既完全再现了原文信息，又表达得通顺晓畅。

第二节　中西节日文化与翻译

节日文化是英汉民俗文化的重要组成部分，本节首先对节日文化进行比较与翻译研究。

一、中西节日文化对比

（一）节日的定义与意义

1. 节日的定义

节日就是指一年中被赋予特殊社会文化意义并穿插于日常之间的日子，是人们丰富多彩的生活和社会活动的集中展现，是国家、民族、各地区的政治、经济、文化、宗教等的总结和延伸。节日是世界人民为适应生产和生活的需要而共同创造的一种民俗文化，是世界民俗文化的重要组成部分。

节日由于是生活中一些值得纪念的日子，因此具有群众性、周期性的特征，并伴随一些相对稳定的活动。节日不仅是一个国家文化长期积淀的产物，同时也是识别一个民族身份的重要特征。如果人们想要了解一个民族的文化，了解他们的风俗习惯、秉性习气，观察、参与他们的节日活动无疑是最好的途径。

节日随着时间的推移，越来越丰富多彩。不同民族的人通过他们各自的周而复始的民间传统节日，将民间的文化传统进行复现、传承，并发扬光大。

2. 节日的意义

节日的重大意义集中体现在以下两方面。

（1）有助于加强民族凝聚力

通常节日，人们可以互相表达良好祝愿，联络感情。因此，节日文化有助于维系人们之间的情感，加强人际沟通与交流。节日民俗能使人在社会生活的迅速变化与发展之中，有一种亲密感和聚合感，通过对人们的身心进行调整使其适应快节奏的现代社会生活。

一个民族的亲和力往往可以从该民族节日期间的向心力体现出来，因此节日文化有利于民族凝聚力的增强。可以说，节日文化是增强一个民族凝聚力和向心力的重要途径和枢纽。通过将特定日期和特定功能联系在一起的办法，可以对一个民族群体发出巨大的号召力，让人们能在同一个时间、同一个地点内，选择一种社会行为、举办一个社会活动。

（2）有助于发扬民族文化

节日是民族文化的荟萃，是一个民族的象征之一，也是民族中的族群进行文化沟通与交流的重要方式。我们可以从一个民族的节日文化中看出该民族文化的理念和价值观，以及民众的文化趣味和文化情感。

节日既是对既有文化系统诸要素之间关系的民俗式的记录与解读，又是对历史的抽象化的现实影像或折射。节日与一定的民俗事象有着十分紧密的关系，节日通常借助于多种多样、仪式化的民俗活动，十分鲜明地对既定文化的价值观进行再现与强调。这些民俗活动通常会依据一定的程序有条不紊地进行，并表现出一定的关联。节日是文化民俗式的集中体现。

节日是文化传播与传承的桥梁，也是文化横向共时性传播和纵向历时性传承的桥梁。随着时间的推移，一个民族的节日文化不断地沉淀，并不断保存、丰富民族的优秀文化，使民族文化发扬光大。节日文化有助于扩大民族文化影响力。节日是历史文化传统的积淀和再现；节日是民族性格、民族文化的集中展示；节日是社会群体和谐团结的黏合剂；节日是文化认同、民族认同、国家认同的重要标志；节日是提升美好情操和培育丰富情感的熔炉；节日是广大民众展示美好心灵和表现艺术才华的舞台。

（二）中西节日的庆祝方式

1. 中国节日看重饮食庆祝

在中国，几乎每一个节日都可以与饮食联系在一起，如春节的年糕、饺子、元宵节的汤圆，端午节的粽子、雄黄酒，中秋节的月饼，腊八节的腊八粥等。可见，这些节日都有一种独具文化意蕴的饮食作为承载或依托。而这些饮食一般又具有两大特征。一是全家共享，即以饮食为中心进行，多以家庭为单位开展。中国自古就有逢年过节之时回家团圆的传统，为了表现团圆的寓意，人们所吃的食物多是圆形的，如春节的汤圆、元宵节的元宵、中秋的月饼等。二是饮食名称内涵丰富。中国传统节日中的饮食往往具有丰富的寓意和丰富的内涵。例如，冬至节人们有吃馄饨的习俗，因为该时节正是阴阳交替、阳气生发之时，暗寓祖先开混沌而创天地之意，表达对祖先的缅怀与感激之情。

2. 西方节日看重交际庆祝

虽然西方人的节日中也有很多食品，如感恩节的南瓜馅饼、圣诞节的火鸡等，但是与中国的节日饮食相比，西方的食品种类比较少，而且食物本身及其名称上基本没有特别的含义，如美国人吃火鸡只是因为当时北美是火鸡的栖息地，而南瓜也是北美地区一种十分常见的植物。当然也有例外的情况，如在复活节中，由于蛋和兔子是复活节最典型的象征，美国所有的糖果店在复活节时都会出售用巧克力制成的复活节小兔和彩蛋。

西方的节日庆祝更多的是注重交往与欢乐。例如，在复活节时，人们通常会玩滚彩蛋比赛。在英国北部、苏格兰等地，人们把煮好的彩色鸡蛋做上记号从斜坡上滚下，谁的蛋先破，就被别人吃掉，谁就认输。如果彩蛋完好无损，就是好运的象征。在这项节日活动中，重要的是人们在活动的过程中收获了快乐，而不是比赛的胜负。

（三）中西节日文化差异的根源

1. 价值取向不同

西方文化在个性、金钱、救世主、标新立异、进取精神、尊重青年、效率和守时这几方面名列第一；而东方文化在感激、谦逊、因果报应、集体责任、尊重长者、好客、土地神圣感以及和平这几方面名列第一。从中可以看出，中西方节日之所以存在差异，不同价值的取向是重要因素。

中国社会以礼治为价值取向。"礼"是华夏主文化特征的核心文化。"礼"是从社会成员的内在行为规则中引出来的范畴。这种礼治思想以集体本位主义为中心，注重个体的义务，提倡集体利益高于个人利益，个体为了集体利益要做出一定的牺牲。受这种思想影响，中国节日更加注重节庆活动中的集体参与和娱乐。

西方社会以法治为价值取向。"法"是反映西方主文化特征的核心文化。"法"是从社会成员外在行为规则中引出来的范畴。这种法治思想以个体本位主义为基础，提倡人文主义，也就是以个人利益为中心，自己为自己负责，自己的事情自己做，不希望别人介入，也不习惯关心他人。受法治思想的影响，西方节日更加注重个人的情感释放与宣泄。

2. 信仰体系不同

节日除了其本身的节日意义之外，还承载着丰富而又复杂的信仰内容。

具体来说，中国传统文化是一种氏族农业文化的历史继承。人与人之间的关系一般都较为狭隘，仅限于氏族内部及相邻的氏族之间。因此，中国的宗教形态也局限于这个范围之内。一般来说，氏族宗教的内容主要是由鬼魂崇拜、祖先崇拜、自然现象崇拜构成。人们把历史上祖先和宗族赋予神话的色彩，供宗族社会景仰和依赖。到了后来，这种氏族社会对于神话中的祖先崇拜，逐渐演变成各家族对自己真正的始祖的崇拜。例如，春节祭神、祭祖的习俗就是对传统信仰的全面展示。由此，人神关系建立起来，人们期望得到神灵的庇护，这也标志着中国宗教文化的开始。

在中国，没有真正统一的神系和信仰体系，人们一直处于泛神信仰形态，允许任何宗教的并存，同时对外来宗教也持十分宽容的态度，因而没有国家统一的宗教。中国宗教的信仰具有明显的世俗化特征。人们信仰宗教的目的十分明确，有"祭神如神在"之说。人们请神来净化人的思想情感，帮助实现愿望，对神的有无并不真正关心。人们通常也可以同时信奉两种或多种宗教。此外，一些中国人对祖先的态度有时也不仅仅是单纯的信仰，有很多功利的成分存在。从节庆活动中的祭神和禁忌等方面就可以看出这种功利主义态度：几乎一切节庆活动都体现了国泰民安、人丁兴旺的愿望；所有的禁忌都为了消除灾祸、祈求平安好运。

而对西方很多国家来说，人们把基督教的上帝视为至高无上的存在，终极的真理，独一的神。

二、中西重要节日的比较

无论是在中国还是西方，都有很多传统节日。这里选取中国的春节与西方的圣诞节、中国的七夕节与西方的情人节、中国的重阳节与西方的感恩节进行对比。

（一）春节和圣诞节

中西方这两个重大的传统节日，都突显了家庭大团圆而营造的一种欢乐、祥和的氛围。相对于带有宗教色彩的西方的圣诞节，中国人为春节而举行的各种风俗活动，表达了浓郁的思亲情结，享受着无限的天伦之乐。西方传统的圣诞节却更多的是全家人祈求上帝的恩赐，享受来年的幸福平安。

1. 春节

春节，民间俗称"过年"，是辞旧迎新之际。"进了腊月就是年"，从腊月二十三的祭灶"过小年"开始，家家户户开始大扫除，张贴春联、窗花、福字，张挂大小红彤彤的灯笼，除尘（陈）布新，扫除一切霉运晦气，迎来新年的一切吉祥如意。

到了每年农历腊月的最后一天的晚上，民间俗称为"年计"，它与春节（正月初一）首尾相连，是家家户户团圆的日子。"每逢佳节倍思亲""有钱没钱，回家过年"，出门在外的人都争取在大年夜之前赶回家与家人团聚，吃团圆饭，这是中华民族几千年来根深蒂固的传统习惯。团圆饭又叫"年夜饭""合家欢"等，即全家人聚齐进餐，济济一堂，寓意吉祥和谐。吃团圆饭时说话要多用吉利话，忌讳说晦气话，说话时要多说"多""余""好""发"等，不能说"死""没了""不够""吃不饱""破"等不吉利的话。如果恰巧有人在过年期间死了，也不能用"死"字，只能说某某人"老"了或"过"了。如果不小心打碎了一个碗，要说"岁岁（碎碎）平安"，讨个口彩。团圆饭讲究有10碗菜，叫"十大碗"，讨个十全大福的彩头。在团圆饭中，鱼是必不可少的，寓年年有"余"（鱼）之意，北方人吃"更年饺子"，而从大年初一开始一直到正月十五元宵节，人们时时刻刻沉浸在过年的欢庆气氛中，人们走亲访友，互相拜年，长辈给晚辈分发压岁钱，祝福新年万事如意，祈愿新年平平安安。喜贴春联，敲锣打鼓，张灯结彩，送旧迎新的活动热闹非凡。另外，各地还有舞狮子、耍龙灯、演社火、逛花市、赏灯会等习俗。

2. 圣诞节

在西方，与中国春节类似的节日是圣诞节，这是西方国家一年中最隆重的节日。从12月24日开始，到翌年的1月6日洗礼节，都可统称为圣诞节节期，而新年顺便也和它连在一起。

《圣经》里说，圣母玛利亚受圣灵而怀孕，在返家路途上经过一座小城——伯利恒，遇上所有旅店客满，被迫在客店的马槽里产下耶稣。据说，那天在遥远的东方有三个博士追随着天上一颗明亮的星星找到耶稣，并且膜拜安详地睡在马槽里的耶稣。后人为纪念耶稣的诞生，便定12月25日为圣诞节，年年望弥撒，纪念耶稣的出世。当然如今，圣诞节不但是基督教徒，也是广大非基督徒群众的重要节日。在欧美许多国家，人们非常重视这个节日，把它和新年连在一起，而庆祝活动的热闹与隆重程度大大超过了新年，成为一个全民的节日。

西方人以红、绿、白三色为吉祥的圣诞色。绿色的常青树以五颜六色的彩灯、气球、礼物和纸花等装饰，点燃红色的圣诞蜡烛，期盼着穿着红衣、留着长长白胡子的圣诞老人到来，浓浓的圣诞节日气氛便开始荡漾。圣诞老人是圣诞节活动中最受欢迎的人物，因为他这般可爱，让人喜欢，且受人尊敬。每到这一天，圣诞老人都会给孩子们送上一份礼物，预示着一年的吉祥、快乐。人们相互间也会互赠礼物，感受着节日的气氛与欢乐。

西方人过圣诞节也很注重全家人聚会，围坐在圣诞树下，共进节日美餐，并齐唱圣诞歌，祈求幸福。圣诞大餐中多会摆上火鸡，人们会唱《平安夜》《听，天使报佳音》《铃儿响叮当》等圣诞歌曲，这是圣诞节必不可少的节目。待吃饱喝足后，大家就跳起"迪斯科"或"袋鼠舞"，一直闹到深夜，若喝醉了便往草地上一躺，在睡眠中迎接圣诞老人的来临，祈求上帝赐予人们幸福平安！

（二）七夕节与情人节

1. 七夕节

相传牛郎是一个聪明忠厚的小伙子，父母早逝，常受到哥嫂的虐待。牛郎只有一头老牛相伴。这只老牛本是天上的灰牛大仙，因触犯了天庭中的规定被贬到凡间。有一天，老牛给牛郎出了计谋，要娶织女为妻。有一天，美丽的仙女们从天上下凡间沐浴。这时牛郎偷偷地跑出来拿走了织女的衣裳，仙女们急忙上岸穿好衣裳飞走了，唯独剩下织女。牛郎织女因此结缘，后来结为夫妻。牛郎织女男耕女织，相亲相爱，并育有一儿一女。后来，老牛在即将死去时，叮嘱牛郎要把它的皮留下来，到急难时披上以求帮助，夫妻俩忍痛剥下牛皮。

好景不长，织女和牛郎成亲的事被天庭的玉帝和王母娘娘知道后，他们勃然大怒，因为神仙与凡人的结合是不被允许的。因此，王母娘娘亲自下凡间抓回织女。牛郎回家不见织女，伤心欲绝，急忙披上牛皮，担上一对儿女去追。在快要追上时，王母娘娘拔下头上的金簪一挥，就出现了一道银河，牛郎再也过不去了。从此，牛郎织女只能隔河相望，对目而泣。喜鹊被他们忠贞不渝的爱情所感动，每逢七月初七，人间千万只喜鹊就要飞上天去，搭成鹊桥，让牛郎织女在鹊桥相会。玉皇大帝和王母娘娘对此也很无奈，就准许他们每年七月初七在鹊桥相会。七夕节便由此产生了。

2. 情人节

3世纪时，因古罗马的战事一直连绵不断，暴君克劳多斯征召了大批青年前往战场。人们对此怨声载道，他们不愿离开家庭，年轻的小伙子们也不忍心与情人分开。克劳狄斯大发雷霆，传令人们不许举行婚礼，甚至连已订了婚的也要立刻解除婚约。一位神庙的修士叫瓦伦丁，他对暴君的虐行感到十分悲愤，也为年轻的恋人们感到难过。当一对情侣来到神庙请求他的帮助时，瓦伦丁在神圣的祭坛前为他们悄悄地举行了婚礼。很多人闻讯也陆续来到这座神庙，在瓦伦丁的帮助下结成伴侣。最后消息传进了宫殿，克劳狄斯非常愤怒，他命令士兵们将瓦伦丁抓走，投入地牢。瓦伦丁在监狱中与典狱长的女儿产生了感情，后来瓦伦丁被处以死刑，这一天是2月14日。行刑前，他曾给典狱长的女儿写了一封信，表明了自己光明磊落的心迹和对她的一片情怀。后来，人们便将每年的2月14日定为情人节。这个节日既是恋人表达爱意的最佳时刻，也是向心爱的人求婚的最浪漫的时刻。情人节时，恋人间会互送表达情愫的礼物。

（三）重阳节和感恩节

1. 重阳节

源于战国时期，因为秋季秋收，很多人会选择去庆祝丰收的喜悦，于是就会一大家子人在一起吃饭。古时候的生活是很单一的，每当辛苦一年，到了秋季的时候，收获满满，自然是很让人高兴的。重阳节也是我国四大祭祖节日之一。

先秦之前，战国末年，《吕氏春秋》之中《季秋纪》便提到"（九月）命家宰，农事备收，举五种之要"，"是日也，大飨帝，尝牺牲，告备于天子"。可见，当时已有在秋九月农作物丰收之时祭祀的活动，感恩上天、祖先。汉代，《西京杂记》中有了如下记录："九月九日，佩茱萸，食蓬饵，饮菊花酒，云令人长寿。"相传自此时起，有了重阳节祈求长寿的习俗。到了唐代被正式定为民间的节日，此后历朝历代沿袭至今。重阳与三月初三日"踏春"皆是家族倾室而出，重阳这天所有亲人都要一起登高"避灾"。重阳在民众生活中成为夏冬交接的时间界标。如果说上巳、寒食是人们度过漫长冬季后出室畅游的春游，那么重阳大约是在秋寒新至、人民即将隐居时的具有仪式意义的秋游，所以民俗有上巳"踏青"，重阳"辞青"。重阳节俗就围绕着人们的这一时季感受展开。

九月初九重阳节，又称为"重九节"或"老人节"。重阳佳节活动极为丰富，有登高、赏菊、喝菊花酒、放风筝、吃重阳糕、插茱萸等。重阳节，起源于战国时代，原是一个欢乐的日子。古人将天地万物归为阴阳两类，阴代表黑暗，阳则代表光明、活力。奇数为阳，偶数为阴。九是奇数，因此属阳，九月初九,日月逢九,二阳相重,故称"重阳"。九九重阳,就是一大家子人欢聚的日子,要去祭祖,要一起登高,要喝菊花茶。最开始这个节日是为了阖家团圆,全家一起相聚吃吃喝喝。后来演变为老人们相聚的日子,但是现在的节日其实也就是一大家子团聚的日子,更好地拉近了人与人之间的关系。

2. 感恩节

感恩节主要是为了表达对上帝的感恩,当清教徒们在艰难的环境中得到祝福的时候,他们没有忘记这是神的恩典,这是神的眷顾,所以特别地为了献上感谢而有了感恩节。感恩节作为一年一度的全国性节日,是从1863年10月3日,亚伯拉罕·林肯总统做了"感恩节宣言"后开始的。到了1941年,国会动议案把感恩节日期改为11月第四个星期四。教会在感恩节期间,常常会有感恩聚餐及布道会,弟兄姊妹都会抓住这个机会,邀请友人来教会。这是一个向神感恩、向人传福音的节日。

(四)清明节与万圣节

1. 清明节

清明节是中国重要的传统节日。每逢清明,人们都要赶回去与家人团聚,一起上坟扫墓,一同踏青赏春。"清明时节雨纷纷,路上行人欲断魂。借问酒家何处有,牧童遥指杏花村。"杜牧的《清明》既表现了节日情景,也蕴含着中华民族崇尚生命、敬重祖先的文化内涵。清明时节,天地清明,万物生长,"欲断魂"则表现了这浓郁的节日气氛令羁旅在外的游子触景伤怀的思乡思亲之情。因此清明扫墓,追祭先人,由来已久,相沿成习。人们看着寒去春来,万物萌生,想起先人坟茔,清除杂草,添上新土,准备祭品,烧些纸钱,举行简单的祭祀仪式,表示对死者的怀念。这是后人对先人的敬仰与怀念,也是人们对生命的崇尚与珍爱。

除扫墓外,清明有戴柳、插柳的风俗,起初为纪念"教民稼穑"的农事祖师神农氏,后来因为柳的强大生命力和适应环境能力,逐渐被人们赋予希望长寿、趋吉避凶的愿望。民间至今还有"清明不戴柳,红颜成皓首"的说法。中国的清明节极具纪念的功效,它表达着对逝者的悼念和追怀,体现着中国传统思维中的"死而不朽"价值模式。生命并不仅仅局限于生物学意义,更重要的是一种文化意义上的延续,而文化意义上的延续又是通过对一代又一代观念的继承,这使得自身价值在生命消亡后获得永恒性成为可能。

2. 万圣节

西方人的鬼节，10月31日至11月7日，是仅次于圣诞节和感恩节的第三大节日。据传生活在大不列颠、爱尔兰的德鲁伊特人相信有许多神明主宰他们的生活，在10月31日当时德鲁伊特人的除夕之际，德鲁伊特人让年轻人集队，戴着各种怪异面具，拎着刻好的萝卜灯（南瓜灯系后期习俗，古西欧最早没有南瓜），游走于村落间，这在当时实则为一种秋收的庆典。另有"鬼节"一说，传说当年死去的人，灵魂会在万圣节的前夜造访人世，据说人们应该让造访的鬼魂看到圆满的收成并对鬼魂呈现出丰盛的款待。所有篝火及灯火，一来为了吓走鬼魂，二来也为鬼魂照亮路线，引导其回归。

在这一天，人们可以肆意地装扮自己，尽情地作怪，不用担心会招致他人异样的眼光，因为每个人都一样"炫"。孩子们在万圣节前夕捣蛋、恶作剧，有的孩子用扫帚柄将头戴尖顶帽、身披黑长纱裙的"女巫"送到邻家的屋顶上；有的孩子用被单裹在身上，扮成鬼怪精灵；有的孩子则拿着或戴着令人恐惧的骷髅面具到处吓人。他们向来往的车辆扔鸡蛋、西红柿，把人家放在走道上的家具等物搬出去扔进垃圾箱，在公共场所的柱廊栏杆上乱涂乱写，把难以清除的蜡油涂在商店、酒家的玻璃橱窗上或汽车的挡风玻璃上。孩子们还背上小布袋，挨家挨户地去乞讨，他们按响邻居家门铃，有人开门时，他们就高喊："捉弄或款待"（trick or treat），成年人也喜欢这些"行乞"的孩子，他们摸摸孩子们随身的小布袋，然后在布袋里装些糖果、糕饼和水果等。如被拒绝，孩子们就捉弄这些人，他们会将肥皂涂在人家的玻璃窗上，会把人家修剪花草的工具搬到让人不易找到的地方。另外，许多公共场合乃至居家院落，都会在窗户上面，布置些诸如各式鬼怪、南瓜灯、稻草人，甚至骷髅之类的装饰。家家户户热闹地举办化装舞会，摆上些水果及其他食品，以便喂饱鬼魂而不至于让它们伤害人类和动物或者掠夺其他收成。最热门的万圣节大游行，参加游行的人不一定要化妆，随意地在路上聊天照相，尽情享受户外美好而特别的一天，达到与自然最大的和谐。

三、中西节日文化翻译

西方传统节日通常采用直译或意译的方式进行翻译。例如：

Easter　复活节

New Year's Eve 新年前夕

New Year's Day   新年（1月1日）

Epiphany   主显节（1月6日）

Assumption   圣母升天节（8月15日）

Corpus Christi   圣体节

Palm Sunday   棕枝全日（复活节前的星期日）

Rogation Days   祈祷节（耶稣升天节的前三天）

Feast of the Sacred Heart   圣心节

Midsummer Day   施洗约翰节（6月24日）

All Saints'Day   万圣节

Maundy Thursday   濯足星期四（耶稣受难节）

Shrove Tuesday 忏悔节（四旬斋开始的前一天）

Lent   四旬斋（复活节前的第40个星期日）

All Souls'Day（11月2日）万灵节（如遇星期日则顺延一天）

Ash Wednesday   圣灰节（复活节前的第七个星期三）

Holy Week   圣周（复活节前一周）

Whitsuntide 圣神降临周（复活节后的第七周，尤指前三天）

Ascension Day 耶稣升天节（复活节后第40日）

Christmas Eve   圣诞前夕

Christmas   圣诞节（12月25日）

Visitation 圣母往见节（7月2日）

St.Valentine's Day   情人节（2月14日）

Fool's Day   愚人节（4月1日）

Halloween Day   鬼节（万圣节前夕，10月31日夜）

Thanksgiving Day   感恩节（11月最后一个星期四）

第三节 中西生活文化与翻译

一、服饰文化的比较与翻译

服饰既能反映出一个人的文化修养、审美情趣，又可以表现出一个人对自己、对他人、对生活的态度。同时，服饰也是一个民族在物质文明、精神面貌和文化素养等方面的综合体现。

（一）服饰文化的比较

中西方由于历史、地理等因素而形成了风格迥异的服饰文化，下面就从服装的造型、颜色、代表服装等方面对英汉服饰进行比较探究。

1. 服装造型比较

一些人认为服装的造型就是服装的式样或服装的款式。事实上，造型和式样是不完全相同的，二者之间既有区别又有联系。通常情况下，服装的造型是指服装的外形轮廓，主要着眼于服装的整体，如现代比较流行的宽松式的 H 型服装或紧身式的 X 型服装等；而服装的式样不仅包括服装的外形轮廓，还有服装的内部衣缝和组合。因此，可以说造型是从属于式样的。下面就来了解一下中西方服装的造型。

（1）西方服装的造型

①结构方面

有人将中国的传统服装比喻成平面的绘画，而将西式服装比喻成立体的雕塑，这种比方大体是对的。中式服装侧重于平面的二维效果，而对侧面结构的设计不够重视。西式服装讲究服装的三维效果，追求与人体结构特点以及人体运动规律的适应性，穿着起来既合体又实用，因此西式服装在全世界范围内普遍受欢迎。

从局部结构来看，西方服装的袒领和轮状褶领设计在服装中运用广泛。轮状褶领的制作工艺是先为布料上浆，然后经过熨烫，最终形成连续的褶裥，偶尔会用细金属丝做支撑。西方服装在造型上偏好填充物的使用，用它来衬垫或支撑，如垫肩、垫袖、垫胸、垫臀、裙撑等。由于西式服装是装袖，所以肩饰的造型可以多种多样，而且袖子款式也很丰富，如半腿袖、主教袖等。

②外形方面

西方古典的服装强调横向感觉，常采用横向扩张的设计特点，注重肩部的轮廓，以及各种硬领、轮状领，袖型很膨胀，裙撑较为庞大，加之重叠的花边以及浆过的纱料和各部位的衬垫，使服装在线条上给人一种夸张和向外放射的感觉。西方服装这种外形特点是与西方人的性格及外形特点相适应的。西方人通常比较热情奔放，脸部轮廓起伏明显，体型也比较高大挺拔，故服装都比较夸张。

③装饰方面

西式服装为了表现三维效果，采用了立体式的结构设计。装饰在造型上为了适应整体结构，也追求空间感和立体感，主要通过借助一些立体物，如荷叶边、穗饰花结、褶裥、金银丝带、切口等来装饰服装的表面。在最开始，花朵、花边等在服装表面的装饰很少，在丰富表面效果上作用很小。到了洛可可时期，一些礼服甚至采用大量立体花堆砌而成。西式服装选择立体装饰的精彩之处有两个：一是为了与立体结构造型相呼应，需要采用立体装饰，才能达到天然协调的效果；二是为了符合审美心理。

众所周知，平铺直叙的服装设计呈现的是一个一览无余的表面，这很容易给人一种单调的感觉，但是虚实搭配、重叠穿插、层次丰富的表面空间很容易激起观赏美感，达到耐人寻味的效果。西式服装上的纹饰以规则骨式构成的菱花纹、石榴纹为主，色彩艳丽、造型饱满，且布局很对称。西方服装对颈、胸、袖口的装饰很看重，花边和刺绣图案很丰富，且以写实图案为主。西式男装的配饰物以帽子和步行手杖最为常见，而西式女装则多将珍珠、钻石等珠宝作为服装的配饰，且帽子、手套也是不可或缺的。

（2）中国服装的造型

中国的传统文化强调均衡对称和统一协调，是一种和谐文化。这一点也体现在中国服装的造型上，中国服装以规矩、平稳为美。同时，中国传统文化也是一种隐喻文化，艺术更偏重抒情性，这一点在服装上的体现就是服装构成要素的精神寓意和文化品位。一般而言，中国服装造型的特点在以下几方面表现最为明显。

①结构方面

中式传统服装如袍、衫、襦和褂等大多采用平面直线裁剪方法，没有起肩和袖窿部分，只有袖底缝和侧摆相连的一条结构线，结构简单舒展，整件衣服可以平铺于地。从局部结构特点来看，中式服装的对开V领、直立领、斜交领、衣服下摆两侧开衩，以及衣服的对襟、大襟、琵琶襟等都具有浓郁的东方特色。中式服装的这些特点也经常被设计师用来表现中国服装的趣味，其中以中式立领和衣服下摆两侧开衩最为典型。

②外形方面

传统的中国服装讲究纵向的感觉。服装从衣领开始自然下垂，对肩部不做夸张，衣袖一般长到过手，袍裙呈筒形，衣服多采用下垂的线条，纵向的装饰手法，使人体显得修长。受古代中国的影响，亚洲许多国家的服装也有此特点。清代的服装比较肥大，袖口、下摆都向外扩张。但是清代妇女的服装显得比较修长，服装的旗髻很高，加上几寸高的花盆底鞋，使旗人与历代妇女相比显得高挑。传统中国服装的这一外形特点弥补了东方人较为矮小的身材，在感官上产生视错觉，给人一种修长感，从而在身材比例上达到完美、和谐。修长的中式服装使男性显得清秀，女性显得窈窕。同时，平顺的服装外形也和中国人脸部较柔和的轮廓线条相适应。

③装饰方面

中式服装受平面直线裁剪的结构特点影响，装饰以二维效果为主，强调平面装饰。装饰手段上也具有明显的中国传统性，包括镶、嵌、盘、滚、绣等工艺。在这些工艺手法的帮助下，中式服装的纹样色彩斑斓，造型更加简练，美不胜收。在众多装饰手法当中，刺绣是最常见的，用它来装饰服装的表面空间，尤其是精妙绝伦的刺绣工艺与丝绸面料相搭配，更是使服装充满了东方风韵，让人赞叹不已。除刺绣外，镶、滚等装饰工艺在中式服装中也较为常见。

中式服装的图案多以代表古代文人精神理想的植物为主，如梅花、兰花、松树、菊花等，因此在一些文人士大夫的服装上很容易找见这些图案。寓意图案、谐音图案、吉祥文字图案等是明代之后才出现的装饰图案，后来被广泛认可，一直延续至今。中式服装的装饰物很多，其中玉是人们最为喜爱的饰物，经常与内涵丰富、寓意深刻的"中国结"搭配，装饰在腰部。

2. 服装颜色比较

（1）西方服装的颜色

从某种程度上来说，一个民族对颜色的喜好反映了这个民族潜意识的性格特征。

①西方国家在罗马时代比较流行的服装颜色是白色和紫色。白色代表纯洁、正直、神圣，紫色代表高贵和财富。

②欧洲文艺复兴以来明亮的色彩受到人们的欢迎。英国人将黑色视为神秘、高贵的象征，法国人喜欢丁香色和蔷薇色，而西班牙人则崇尚高雅的玫瑰红和灰色调。

③现代社会的人们比较注重服装颜色的视觉效果，常常根据自己的喜好来决定服装的颜色。服装颜色的选择不受地位、等级、阶层的影响，体现了西方人崇尚平等、自由的个性。

（2）中国服装的颜色

在上古时代，黑色被中国的先人认为是支配万物的天帝色彩。夏、商、周时期天子的冕服均为黑色，后来随着封建集权制的发展，人们把对天神（黑色）的崇拜转向对大地（黄色）的崇拜，于是形成"黄为贵"的传统观念。另外，中国传统服装色彩深受阴阳五行学说的影响，有青、红、黑、白、黄五色之说，这五种颜色被定为正色，其他颜色则是间色。正色多为统治阶段专用，在民间也是人们衣着配色所喜爱和追求的颜色。明显的阶级性和强烈的等级观念是中国服装色彩的鲜明特点。一方面，某种颜色一旦被皇家看重，普通大众就不得使用，否则轻者杀身，重者株连九族。另一方面，若某种皇族专属的色彩可以为民间所用，则这种色彩立即被视为卑贱的色彩。

3. 代表服装比较

（1）西方代表服装

牛仔裤是西方最具有代表性的服装。牛仔裤最早出现在美国西部，是以靛蓝色粗斜纹布为原料的直裆裤，主要特点是裤腿窄，缩水后紧包臀部。在现代社会，我们经常会看到很多经过改版的牛仔裤，这些牛仔裤风格迥异、款式夸张，充分体现出西方人敢于张扬个性、我行我素、标新立异的性格特征。在他们看来，服装是一个人社会价值的体现，服装的作用在于"自我表现"，所以穿着服装就是为自己而穿。此外，牛仔裤简单实用，不论男女老少都可以穿，这也体现了美国的实用主义和平等观念。如今的牛仔裤已遍及全球，它在所到之处传播着西方"个人本位"的价值观。

（2）中国代表服装

近代中国服装最有代表性的莫过于中山装。中山装由孙中山先生设计，出现于20世纪20年代。孙中山先生将他的救国救民思想以及中国传统文化巧妙地融合到服装中，体现出中国人在着装方面对精神和意义的追求。具体来说，中山装表达了以下一些思想。

①门襟五粒纽扣表示行政、立法、司法、考试、监察五权分立。
②袖口三粒纽扣代表三民主义，即民族、民权、民生。
③前身四个口袋表示国之四维，即礼、义、廉、耻。
④后背不破缝，象征国家的和平与统一。
⑤衣领定为翻领封闭式，显示严谨治国的决心。

中山装综合了西式服装与中式服装的特点，既表现对称之感，符合中国人的审美习惯，又显得精练、大方、简便。儒家思想注重人的自身修养，认为统治者要仁政爱民，做人要讲究礼仪，中山装正是中国传统哲学思想的真实写照。

（二）服饰文化的翻译

1. 西方服饰文化的翻译

对于西方服饰的翻译，一般以直译为主，主要涉及以下几种类别。

（1）外衣类词汇的翻译

polo shirt 球衣	middy blouse 水手衫
dress 女服	suit 男外衣
everyday clothes 便服	layette 婴儿的全套服装
sweater 运动衫	bathrobe 浴衣
tailored suit 女式西服	uniform 制服
formal dress 礼服	evening dress 夜礼服
nightshirt 男式晚礼服	sleeve 袖子

（2）裤子类词汇的翻译

culottes 裙裤	jeans 牛仔裤
overalls 工装裤	padded pants 棉裤
riding breeches 马裤	tailored shorts 西短裤
bell-bottom trousers 喇叭裤	Chinese style slack 中式裤
mini shorts 超短裤	rompers 连背心的背带裤
knickerbockers 灯笼裤	down pants 羽绒裤
overalls 连衣裤	bib pants 背带裤

（3）鞋类词汇的翻译

shoe 鞋	sole 鞋底
heel 鞋后跟	lace 鞋带

moccasin 鹿皮鞋   cloth shoes 布鞋
boot 靴子   slippers 便鞋
bootable shoes 足球鞋   high-healed shoes 高跟鞋
racing shoes 跑鞋   sports shoes 运动鞋
sandal 凉鞋   skiing shoes 滑雪鞋
skating shoes 滑冰鞋   clog 木拖鞋
cotton shoes 棉鞋   canvas shoes 帆布鞋

（4）帽子类词汇的翻译

felt hat 毡帽   bowler hat 圆顶硬礼帽
beret 贝雷帽   velour 丝绒帽
straw hat 草帽   easy cap 便帽
Panama hat 巴拿马草帽   top hat 高顶丝质礼帽

2. 中国服饰文化的翻译

对于中国服饰的翻译可以采用的方法有直译法、意译法等。

（1）直译法

翻译服饰文化词的时候，当英汉服饰文化词所蕴含的文化内涵完全对应和相近时，通常采用直译法将其直接翻译出来。例如：

A slip of girl of seventeen or eighteen, pretty as a picture, with hair as glossy as oil, wearing a red tunic and a white silk skirt.

（杨宪益、戴乃迭译）

原来是一个十七八岁极标致的小姑娘，梳着溜油光的头穿着大红袄儿，白绫裙子。

（曹雪芹《红楼梦》）

该例中"梳着溜油光的头穿着大红袄儿，白绫裙子"被翻译为 with hair as glossy as oil, wearing a red tunic and a white silk skirt，即是直译法的典型运用。这样的译文不仅保留了中国传统文化的独有特色，还利于外国读者的理解、欣赏与感悟。

（2）意译法

在翻译服饰文化词时常采用意译的翻译方法，译者能够在忠实原文服饰文化词意义的基础上，通过选用恰当的句式词汇来传递原文的内涵与精髓，进而更好地表达出作者的真实目的。例如：

The toddler's mother, already in her thirties, was wearing an old black chiffon Chinese dress; a face marked by toil and weariness, her slanting downward eyebrows made her look even more miserable.

（珍妮·凯利、茅国权译）

那男孩的母亲已有二十开外，穿件半旧的黑纱旗袍，满面劳碌困倦，加上天生的倒挂眉毛，愈觉愁苦可怜。

（钱钟书《围城》）

上例中"旗袍"被翻译为 Chinese dress，即采用的意译翻译方法。意译的手法便于读者理解，如果进行直译会影响读者理解的程度。

二、饮食文化的比较与翻译

（一）饮食文化的比较

1. 饮食对象比较

（1）西方的饮食对象

在西方，由于自然条件不适宜农作物的生长，因此其农业资源并不像中国那么丰富，这就决定了其饮食对象的不同。西方人多以渔猎、养殖为主，以采集、种植为辅。因此，受游牧民族、航海民族文化血统的影响，西方的饮食对象多以荤食为主，甚至连西药也是从动物身上摄取提炼而成。西方人在介绍自己国家的饮食特点时，常常对自己国家发达的食品工业和快餐食品引以为豪。虽然这些罐头、快餐千篇一律，但节省时间且营养良好。西方人喜食荤食，但需要说明的一点是，他们不吃动物内脏、头、尾与皮。

（2）中国的饮食对象

中国自古以来就是农业大国，饮食对象与农业生产有密切关系，中国主要的食物可以分为以下几类。

①主食类

中国的传统主食是五谷，即稻、黍、稷、麦、菽。除此以外，马铃薯、山药、芋头等薯类作物也可以充当主食。值得一提的是，南北方在主食上具有明显区别，南方的气候适宜水稻的成长，因此其主食以来源于水稻的米饭为主，而北方气候适宜小麦和玉米的生长，因此北方的主食常以面条、馒头为主食。

②肉食类

肉食主要来源于与农业生产有密切关系的六畜，即马、牛、羊、狗、猪、鸡。肉类是随着人们生活水平的提高才慢慢走上百姓餐桌的，起初由于人们生活水平有限平时无法吃到肉类，只有逢年过节才会沾到一点荤腥。随着生活水平的提高，人们食用肉类已经不足为奇。

③辅食类

中国人除了在日常生活中需要食用主食外，还需要其他的辅料来补充身体所需的维生素等。从传统意义上说，中国人的辅食主要为蔬菜，肉食的摄入量很少。据有关资料统计，中国人吃的菜蔬多达600多种，是西方人的若干倍。

2. 饮食餐具比较

（1）西方饮食餐具

西方人多以金属刀叉为餐具，盛放食物的器皿种类繁多，包括各种杯、盘、盅、碟。西方人用餐比较讲究，不同的食物对应着不同的餐具。他们在用餐时一般左手拿刀，右手拿叉，且餐具的摆放也很有讲究，一般按照刀叉的顺序从外向内依次取用。

西方人使用刀叉切食牛肉的行为曾一度被认为是一种文明程度不高的象征，西方人之所以以刀叉为饮食工具并不是空穴来风，其有一定的历史渊源。西方民族多为游牧民族，由于常年需要在外放牧，因此人们身上带一把刀是必需的，既可以当作一种工具，又可以在吃饭的时候作为一种餐具，户外饮食多以烤肉为主，将肉烤熟后割下来直接食用。随着人们生活方式的改变，人们渐渐定居下来，刀叉也逐渐走进了人们的厨房，成了一种日常餐饮工具。

现代西方社会的经济发展迅速，人们的生活水平得以提高，其文明发达程度一目了然，显然刀叉作为餐具的习惯已不会更改，这种习惯的保留与刀叉的实用性有关系：西方的刀叉既可以作为切割肉类的工具，又可以作为餐具使用。

（2）中国饮食餐具

中国的饮食餐具以筷子为主，有时也会使用汤匙，饮食餐具还包括一些杯、盘、碗、碟。筷子的使用在我国有很久的历史渊源，先秦时期人们吃饭一般不用筷子，多以手抓的形式来拿取食物。后来由于人们开始将食物进行烤制，这样便不宜用手直接抓食，需要借助于树枝等类似工具的帮助，久而久之人们便逐渐学会使用竹条来夹取食物，这也是筷子最早的雏形。古代的筷子称作"箸"，根据相关研究表明，到汉代后人们才普遍使用筷子。

3. 烹调方式比较

（1）西方烹调方式

西餐的烹调方式比较单一，主要为烤、炸和煎。西餐中不同的食物大多可以使用这些烹调方法进行烹制。由于西方主要注重的是食物的营养价值，其对于食物的烹调也多以保持营养为第一准则。西方人在食物的烹制过程中讲究营养的均衡，因此各种食材常常混合在一起进行制作，如将面食与肉类、蔬菜，甚至水果混在一起。由此可见，西方的烹制方法虽然最大限度地保持了食材的营养成分，但是菜品的美观度有时并不那么高，同时还缺少了一定的艺术氛围。

4. 中国的烹调方式

相比较而言，中国的烹调方式可谓技术高超、品种丰富。

（1）中国各地的菜肴就地取材，因地制宜，根据风味的不同可分为京菜、川菜、鲁菜、粤菜、湘菜、徽菜、苏菜、闽菜八大菜系。厨师常常根据季节的变化，变换调料的种类或数量，烹制出口味有别的菜肴。例如，四川、重庆地区气候湿热，菜肴常以麻辣为特点，这样既能刺激胃口，又能发散人体内的湿热，有益于健康。

（2）同一种食材可以通过不同的加工方式制作出变化无穷的菜肴。例如，山西面食以白面为基本原料，却能变幻出刀削面、包皮面、猫耳朵、拉面、剔尖、剥面、切面、饸饹、揪片等几十种花样，充分体现出中国人丰富的想象力。

（3）中国对食材的加工方法也已经非常成熟。中国的刀功包括切片、切丝、切丁、切柳、切碎、去皮、去骨、去壳、刮鳞、削、雕等各种技法。中国的烹调方法就更多了。例如：

炒——这是中式菜肴最主要的烹调方法。

炖、煨、焖、煲——将菜料放在水或汤中，用小火慢慢加热熬煮，这是主要用来做汤的烹饪方法。

熏——将家禽或野味用调料调制好后，用特殊的树木柴禾熏烤而成，这种菜肴风味独特。

煎——在锅内放入少量的食用油，等油达到一定的温度后将食物放到锅中进行煎制，这样做出的食物没有炸的那么多油，但是也会使食物有酥脆之感。水煎包就是利用煎的烹饪手法来制作的。

爆——其方法大致与煎相同。但爆在烹饪过程中一般是用来为食物提取味道的，锅中所放入的油比较少，通常情况下是为了使食物的香味散发出来，爆时火较大且时间较短。在做菜过程中经常需要将葱等爆香，以提高食物的美味度。

炸——在锅内放入较多的油，等到油煮沸后将食物放入锅中进行较长时间的炸制，使食物松脆香酥。炸可分为干炸、软炸、酥炸几种。不同的炸法适合不同的食物，不同的炸制方式会有不同的口感。

烧——烧可以使食物更加入味，其做法一般是在锅内放入少量的食用油，等到油达到一定的温度后放入菜料和调味料，盖上锅盖进行焖制。中餐最常见的就是红烧肉了。

煮——是指在锅内放入一定量的水、调味料，在小火上烧。煮可按煮制所需时间的长短分为速煮和快煮两种。

烤、烘——烤是指将菜料放在火上或火旁烧烤；烘是指将菜料放在密封的烘炉里或铁板架子上烤，食物不与火直接接触。

白灼——将食物放在沸水中烫一下，然后取出来用调料进行炝拌或热锅炒。在烹制海鲜食品时通常用这种方法。

蒸——将食物用适当的调味料进行调制，并将调制好的食物放在碗或碟内，再将其放入锅中或蒸笼中隔水煮，中国北方许多面食如馒头、包子等就是这样加工而成的。

综上可知，中国烹调技术较为发达，对食材的冷与热、生与熟以及同种食材的不同产地都讲究颇多。此外，在烹制的过程中对火候、时间等要素都有严格的控制。

（二）饮食文化的翻译

1. 西方饮食文化翻译

（1）西方菜名翻译

apple pie 苹果派　　　　　　　vanilla pudding　香草布丁
shrimp toast　鲜虾吐司　　　　potato salad　　土豆沙拉
vegetable curry　什菜咖喱　　　ham sandwich　　火腿三明治
mango mousse　　杧果慕斯　　　grilled chicken　香煎鸡扒

（2）西方酒名翻译

西方酒名的翻译一般可以采取以下几种方法。

①直译法。部分西式酒名采用直译的手法可达到较好的翻译效果。例如：

Queen Anne　　安妮皇后　　　　Bombay Sapphire　　孟买蓝宝石

Captain Morgan	摩根船长	Canadian Club	加拿大俱乐部
Royal Salute	皇家礼炮	Crystal Palace	水晶宫

②音译法。音译法是指模仿酒名的英文发音而进行汉译的方法。音译法是西方酒名翻译最常使用的方法，且这种译法通常适用于原商标名不带有任何含义的情况。例如：

Bronx	白朗克司	Richard	力加
Dunhill	登喜路	Vodka	伏特加
Brandy	白兰地	Whisky	威士忌

③意译法。这也是西式酒名翻译中较为常见的一种手法。例如：

Mandarin Napoleon	橘子拿破仑	Great Wall Jade	碧玉长城
Grasshopper	绿色蚱蜢	Wild Turkey	野火鸡波本

总体上讲，不论是采用音译法、直译法还是意译法来翻译酒名，译名必须体现西方民族的文化特色，同时也要符合西方民族的审美观念和文化价值，这是酒名翻译的基本原则。

2. 中国饮食文化翻译

中国饮食文化丰富多彩，下面分别分析中式菜名、烹饪方法、主食和酒名等在翻译时通常采取的一些方法。

（1）中式菜名翻译

通常而言，对于中国菜名的翻译一般可以采取以下几种方法。

①直译法。有些中国菜名按照字面意思翻译就能使外国人明白其基本含义，因此常采用直译法进行翻译。例如：

tiny spring rolls	小春卷	chicken soup	鸡汤
sweet and sour pork	甜酸肉	egg floss	蛋花
salted rabbit	盐水兔	vegetarians chicken	素鸡

②意译法。有些中国菜的名称很难从字面上表明其真正含义，这时就需要采用意译的方法进行翻译。例如：

black moss cooked with oysters 发财好市

sliced chicken and ham with greens 金华玉树鸡

③转译法。中国很多菜名为了体现深厚的文化内涵往往会采用谐音的方法，在翻译这类菜名时首先要找到谐音的内容，然后采用转译法。例如：

egg and beef soup　凤凰牛肉羹　　com and egg porridge　凤凰玉米羹

④拼音加注法。拼音加注法是指采用汉语拼音和英语解释相结合的翻译方法将中国菜的风格与味道表达出来。例如：

Sichuan style shredded chicken　四川鸡丝

the Goubule steamed stuffed bun　狗不理包子

（2）中式烹饪方法翻译

中国的饮食之所以花样繁多，主要是因为其制作过程精细，因此对于烹饪方法的翻译也很讲究，必须将词义传达准确。

steam 蒸　　grind 磨　　slice 切　　braise 烧

boil 煮　　roast 烤

（3）中式主食翻译

对于容易被外国读者所接受或能够展现中国传统饮食文化的主食名称，一般采用汉语拼音的翻译方法。例如，对外国人来说，"饺子""包子""馒头"并不陌生，并且能够代表中国传统饮食文化的特点，因此可直接用拼音翻译为 Jiao zi, Baozi, Mantou。另外，如果文中所出现的主食并不是外国人所熟知的，但上下文中有对该主食的具体解释，也可以采用拼音翻译法进行翻译。有些具有中国特色的主食名称，如果完全按照字面意思进行翻译，很容易造成外国人对其含义和内容的误解，这时就需要采用汉语拼音加英语释义的翻译方法进行信息补充，以体现主食的制作方法和原材料。例如：

Wotou（steamed com bun）　　窝头　　Youtiao（fried dough stick）油条

中国的面食种类繁多，对面食的翻译也具有一定的规律性。由于中国人对于每一种面条的口感形状、地区特色、制作手法以及主料辅料等基本信息都有具体的描述，所以对面条的翻译多采用意译法，将基本信息表达出来，使读者清楚地明白各式面条的不同特点。在使用意译法翻译中国面条时一般分为以下几种情况。

①如果面条中不含汤或不需要强调汤的重要性，一般将面条直接翻译为 noodles；反之则译为 noodle soup。例如，在翻译"米粉"时，如果按照字面意思翻译就会使读者误以为"米粉"是米的粉末。按照意译的方法，结合米粉的制作过程，将其翻译为 rice noodles，就很容易使读者明白"米粉"是一种类似于面条形状的米制品。

②如果面条的名称中体现出了辅料，在翻译时也要强调辅料的重要性，一般将其译为主料+with+辅料的形式。例如：

noodles with soy bean paste 炸酱面   stewed noodles with vegetables 菜煨面

③如果面条的名称中含有烹饪方法，要将其译为动词的被动式+主料的形式。例如：

stir-fried noodles   炒面   hand-pulled noodle soup   拉面

④如果面条名称中突出某地区的特色或某种调料，应将其译为主料+in+place+style 和主料 +in/with+paste/sauce 的形式。例如：

noodles with minced garlic sauce   蒜沾面

noodles with minced pork in sichuan style   担担面

对于其他食物名称的翻译，最主要的是抓住食物的突出特点进行翻译。例如：

white fuzzy tofu   毛豆腐   dried milk tofu   奶豆腐
fermented tofu   腐乳   oily skin of tofu   油豆皮

（4）中式酒名翻译

中国酒的酒名大多以产地命名，在翻译时一般可以采用音译的手法。例如：

Fenjiu（wine）汾酒   Yantai red wine   烟台红葡萄酒
Jiannanchun（wine）剑南春   Shuanggou（wine）   双沟大曲
Shaoxing rice wine 绍兴酒   Xifeng（wine）   西凤酒

还有一些酒是以主要酿造原料命名，但酒名属于专有名词，翻译时也应采用音译手法。例如：

Lianhuabai（wine）莲花白酒   Wuliangye（wine）   五粮液
Gujinggong（wine）古井贡酒   Zhuyeqing（wine）   竹叶青酒

三、居住文化的比较与翻译

（一）居住文化的比较

1. 西方的居住文化

在西方历史上出现过众多民族，而各个民族都有自己的建筑风格，这就使西方的居住文化呈现出多元性。下面就以英国民居和美国民居为例来介绍西方的居住文化。

（1）英国民居

英国人将房屋视为绝对的"个人天地"（privacy），因此通常喜欢曲径通幽、孑然独立、远离闹市的房屋，邻里之间也常通过篱笆、绿树等来保护各自

117

的私人生活。20世纪60年代,英国各地政府为解决住房问题而建造了大批高层公寓,但这些公寓因私密性太差而少有人问津。20世纪70年代新盖的房屋虽交通便利却又矮又小,因此有一定经济能力的人往往在郊区购买一所独立或半独立的小楼,以便周末时可以享受幽静的田园生活。就目前的情况来看,英国人通常会选择独门独户或带阳台的平房,主要包括三种类型。

①独立式,即配有院子、花园和车库,独立居住、环境幽静。

②半独立式,即两所房子并肩而立,且每所房子各住一家,围栏或矮墙使两户人家互不干扰。

③排房式,即每两所房屋共用一堵墙,中间没有夹道或院落,也没有花园与车库,价格低廉但私密性差。

（2）美国民居

概括来说,美国民居主要包括以下三种。

①别墅。别墅分为独立式住宅、合并公宅和公宅,通常配有游泳池与网球场,条件优越,通常位于郊区,适合有经济基础的人。

②活动房。活动房多采用木板或铁皮制成,外观漂亮,设施齐全,可安装在汽车上自由活动,符合美国人追逐自由的个性。

③公寓。公寓内配备了一应俱全的基本设施。尽管是数十户甚至上百户共同居住在一个建筑物内,但每一户的生活空间都很独立。公寓通常建在城市里,租金低廉而适合收入微薄的人或靠养老金生活的老人。

2. 中国的居住文化

中国幅员辽阔,自然环境千差万别,各地都形成了独具特色的居住文化。概括来说,中国的民间建筑主要包括以下几种类型。

（1）上栋下宇式

上栋下宇式民居巧妙利用地面空间建筑居室,具有夯实的地基,以土、木、石等为主要原料,做工精细。这种民居体现着封建的等级秩序,与我国宗法制的家庭结构相适应,是中国民居的典型代表。值得一提的是,上栋下宇式民居虽在全国范围内普遍存在,但具体的建筑形式往往因地域不同而各有特色,如南方客家围楼为环形住宅,而北京的四合院就属于庭院住宅。

（2）洞穴居

洞穴居往往利用天然洞穴或对天然洞穴稍做加工,是人类历史上最悠久的居住方式。生产力的提高使洞穴居从对天然洞穴的利用发展到开凿人工洞穴,即利用地形、地势、地物等天然条件建造而成的固定的生活空间,今天在黄土高原仍普遍存在的窑洞就是典型的洞穴居。

(3)帐篷式

帐篷因容易拆卸而成为许多游牧民族的主要居住方式,在当今社会也成为登山、旅游、勘探的理想住所。帐篷种类繁多,既有临时性的也有长期性的,也有圆拱形、圆锥形、方形等规则外形的,还有其他一些不规则外形的。帐篷的制作材料也非常丰富,包括布匹、羊毛、桦树皮、兽皮等。如今,西藏、青海、甘肃等地的藏族,东北地区的鄂温克族、达斡尔族、蒙古族仍以帐篷为主要的居住方式。

(4)干栏式建筑

干栏式建筑首先以竹柱或木柱做成一个与地面有一定距离的底架,然后以底架为基础来建造住宅,是云南、贵州、广西、海南岛、台湾等地一些少数民族的主要居住方式。这主要是由于这些地区常年闷热潮湿,底架与地面之间的空隙不仅利于通风,还可防潮、防兽。此外,干栏式建筑一般分为上下两层,楼下用来养牲畜或堆放杂物,楼上住人,这也与当地的生产生活方式相吻合。

(二)居住文化的翻译

概括来说,翻译英汉居住文化可运用意译、释义等方法。例如:

When she came down, he caught a fresh whiff of a fragrance he had not smelled a moment ago and noted that she not only had changed her clothes but had also put on some make-up.She led him into a small sextagonal pavilion; they sat down against the railing.

(珍妮·凯利、茅国权译)

她一下来,鸿渐先闻着刚才没闻到的香味,发现她不但换了衣服,并且脸上都加了修饰。苏小姐领他到六角小亭子里,两人靠栏杆坐了。

(钱钟书《围城》)

中国建筑气韵生动、温柔敦厚,充分体现出温和、实用、平缓、轻捷的人本主义特征。有效运用意译法可以更好地向译入语读者展示中国文化的意境。该例中,"六角小亭子"在翻译时就进行了意译处理,译为 a small sextagonal pavilion。

第六章　英语翻译教学中的技巧和方式

第一节　英汉互译的常用技巧与方法

一、转译法

词类转换是英汉互译中常用的翻译方法，指的是根据译入语的习惯改变原文中词的词性，从而使译文通顺自然，如将原文中的名词译成动词或把原文中的介词译成副词等。英译汉时，主要是把各种词类转换成名词、形容词和副词；汉译英时，主要是将汉语中大量动词转换成名词、介词、形容词和副词等。但是，词类转换不是随意进行的，应该遵循语言中的客观规律。

（一）英译汉词类的转换

1.转译成动词

（1）名词转译成动词

例　Talking with his son, the old man was the forgiver of the young man's past wrong things.

译　在和儿子谈话时，老人宽恕了年轻人过去做的错事。

句中的 forgiver 是由动词 forgive 派生而来的名词，汉语里无法找到对应的名词。如果译为"和儿子谈话时，老人是年轻人过去做错事的原谅者"，则不通顺。将其词性转换，译成动词"宽恕"，符合汉语的表达习惯。

（2）形容词、副词转译成动词

英语中部分表示知觉、情感、想法和心理状态的形容词以及它前面的连系动词一起转译成汉语的动词。这类形容词有：afraid（害怕，担心）、anxious（渴望）、certain（确信）、doubtful（怀疑）、aware（察觉）、ashamed（惭愧）、glad（高兴）、sorry（可惜）、familiar（熟悉）、ignorant（不知道）、thankful（感谢）、confident（深信）等。一些做表语的副词也可转译为动词。

例　Doctors have said that they are not sure they can save his life.

译　医生们说他们不敢肯定能救得了他的命。

英语中"be+形容词"结构在译成汉语时经常用动词表达。因此，句中的 are not sure 转译成"不敢肯定"。

（3）介词转译为动词

英语中的介词相当多，其中有一些含有动作意味，如 across、past、toward 等等，汉译时往往可以译成动词。

例　Away she skimmed over the lawn, up the path, up the steps, across the veranda, and into the porch.

译　她转身蹦着跳着跑了，越过草地，跑上小径，跨上台阶，穿过凉台，进了门廊。

原句中的介词 over、up、across、into 用在如 walk、run、go、come、skim、jump 等动词后面时含有动作意味，译成汉语时分别译成动词"越过、跑上、跨上、穿过"和"进入"，使句子表达清楚、形象、生动。

2. 转译成名词

英语中的动词、形容词和副词转译成汉语的名词是比较典型的词类转换。英语中有很多由名词派生的动词，在汉语中往往很难找到相应的动词；这时，可将其转译成汉语名词；有一些形容词前面加上定冠词，表示一类人或事物，汉译时也常常转换词类而译成名词；一些以名词做词根的英语副词，汉译时也常常转译成名词。

（1）动词转译成名词

例　Such materials are characterized by good insulation and high resistance to wear.

译　这些材料的特点是绝缘性好，耐磨性强。

动词 characterize 翻译成汉语的名词"特点"，把原来的被动语态译成主动语态，使汉语的语句更流畅。

（2）形容词转译成名词

例　Under given conditions, the harmful can be transformed into the beneficial.

译　在一定条件下，坏事可以变成好事。

形容词前面加定冠词表示一个阶层或群体，译成汉语时多用名词。因此，句中的 the harmful 和 the beneficial 分别译成名词"坏事"和"好事"。

（3）副词转译成名词

例　He is strong physically, but weak mentally.

译　他体力很强，但智力很弱。

为了符合汉语的表达习惯，physically 和 mentally 分别翻译成名词"体力""智力"。

（4）代词转译成名词

例　The great scientist hated failure; he had conquered it all his life, risen above it, and despised it in others.

译　这位伟大的科学家憎恶失败，他一生曾战胜失败，超越失败，并且藐视别人的失败。

代词 it 转译成名词"失败"，并三次重复使用，起到了加强语气的作用。

3. 转译成形容词

英语中的一些名词、动词和介词有时需要汉译成形容词。但要注意具体情况具体分析，坚持以忠实原文意思、合乎汉语表达习惯为原则。

（1）名词转译成形容词

例　Without the gas pipe lines, the movement of large volumes of gases over great distances would be an economic impossibility.

译　如果没有气体管道，长距离而又经济地输送大量气体是不可能的。

这里的 impossibility 是由形容词 impossible 派生出来的名词，译成汉语的形容词更能确切表达原文意思。

（2）副词转译成形容词

在英译汉过程中，因为动词转换成名词了，所以原来修饰动词的副词也就要转换成形容词。

例　Earthquakes are closely related to faulting.

译　地震与断裂运动有密切的关系。

4. 转译成副词

（1）形容词转换成副词

在翻译过程中，英语句中的名词转译成动词后，原来修饰名词的形容词也就相应转译成副词。

例　Below 4℃, water is in continuous expansion instead of continuous contraction.

译　水在4℃以下就不断膨胀，而不是不断收缩。

例　It's true that corruption remains a problem in many developing countries, even the developed countries.

译　无疑，贪污腐败现象仍然是发展中国家甚至发达国家存在的问题。

英语"it+形容词+不定式动词"或"it+形容词+that从句"结构里的形容词常在汉译时转换成副词。这里的 true 就属此类型。

（2）名词、动词转译成副词

例　I have the honor to inform you that your request is granted.

译　我荣幸地通知您，您的请求已得到批准。

原句中的名词 honor 译成副词"荣幸地"，修饰不定式转译过来的动词"通知"。

例　Rapid evaporation at the heating-surface tends to make the steam wet.

译　加热面上的迅速蒸发，往往使蒸汽的湿度变大。

英语的动词 tend 转译成汉语的副词"往往"，同时用原来的不定式动词做谓语。

（3）介词短语转译成副词

例　And the written words still carries more potential authority because it is set down with deliberation and is there to be seen and pondered upon, rather than snatched from the air waves.

译　而书面语仍然具有较大的潜在影响力，因为是慎重写下来的，并且明摆在那里给人看并供人思考，而不是靠电波传送的。

这里 with deliberation 是介词短语做状语，转译成副词"慎重"很自然，符合汉语的语感。

（二）汉译英词类的转换

词类转换也是汉译英中重要的手段之一，运用得当，可使译文通顺流畅，符合英语习惯，否则译文可能生硬别扭。

1. 转译成名词

（1）动词转译成名词

汉语中动词使用比较频繁，动词甚至可以充当句子的各种成分。相反，英语动词的使用受到形态变化规则的严格限制，一个句子往往只有一个谓语动词，大量原来应该由动词表达的概念，常需借助名词。

例　徐悲鸿画马画得特别好。

译　Xu Beihong's drawings of horses are exceptionally good.

例　目前我国各地对各种消费的需要也大大增加。

译　There is a big increase in demand for all kinds of consumer goods in every part of our country.

动词"增加"译成英语名词 increase，相应地，修饰成分"大大"也随之改变，译成形容词 big 做名词的定语。

（2）形容词转译为名词

例　街中的一切逐渐消失在灰暗的暮色里。

译　Everything in the street was gradually disappearing into a pall of grey.

根据语法结构和修辞的需要，汉语中的一些形容词或副词可以转译成名词，如这里的"灰暗"是形容词，译成了英文名词 grey.

例　空气是这样的清香，使人胸脯里感到分外凉爽、舒畅。

译　The air was fresh and fragrant, it gave people a feeling of exceptional coolness and comfort.

coolness and comfort 是名词，对应原文中的形容词"凉爽、舒畅"；同时，原文中修饰形容词的状语"分外"须转换成形容词 exceptional 来修饰转译的名词 coolness and comfort。

2. 转译成副词

（1）名词转译成副词

例　我们的教育方针，应该使受教育者在德育、智育、体育几方面都得到发展，成为有社会主义觉悟、有文化的劳动者。

译　Our educational policy must enable everyone who receives an education to develop morally, intellectually and physically and become a worker with both socialist consciousness and culture.

原文中的"发展"是名词，用作动词"得到"的宾语，根据英语的习惯须译成动词 develop；相对应地，"德育""智育""体育"这些名词也都要转换成副词做 develop 的状语。另外，汉语中的前置定语"有社会主义觉悟、有文化的"，在英语中译成 with both socialist consciousness and culture，是介词短语。在英语中介词短语做定语时一般要放在它所修饰的词的后面。

（2）动词转译成副词

例　万一盖子上有裂缝，有毒气体就会漏出而造成污染。

译　If the cover should have a crack in it, the harmful gas would be out and cause pollution.

原文中的"漏出"是动词，在英语中译成用作表语的副词 out，因为英语中有一些副词做连系动词表语或动词补语时有动作意味。

3. 动词转译成形容词

例　他知道他儿子的行为表现吗？

译　Is he aware how his son has been behaving？

动词"知道"与英语里的形容词词组 be aware of 意思相对应，所以，将其进行词类转换，转译成形容词做表语，使译文更通顺地道。

二、省译法

省译法是指在不影响原文意义完整性的前提下，将原文中某些词省略不译。省译法在英汉互译中使用得十分广泛。

一般来说，汉语较英语简练，因此英译汉时，许多在原文中必不可少的词语要是原原本本地译成汉语，就会变成不必要的冗词，译文会显得十分累赘。省译法是要省去那些在译文中不言而喻的词，或删去一些可有可无、累赘或违背译文语言习惯的词，如冠词、连词、代词、关系副词等。

在汉译英过程中，我们也常发现有些词没有实际意义，因此也可以省译，用简练的英语去表达原文丰富的思想。

同时，"简洁"是用以加强语气的一种修辞手段，这也要求我们去掉一些可有可无的词、短语、成分或句子。

（一）英译汉的省略

1. 代词的省略

英语的代词充当主语的情形较多。汉语中代词的使用频率比英语低，英译汉时需省略掉大量的代词。为了使译文前后句子的意思紧凑，避免重复用词，或者为了使译文的前后句子的主语能清楚地表示出来，有时可以将充当主语的代词省去。

例　If individuals are awakened each time they begin a dream phase of sleep, they are likely to become irritable even through their total amount of sleep has been sufficient.

译　如果人每次都是一进入梦境就被叫醒，即使总睡眠量不少，也会烦躁不安。

为了符合汉语习惯，充当主语的代词 they 和物主代词 their 都在译文中省去了。

例　He shrugged his shoulders, shook his head, cast up his eyes, but said nothing.

译　他耸耸肩，摇摇头，两眼看天，一句话也不说。

英语强调"形合"，多用物主代词，汉译时经常省略，如这里的 his 在原文中出现三次，但在译文中是不必要的，因此，全部省去。

2. 冠词的省略

汉语没有冠词，但冠词在英语中用得很普遍。一般情况下，英语不定冠词 a（或 an）如果不具有数词，其含义便可省去不译；定冠词 the 如果不具有指代词 this（或 that, these, those）的含义，也可考虑省略不译。

例　The moon was slowly rising above the sea.

译　月亮慢慢从海上升起。

3. 介词的省略

英语句子中词与词、词组与词组之间的关系经常通过介词来表示，频繁使用介词是英语的特点之一。汉语句子成分之间的关系多依赖于语序和逻辑体现出来，因此汉语中介词的使用频率比英语低。虽然，英语中的许多介词本身都有一定的意义，但译成汉语时可以转译成动词或省略不译。

例　Smoking is prohibited in public places.

译　公共场所不许吸烟。

4. 动词的省略

英语句子严格遵循主谓结构，而汉语句子常常没有主语，也可以省略谓语动词。在英译汉中，不少情况下，英语动词要做必要的省略，以符合汉语的表达习惯。

例　When the pressure gets low, the boiling point becomes low.

译　气压低，沸点就低。

5. 名词的省略

名词及名词性短语在英语句子中是必不可少的，有些起着补充说明的作用。但如果译成汉语，这些词会不符合汉语习惯，因此，可以省译。

例　The time-keeping devices of electronic watches are much more accurate than those of mechanical ones.

译　电子表比机械表准确得多。

原文中的 The time-keeping devices of 和 those of 在译文中都省略了。

（二）汉译英的省略

1. 省略原文中表示范畴的词语

汉语中表示范畴的词语有"状况、任务、情况、现象、事业、局面、制度"等，这些词在翻译成英语时可以省略。

例　两国政府之间的沉默状态已告结束。

译　The silence between the two governments has been over.

例　该地区出现粮食紧缺的现象。

译　There was a shortage of grain in this area.

2. 省略汉语中重复出现的词语

汉语中为了加强语气或由于习惯的影响，常常重复某一个动词或名词，但译成英语时要尽量省略。

例　为了推动中美关系的发展，中国需要进一步了解美国，美国也需要进一步了解中国。

译 1　To promote China-U.S.relations, China needs to know the U.S.better and the vice versa.

译 2　To promote the development of China-U.S.relations, China needs to know the U.S.better and the U.S.also needs to know China better.

英译文忌讳重复,要善用省略结构。译文2就很啰唆,不符合英语表达习惯。

例　生也好,死也好,我们要忠于人民,忠于祖国。

译　Live or die, we should be loyal to our people and to our motherland.

为了强调,汉语喜欢重复使用动词,英语风格简洁明了。所以,"忠于人民,忠于祖国"只需译出第一个"忠于"即可。

3. 省略多余的描述性的词语

有时为了译文简洁,可以省略原文中过于详尽的描述性词语。

例　花园里面是人间的乐园,有的是吃不完的大米白面,穿不完的绫罗绸缎,花不完的金银财宝。

译　The garden was a paradise on earth, with more food and clothes than could be consumed and more money than could be spent.

为了强调,汉语常用重复法,而英语则常用省略法。这里,"吃不完的"和"穿不完的"都在重复"用不完"的意思,译成英语时只用 more...than could be consumed 就够了。

例　我们取得了伟大的历史性胜利。

译　We have won great victory.

胜利取得后便成为历史。因此,在英译文里 historic 不能与 victory 搭配,historic 不能像汉语里的"历史"一样出现在这样的语境中,所以,"历史性"要省译。

4. 省译副词

汉语语句中修饰词较多,但英语里的修饰词不像汉语里那么多。因此,对汉语句中的修饰词应加以推敲,不一定照译。否则,英译文里修饰词过多,效果会适得其反。

例　进一步简化手续,及时地、积极地从国外引进,并且认真组织科学技术人员和广大职工做好消化和推广工作。

译　We should simplify procedures and take prompt action to import urgently needed technology, organize scientists, technicians and workers to assimilate and popularize imported technology.

在译文中,simplify 后省略了 further,在 prompt 后省掉了 vigorously,在 organize 前省译了 earnestly 或 actively,在 workers 前省译了 the mass of。这样,文字会简洁,不累赘,而且能很好地传达原文的意思。

例　大一学生壁球一定能赢。

译　The freshmen will win in the squash game.

译文中的 will win 分量已够，如再加上 surely 反使人觉得说话人自己有点不确信了。

5. 省译介词短语

汉语中有些话即使不说出来也可通过简单的逻辑推理判断出来，英译时可省译。

例　我们愿意在和平共处五项原则的基础上同世界上所有国家发展友好合作关系。

译　China stands ready to develop friendly relations and cooperation with all countries, on the basis of the Five Principles of Peaceful Coexistence.

译文中把 in the world 省去了，但人们仍然知道在这个世界上，不是在别的星球上。英语讲究简洁，因此，有些可以从逻辑推理中判断出来的话就不必明确表述出来了。

例　我们已经从其他国家有计划、有选择地进口了一些成套设备。

译　We have imported in a planned and selective way some complete plants.

介词短语"从其他国家"不需要译成 from other countries 或 from foreign countries，因为 import 一词含有从外国进口的意思。

三、增译法

增译法是指在译文中增加一些原文中无其形而有其意的词，或因译入语语法、用法、逻辑、修辞及文化背景的需要而在译文中增加译词。逐词翻译，往往不能正确表达原文。增词在许多情况下是完全必要的。

（一）英译汉的增词

1. 增译名词

例　He ate and drank, for he was tired.

译　他吃点东西，喝点酒，因为很累。

英语中的一些宾语常隐含在不及物动词里，翻译时应该把它译出，这样汉语的意思才更完整、更明确。通常人们认为上句中的 ate 指的是"吃点东西"，drank 指的是"喝点酒"，所以要增译"东西"和"酒"。

例　He is a complicated man-moody, mercurial, with a melancholy streak.

译　他是一个性格复杂的人——喜怒无常，反复多变，有些忧郁寡欢。

根据整句意思，在形容词 complicated 前增加名词"性格"，译成"性格复杂的"。

2. 增译动词

例　My work, my family and my friends were more than enough to fill my time.

译　我干工作，我做家务，我有朋友往来，这些占去了我的全部时间。

在名词 work、family、friends 前面增译了动词"干、做、有、往来"，使句子更通顺，更具强调语气。

例　In the evening, after the banquets, the concerts and the table tennis exhibitions, he would work on the drafting of the final communique.

译　晚上，在参加完宴会、出席过音乐会、观看完乒乓球表演以后，他还得起草最后公报。

译文中增加了动词"参加""出席""观看"，以使译文更加通顺。

3. 增加必要的连词

英语中有时没有连词，在译成汉语时，为了句子通顺，为了符合汉语习惯，常常增加连词。另外，英语中的连词大都是以单个的词形式出现，而汉语中的连词使用大都成双成对。因此，英译汉时，为将汉语的连词补充完整，也须增词。如 if...（如果……那么……），...because（因为……所以……），although（虽然……但是……），unless...（除非……否则……）。

例　Heated, water will change into vapor.

译　水如受热，就会汽化。

4. 用增词法表达复数概念

英语中没有量词，而汉语表达中的量词却是不可缺少的。英译汉时应采用增词法表达出原文的复数意义。

例　Note that the words "velocity" and "speed" require explanation.

译　请注意，"速度"和"速率"这两个词需要加以解释。

例　He showed me the scars on his legs.

译　他让我看他双腿上的道道伤痕。

例　In the images of falling statues, we have witnessed the arrival of a new era.

译　随着一座座雕像的倒塌，我们看到了一个新时代的到来。

上面的例子中增加了数量词"两个、道道、一座座"来表达复数概念，以便更清楚地表达原文的复数意义及强调意义。

5. 增加表达抽象概念的范畴词

一些具有动作意义的抽象名词，在译成汉语时，可根据上下文增加范畴词，使译文合乎汉语规范。

例　Oxidation will make iron and steel rusty.

译　氧化作用会使钢铁生锈。

（二）汉译英的增词

汉语中常有无主语句子，但英语句子一般都由主谓宾结构构成，主语是不可缺少的。因此，汉译英时应补充、增加英语语法所需的人称代词、物主代词等。

1. 增加必要的代词

例　大作收到，十分高兴。

译　I was very glad to have received your writing.

2. 增加必要的冠词

英语中的冠词是名词前常用的小词，而汉语中没有冠词，因此，翻译时应采用增词法进行补充，使译文符合英语语法要求。

例　耳朵是用来听声音的器官，鼻子用来嗅气味，舌头用来尝滋味。

译　The ear is the organ which is used for hearing. The nose is used for smelling. The tongue is used for tasting.

3. 增加连接词

汉语重意合，使用连词较少，但英语的复合句、并列句都是由连词连接而成。因此，翻译时应增加相关的从属连词或并列连词。

例　老师在等我，我得走了。

译　The teacher is expecting me, so I must be off now.

4. 增加介词

在英语中，介词使用也是很频繁的，尤其是由介词短语做状语，因此，在汉译英时，要增加英语语法所需的介词。

例　咱们校门口见吧！

译　Let's meet at the school gate.

5. 增加背景解释性词语

解释性词语的功能是为了使句意更清楚，或起同位语的作用，对前面的名词进行解释说明。

例　这两家航空公司主要靠外国乘客。

译　These two airlines rely chiefly on foreign passengers to fill their planes.

有些句子在原文中就表达得不够充分，有上下文的衬托可以理解，但照搬到译文中就逻辑不通，因而需要加词以达到承上启下、补足语义、理顺逻辑的目的。译文中的不定式短语 to fill their planes 就是要补足语义。

四、正反、反正表达法

由于英汉两种语言表达习惯不同，翻译时，为了适应句子结构、修辞习惯、上下文呼应和文化背景的需要，使译文忠实而又符合原文的表达内容，有时必须把原文中的肯定说法变成译文中的否定说法，或把原文中的否定说法变成译文中的肯定说法。

（一）英译汉正反转译

1. 原文为肯定式，译文译作否定式

在英译汉时，照字面译出来文句不通顺的话，就需要正说反译，即在结构上，肯定句译成否定句；在逻辑上，正面表达译为反面表达。

例　This failure was the making of him.

译　这次不成功是他成功的基础。

failure 是作为名词用的含蓄否定，这些词常译成汉语的否定式，这类常见的名词还有 denial（否认，否定）、freedom（免除）、lack（缺乏）、refusal（不愿，不允许）、loss（失去）。

2. 原文为否定式，译文译作肯定式

英语中的否定有时候需要译成汉语的肯定，而且在许多情况下，经过"反说正译"处理的译文读起来更自然，更能传达出原文的意义。"反说正译"尤其适用于某些特殊句式结构的翻译，这些句式结构包括双重否定 not...until..., no sooner than, hardly（scarcely）...when（before）..., rather than, nothing but, cannot help, cannot but, 等等。

例　To be or not to be, that is the question.

译　生存还是毁灭，这是值得考虑的问题。

原句的 not to be 不译成"不生存",而是译成"毁灭"。

3. 原文为否定式,译文也用否定式

为了符合译入语的表达习惯,有时原文是否定的形式,译文仍可采用否定的形式。

例　He didn't say much, but every word was to the point.

译　他说话不多,但每句话都很中肯。

4. 原文为肯定式,实际意义上为否定,译文要表达出暗含的否定意思

例　He is above taking bribe.

译　他不屑于接受贿赂。

像 above 一类的介词或介词短语的表面是肯定形式,但实际含义是否定的,翻译时应译成否定式。常见介词还有:below(与……不相称,不足,不值得)、beneath(与……不相称,不值得)、beyond(为……所不及)、under(不足)、within(不超过,不出)、instead of(而不是)。

5. 原文为双重否定,译文要表达出肯定意义

例　You can't buy things without money.

译　没有钱就买不到东西。

6. 原文含有否定词形成的惯用语,译文应译出其含义

例　You can't be too careful when you drive a car.

译　开车时,怎么小心都不为过。

（二）汉译英正反转译

1. 原文为肯定式,译文按习惯表达译成肯定形式

例　那个房间的窗户总是关着的。

译　The windows of that room were never open.

2. 原文为肯定式,译文译成否定式

原文的形式是肯定的形式,但为了表示强调或出于修辞的需要,可以翻译成否定形式,以准确表达出原文的意思。

例　他儿子非常喜欢那个姑娘。

译　His son didn't half like the girl.

3. 视具体情况译成肯定或否定式

不管原文是肯定还是否定,翻译时可根据具体情况翻译成符合译入语习惯的形式。

133

例　正如没经历过大事的人一样，他是禁不起成功也禁不起失败的。

译　Like those of little experience, he was easily elated by success and deflated by failure.

第二节　词汇层面上的翻译技巧

句子和篇章都是由词语组成的，要做好翻译，必须重视词语的翻译。

一、名词

（一）专有名词的翻译

专有名词是指人名、地名、机构团体名和其他具有特殊含义的名词或名词词组。

1.人名

（1）英汉姓名的顺序差异

汉语先说姓后说名，如李四光，"李"是姓，"四光"是名。而英语相反，先说名后说姓。如 Benjamin Franklin，Benjamin 是名，Franklin 是姓。

（2）英汉姓名的组成差异

汉语人名是由"姓+名"构成，其中姓有单姓和复姓，名也有单名和双名。如诸葛孔明，"诸葛"是复姓，"孔明"是双名；司马光，"司马"是复姓，"光"是单名；陈景明，"陈"是单姓，"景明"是双名；田汉，"田"是单姓，"汉"是单名。

英语人名由"第一个名/人名+中间名+姓"组成。第一个名是命名，由父母命之；第二个名即中间名，是教名，由教堂的牧师或神父命之。习惯上欧美人都有两个名，但第二个名很少用，常常只写首字母或省略。

（3）英语中姓名的复数形式

英语中"the+姓的复数"可以表示夫妇、兄弟、父子或一家人。

例　The Owens can not afford a new car.

译　欧文夫妇买不起一辆新车。

例　The Williams moved to New York city, where the children could go to a better school.

译　威廉一家搬到了纽约，在那里孩子们可以上一所更好的学校。

（4）英语中姓的省略形式

当夫妇、兄弟的姓名并列时，经常有姓的省略，翻译时要重复译出。

例　In 1903 two brothers named Wilur and Orville Wright sent a letter to government officials in Washington D.C., announcing a revolutionary invention.

译　1903年，名叫威尔伯·赖特和奥维尔·赖特的兄弟俩寄给华盛顿政府官员一封信，宣告他们一项革命性的发明已经成功。

（5）人名的翻译原则

第一，名从主人。名从主人原则是指在翻译人名时，要以该人名所在国的语言发音为准，不能从其他文字转译。也就是说译英国人名时要以英语的音为准，译中国人名要以汉语的音为准，译法国人名要以法语的音为准，即是哪个国家的人名，就以哪国的音为准。如John（约翰），李明（Li Ming）。

第二，约定俗成。约定俗成原则是指有些人名在长期的翻译实践中已经有了固定的译法，已为世人所公认，一般不轻易改动，即使译名不够妥帖。在以往的翻译中不乏这样的例子，如英国作家George Bernard Shaw应该译为"乔治·伯纳·萧"，但是过去一直被译为"萧伯纳"，这个中国化了的译名一直沿用下来。再如，英国作家柯南·道尔的小说中的主人公Holmes惯译为"福尔摩斯"，尽管按读音应译为"霍姆斯"。在汉译英中，也是如此，如孙中山译为Sun Yat-sen，一直沿用至今。

（6）人名的翻译方法

第一，音译法。音译法是把原文的人名按照发音译成目的语文字。英汉人名互译大多使用音译的方法。如英译汉时，英语人名Smith译成"史密斯"，Helen译成"海伦"。

运用音译法要遵循"名从主人"的原则。为使译音统一，英译汉时，译者可以查阅《英语姓名译名手册》（商务印书馆出版），《新英汉辞典》（上海译文出版社出版），《辞海》的附录以及《英汉译音表》等。汉语人名英译时，一般用汉语拼音，姓译成一个词，名译成一个词，双名的两个字的英译之间不加连词符，如Mao Zedong（毛泽东）、Zhou Enlai（周恩来）。

运用音译法翻译人名时需要注意以下几点。

其一，保证音准，避免方言。

翻译时要保证音准，符合人名所在国的发音标准，汉语则以普通话为准，这样才能保证"名从主人"，避免译名的混乱。比如，俄国作家 Chekhov 的译名有五种："柴霍甫""柴霍夫""乞可夫""契科夫""契诃夫"（以最后一种为最常用）。

其二，可以省音，不能增音。

音译名为了方便记忆，不宜过长，所以翻译时可以省略原名中不明显的音，但不可增加原名中没有的音，如 Columbus 可译为"哥伦布"，省略了原名中的"-s"音；Rowland 可译为"罗兰"，省略了原名中的"-d"音。

其三，避免联想词，不用生僻字。

大部分汉字都有意义，采用音译法时要避免使译名构成一个特定的意思，以免引起误解。比如，Thomas 不能译成"托马死"，而译为"托马斯"。生僻字不易辨认或记忆，也应尽量回避。

第二，形译法。近年来，一些英译汉的译著中常常出现"形译"，即照搬原文，不做翻译的办法。汉语和英语分属不同语系，差异很大，传统的英译汉中是很少直接照搬英文人名的，但近年来这种方法时常出现在英译汉翻译作品中。

例　In 1952 Watson and Crick announced that DNA molecules existed as paired intertwining helical rods, a discovery that initiated the science of molecular biology.

译　1952 年，Watson 及 Crick 宣称 DNA（脱氧核糖核酸）分子是以成对相扭的双股螺杆的形式存在着，这一发现开创了分子生物学这门学科。

第三，灵活处理。有时在实际翻译中，需要根据上下文，灵活处理人名翻译，以达到最佳的翻译效果。

例　The Einsteins could not afford to pay for the advanced education that young Albert needed.

译　年轻的爱因斯坦需要接受更高级的教育，然而他的父母付不起学费。

原文中爱因斯坦的名字 Albert 对我国读者来说并不熟悉，所以译者在翻译时做了变通，将其改译为姓，句中 The Einsteins 的译法也做了调整，译成了"他的父母"。本句的姓名如果直译，意思就显得不清，甚至会产生误解。

第四，中国人名的回译。

侨居海外的华人中不乏有成就的著名人士，对于他们的姓名就有从外文译成汉语的回译问题。此外，我国古代或近代典籍被国外传译的，其中作者或有关人物的姓名也有一个回译问题。人名的回译仍须做到名从主人，即不能按照原文的形式来译，而需要恢复人名原来写法。

例 Samuel Chao-Chung Ting is younger than either Wang or Pei and recognition came to him much earlier than it comes to many professionals.

译 丁肇中比王（安）和贝（聿铭）都年轻，而且他成名时年龄比许多专家成名时年龄小得多。

本句中丁肇中的外国名字 Samuel 不译，英语中名在前、姓在后的表达习惯恢复成汉语表达。王安和贝聿铭也补全成了全名。

2. 地名

（1）地名的翻译原则

地名的处理同历史、国情、语言及民族习惯等都有关系，一般要遵循以下三项原则。

第一，政治性原则。地名的翻译可能涉及国家主权、政治立场，翻译事关重大，应尽可能找到出处。一般可查《外国地名译名手册》（中国地名委员会编，商务印书馆出版），《世界地名译名手册》（辛华编，商务印书馆出版）。此外，《辞海》附录"外国地名译名对照表"，《外国地名手册》（地图出版社出版）等均可参考。

第二，名从主人。地名翻译仍然要遵循"名从主人"原则，就是说翻译地名必须遵照原来的读音。如 Paris 按英语的读音应译为"巴黎斯"，但由于在法语中"s"不发音，所以译为"巴黎"。

第三，约定俗成。地名具有社会性，应有相对的稳定性，一经约定俗成，就代代相传。所以已经被广泛接受的译名，不要轻易改变。如俄罗斯首都一直被译作"莫斯科"，这是按英文 Moscow 音译的，如按俄文应为"莫斯克娃"；再如，Greenwich 一直沿用"格林威治"的译名，虽然它的标准译名应该是"格林尼治"。

（2）地名的翻译方法

第一，音译法。音译法也是翻译地名的最常用方法。在翻译时同样遵循前面关于人名翻译时讲到的准则，即要保证音准，不用联想词和生僻字，翻译时可省略不明显的音,但不能添加音。如英语地名 London 译作"伦敦",Chicago 译作"芝加哥"。

汉语地名的英译一般用汉语拼音进行音译,如"山西"译作 Shanxi,"上海"译作 Shanghai。少数民族地区的地名一般要根据习惯或少数民族文字的发音译,如"内蒙古"是 Nei Mongol 或 Inner-Mongolia,"呼和浩特"是 Hohhot。

第二,意译法。意译法是指根据原文的意思,按照目的语的构词法进行翻译。有些地名有明确的意义,这种情况多采用意译,如 Thursday Island 译为"星期四岛"(因探险者于星期四发现它而得名),Long Island 译为"长岛",the Pacific Ocean 译为"太平洋",Red Sea 译作"红海",Pearl Harbor 译作"珍珠港"等。

第三,音意混译法。音意混译即一半用译音,一半用译意来翻译一个地名,如 Northampton 译作"北安普敦",New Zealand 译作"新西兰",New Mexico 译作"新墨西哥"等。一般由具有词义的词和不具有词义的词组成的地名,可采用音意混译法。

(3) 其他问题

第一,增加通名,如"山""川""河""海""省""市"等。

例　He slipped out of the State Department and crossed the Potomac to Arlington, Virginia, where the civil ceremony took place.

译　他偷偷地溜出了国务院,渡过波托马克河到弗吉尼亚州的阿林顿县,在那里举行了公民结婚仪式。

译文中分别给 Potomac、Arlington、Virginia 加上了通名,而非简单音译过来,以免缺少文化背景知识的读者理解起来困难。

第二,增加国名或区域范畴词。有时一个译名可指数个不同的地点,如"圣路易斯"可指巴西的 San Luis、阿根廷的 San Luis、美国的 Saint Louis。对于异地同名者,翻译时可加注国别、省市等区域范畴词,以区分不同的地方。上述的"圣路易斯"可做如下处理:圣路易斯(巴西),圣路易斯(阿根廷),圣路易斯(美国)。

3. 机构等名称及其翻译

(1) 由专有名词构成,采用音译法

the Kremlin 克里姆林宫

the Alps 阿尔卑斯山

（2）由普通名词和形容词等构成，可意译

the United Nations 联合国

the State Department 美国国务院

the British Museum 英国博物馆

教育部 the Ministry of Education

人民日报 the People's Daily

（3）由普通名词加上专有名词构成，音意混译

Hyde Park 海德公园

天安门广场 Tien An Men Square

（二）普通名词

1. 名词译作名词

（1）英语中的名词多数都可以译作汉语中的名词

例　We found the hall full.

译　我们发现礼堂坐满了。

例　The flowers smell sweet.

译　花散发着香味。

（2）增加范畴词

抽象名词有时候说明人和事物的性质、情况、动态、过程、结果等，有时候又是具体的人或事物。这些词若直译，不能给人具体明确的含义，因此，翻译时往往要在汉语的抽象名词后面加上范畴词"情况""作用""现象""属性""方法""过程"等来表示行为、现象、属性，使抽象概念更具体些。

例　The dangerous tension between opposing military powers threatens the neighboring countries.

译　两个敌对军事力量之间危险的紧张局势威胁着周边的各国。

抽象名词 tension 说明事态的情况。

例　His speech eased our embarrassment.

译　他的讲话缓解了我们的尴尬局面。

抽象名词 embarrassment 说明人之间的情况。

例　Keep your eyes on this new development.

译　请你注意这个新的发展情况。

抽象名词 development 译作具体的事物"发展情况"。

139

例　Under his wise leadership, they accomplished the "impossibility".

译　在他的英明领导下，他们完成了这件"不可能完成的工作"。

抽象名词 impossibility 译作"不可能完成的工作"。

2. 转译为动词

（1）含有动作意味的抽象名词往往可以转译成动词

例　A careful study of the original text will give you a better translation.

译　仔细研究原文，你会翻译得更好。

包含动词意味的 study 译作了汉语的动词"研究"。

例　The sight and sound of our jet planes filled me with special longing.

译　看到我们的喷气式飞机，听见隆隆的机声，我特别神往。

含有动词意味的 sight 和 sound 分别译作了汉语的动词"看到"和"听见"。

（2）由动词派生的抽象名词往往可转译成汉语动词

在英译汉中，常将那些由动词转化或派生而来的行为抽象名词，转译成汉语的动词，以顺应汉语多用动词的习惯。

例　Enough time has passed since Dolly's arrival for a sober, thorough assessment of the prospects for human cloning.

译　多利出生以来，人们用了足够多的时间，审慎而详尽地评估了人类克隆的前景问题。

arrival 译成汉语动词"出生"，名词 assessment 译成动词"评估"，读起来更顺畅，符合汉语用词习惯。

例　In spite of all the terrible warnings and pinches of Mr.Bumble, Oliver was looking at the repulsive face of his future master with an expression of horror and fear.

译　尽管本伯尔先生狠狠警告过奥利弗，又在那里使劲掐他，他还是带着惊恐害怕的神情望着他未来主人的那张讨厌的脸。

句中的英语名词 warnings 和 pinches 译作汉语的动词"警告"和"掐"。

（3）习语中的主体名词转译成动词

例　They took a look final at Mike.

译　他们最后看了麦克一眼。

习语 took a look 中的名词 look 转译为动词"看"。

例　The next news bulletin, shorter than usual, made no mention of the demonstration.

译　下一个新闻节目比通常的短，没有提到游行。

习语 made no mention of 中的 mention 转译为动词"提到"。

3.转译为形容词

（1）由形容词派生的名词可以转译成形容词

例　The pallor of her face indicated clearly how she was feeling at the moment.

译　她苍白的脸色清楚地表明了她那时的情绪。

形容词派生的名词 pallor 转译为形容词"苍白的"。

例　The security and warmth of the destroyer's sick bay were wonderful.

译　驱逐舰的病室很安全也很温暖，好极了。

形容词派生的名词 security 和 warmth 分别转译为形容词"安全"和"温暖"。

例　She recognized the stupidity of talking like that to his mother.

译　她认识到，那样和妈妈说话是愚蠢的。

这句译文通顺地道，是我们不拘泥于原文 stupidity 的词性，把它译成汉语的形容词并随之改变原句结构的结果。

（2）抽象名词可以转译成形容词

例　But in spite of pain, he was able to move.

译　尽管全身疼痛万分，他还能移动身子。

例　He found it a little difficult to give a talk about his tour in the rain forest within two hours.This was not for any lack of material, but because of the very abundance of it.

译　他觉得要在两小时内讲完他的雨林之旅有点困难。这倒不是因为材料太少，而正是因为材料太多了。

（3）名词加不定冠词做表语时，可以转译成形容词

例　The book was a success.

译　书写得很成功。

例　Independent thinking is an absolute necessity for a student.

译　对学生来说，独立思考是绝对必需的。

这两句话中加了不定冠词的名词 success、necessity 分别转译为形容词"成功的"和"必需的"。

二、代词

代词可以代替词、词组、句子，甚至一大段话。

（一）英语代词的翻译

1. 人称代词和物主代词

（1）省略做主语的人称代词

根据汉语习惯，前句出现一个主语，后句如仍为同一主语，主语就不必重复出现。英语中通常每句都有主语，因此人称代词做主语往往多次出现，这种多次出现的人称代词汉译时常常可以省略。

例　I had many wonderful ideas, but I only put a few into practice.

译　我有很多美妙的想法，但是付诸实践的只是少数。

后句中的主语是人称代词 I，由于和前句中的主语相同，因而汉译时省略了这个人称代词。

例　He was happy and he must have finished his homework.

译　他很高兴，一定是完成作业了。

例　He was thin and haggard and he looked miserable.

译　他瘦弱憔悴，看上去一副可怜相。

主语是人称代词 he，由于和前句中的主语相同，因而翻译时这个人称代词省略了。

英语中，泛指人称代词做主语时，汉译时也可以省略。

例　We live and learn.

译　活到老，学到老。

做主语的人称代词 We 表示泛指，因而在译文中省略。

例　—When will he arrive？—You can never tell.

译　——他什么时候到？——说不准。

做主语的人称代词 you 表示泛指，翻译时可省略。

例　The significance of a man is not in what he attained but rather in what he longs to attain.

译　人生的意义不在于已经获取的，而在于渴望得到什么样的东西。

做从句主语的人称代词 he 表示泛指，翻译时都省略了。

（2）省略做宾语的人称代词

英语中有些做宾语的代词，不管前面是否提到过，翻译时往往可以省略。

例　The more he tried to hide his mistakes, the more he revealed them.

译　他越是想要掩盖他的错误，就越是容易暴露。

做宾语的代词 them 省译了。

例　Please take off the old picture and throw it away.

译　请把那张旧画取下扔掉。

例中省译了做宾语的代词 it。

（3）省略物主代词

英语句子中的物主代词出现的频率相当高。一个句子往往会出现好几个物主代词，如果将每个物主代词都译出来，译文就会显得啰唆。所以在没有其他人称的物主代词出现的情况下，在翻译时物主代词大多被省略。

例　I put my hand into my pocket.

译　我把手放进口袋。

例　She listened to me with rounded eyes.

译　她睁大双眼，听我说话。

（4）为了加重语气或避免产生误会，要将代词译出

例　The workers and their families were starving.

译　工人和他们的家属在挨饿。

（5）重复原词

如果照译代词，容易引起混淆，不知所指何物，在翻译时可以重复代词所指代的原词。

例　"Tell us all about London, dear father." asked Mary.

"How can I tell you about it when I haven't seen one tenth of it？"

译　"给我们讲讲伦敦的一切吧，爸爸。"玛丽请求道。

"我连伦敦十分之一的地方都没去过，怎么能和你谈伦敦的情况呢？"

it 翻译成它所指代的原词"伦敦"。

例　"It's vegetables has made her like that，" said Mrs.Williams. "She lives on them."

译　"是蔬菜使她变成那样的，她专吃蔬菜。"威廉太太说。

代词 them 翻译成了它所指代的原词"蔬菜"。

2. 关系代词、指示代词和不定代词

（1）关系代词

英语常用的关系代词有 who、whose、whom、which 等。关系代词所引导的定语从句如需分开译，则关系代词的译法与人称代词及物主代词的译法基本上相同。

第一，译成汉语的代词。

例　I was a willing worker, a fact of which my new boss took fully advantage.

译　我很爱干活，新老板就尽量占我这个便宜。

例　My cousin is a painter, who is in Japan at present.

译　我表哥是个画家，他现在在日本。

前例中的 which 译成"这个"；后例中的 who 译成"他"。

第二，重复英语的原词（先行词）。

例　Rain comes from clouds, which consist of a great number of small of particles of water.

译　雨从云中来，云中包含无数的小水滴。

例　The cook turned pale, and asked the housemaid to shut the door, who asked Brittles, who asked the tinker, who pretended not to hear.

译　厨子的脸发白了，他叫女仆去把门关上，女仆叫布里特兹去，布里特兹叫补锅匠去，而补锅匠却装作没听见。

在这两句中，由于提到的物或人不止一个，因此在译文中重复原词以避免混淆。

第三，省略不译。

例　It started to rain, at which point we ran.

译　天开始下雨时，我们跑了起来。

关系代词 which 省略不译。

例　William Sidney Porter, who is known under his pen name, O.Henry, is one of the best known writers of America.

译　威廉·悉尼·波特尔，笔名欧·亨利，是美国最著名的作家之一。

关系代词 who 省略不译。

（2）指示代词

英语的 this(these)和 that(those)有着严格的区别，除了表示"这(些)""那(些)"之外，this(these)指较近的事物，或下文将要提及的事物；that(those)

指较远的事物，或者上文已提及的事物。而汉语的"这"与"那"区别较小，一般来说，that 常可译成"这"。

例　There is nothing comparable in price and quality.That's why we choose it.

译　在价格和质量上都有着无与伦比的优势，这就是我们选择它的原因。

指示代词 that 指代上文，被译为"这"。

例　Do you remember how we recruited, organized and trained them? That's the basic way to set up a club.

译　还记得我们如何招募、组织并训练他们吗？这就是成立一个社团的基本方法。

指示代词 that 指代上文，被译为"这"。

如前所述，this 常指下文将说及的事物，而 that 常指上文已说及的事物，翻译时，有时需要把 this 译为"以下"，that 译为"以上"。

例　This is what he said, "Man proposes; Heaven disposes."

译　以下就是他所说的话："谋事在人，成事在天。"

例　"Do unto him as he does unto others." That's what he said.

译　"以其人之道还治其人之身。"以上是他说的。

有时英语在前一句中提到两个名词，在后一句中就用 this（these）指第二个名词，用 that（those）指第一个名词。翻译时，汉语常重复原词，而不用"这"与"那"。

例　"High" and "tall" are synonyms: this may be used in speaking of what grows-a tree; that in speaking of what does not grow-a mountain.

译　high 和 tall 两个字是同义词：tall 用来指生长的东西，如树；high 用来指不生长的东西，如山。

this 和 that 没有被译为"这个""那个"，而是在译文中保留它们所指代的原词 tall 和 high，以使句子意思清晰。

例　There are two classes of people: the selfish and the selfless; these are respected, while those are looked down upon.

译　世上有两种人：自私者和忘我者。忘我的人受到尊敬，而自私的人则遭鄙视。

these 和 those 没有被译为"这些""那些"，而是将它们译为所指代的原词"忘我的人"和"自私的人"，以使句子意思清晰。

145

（二）代词 it

it 用作非人称代词、形式主语或强调句型的构成成分时，在译文中，往往可以省略。

例　Outside it was pitch dark and it was raining cats and dogs.

译　外面一团漆黑，大雨倾盆。

例　He glanced at his watch, it was 7∶15.

译　他一看表，是 7 点 15 分了。

例　It took me a long time to reach the hospital.

译　我花了很长时间才到了医院。

例　It is the people who are really powerful.

译　人民才是真正强大的。

前两例的 it 都用作非人称代词，第三例中的 it 为形式主语，第四例中的 it 为强调句型的构成成分，因此，在译文中都被省略了。

（三）汉语代词的翻译

汉语的代词分为人称代词、指示代词和疑问代词三类。

1. 人称代词

汉语常见的人称代词基本形式为：我、你、她、他、它。在它们的后面增加"们"字，可构成它们的复数表达形式。"自己"是一个复称代词，如果句子的主语是人称代词或指人的名词，后边又需要复称主语的，便用"自己"。汉语中，还有"咱、咱们、我们"，表示听话人在内的所有人。汉语使用代词比较少，如果句子能读明白，一般就不加代词，以使句子简洁；有时为了避免重复名词，也使用代词，因此，翻译人称代词时要根据具体情况进行翻译。

（1）增补人称代词

英语通常每句中都要有主语，因此，翻译时要补充人称代词，以符合英语语法习惯。

例　漏电会引起火灾，必须好好注意。

译　Leakage will cause a fire, you must take good care.

例　如果有时间就来串门。

译　If you are free, please drop in.

以上两例都是无主语句，但翻译成英语时译成了复合句，要增加主语 you，使句子完整。

（2）增补物主代词

汉语的很多句子的逻辑关系明确，不需要用物主代词；但英语中涉及人的器官、所有关系、有关的事物时，都要用物主代词。因此，英译时应该增补物主代词，使关系清楚。

例　他们在做化学试验。

译　They are doing their chemical experiments.

增补了物主代词 their。

例　她费了不少劲才找到回家的路。

译　It was with some difficulty that she found the way to her own house.

增补了物主代词 her。

例　他耸耸肩，摇摇头，两眼看天，一句话说不出。

译　He shrugged his shoulders, shook his head, cast up his eyes, but said nothing.

句中增补了三个物主代词 his。

2. 指示代词

汉语的指示代词基本形式是"这、那"，由此衍生出的常用指示代词有：表示处所的"这儿、那儿、这里、那里"；表示时间的"这会儿、那会儿"；表示方式的"这么（做）、那么（做）、这样（做）、那样（做）"；表示程度的"这么（高）、那么（高）"等。

（1）增补指示代词

英语中常用指示代词来代替句子中曾经出现过的名词，但汉语对出现过的名词常常省略，因此在汉译英时需要增补指示代词。

在英语的比较句式中，常常用指示代词来替代前面提到的事物，以避免重复。

例　合金的性能比纯金属的好得多。

译　The properties of alloys are much better than those of pure metals.

此译文中增加了 those 来代替 properties。

汉语中表示自然现象、时间、距离、天气等情况时，多用无人称句；但英语的句子必须有主语，因此，译成英语时要增补主语，所增补的主语通常是 it。

例　昨晚雪下得很大。

译　It snowed heavily last night.

例　到工厂有 5 英里路。

译　It is five miles to the factory.

例　这个值 10 镑。

译　It costs ten pounds.

有时为了英语语法的需要，翻译时要增补形式主语或形式宾语。

例　把汽油放在火的附近是危险的。

译　It is dangerous putting gasoline near fire.

译文增补 it 做形式主语。

例　你认为她独自去那里有危险吗？

译　Do you think it dangerous her going there alone？

译文增补 it 做形式宾语。

（2）照译指示代词

例　这是一座现代化的工厂。

译　This is a modern factory.

3. 疑问代词

汉语中常见的疑问代词有：谁、哪、哪儿、哪里、怎、怎样、怎么、怎么样等。汉语和英语都把疑问代词用在疑问句中，并且都有相对应的词，所以，通常在汉译时可以照译。

例　谁在隔壁房间打字？

译　Who is typing next door？

例　哪儿能买到邮票？

译　Where can I buy some stamps？

例　我怎样才能找到好工作？

译　How can I find a satisfactory job？

三、形容词

表示事物特征的词是形容词。

（一）英语形容词翻译

1. 一般译法

（1）照译成形容词

例　White color is a mixture of colors.

译　白色是一种混合色。

例　Electricity plays an important role in production.

译　电在生产上起重要作用。

（2）转译为副词

英语名词译成汉语动词时，修饰该名词的形容词往往由于修饰关系的改变而转译成汉语副词。

例　It was a clear and unemotional exposition of the President's reasons for willing to begin a Chinese-American dialogue.

译　这篇发言清楚明白、心平气和地说明了总统希望开始中美对话的原因。

英语名词 exposition 转译为动词，修饰它的形容词 clear、unemotional 分别转译为副词"清楚明白、心平气和地"。

例　Occasionally a drizzle came down, and the intermittent flashes of lightening made us turn apprehensive glances toward Zero.

译　偶尔下一点毛毛雨，断断续续的闪电使得我们不时忧虑地朝着零区方向望去。

英语名词 glance 转译为动词，修饰它的形容词 apprehensive 也转译为副词"忧虑地"。

由于英汉两种语言表达方式不同，还有一些英语形容词可译为汉语副词。

例　This is sheer nonsense.

译　这完全是胡说。

英语形容词 sheer 根据汉语习惯译作副词"完全"。

例　Buckley was in a clear minority.

译　巴克利显然属于少数。

英语形容词 clear 译作副词"显然"。

（3）转译成动词

英语中表示知觉、情欲、欲望等心理状态的形容词，在连系动词后做表语时，往往可转译成动词。这些形容词有 confident、certain、careful、cautious、 angry、sure、ignorant、afraid、doubtful、aware、concerned、glad、delighted、sorry、ashamed、thankful、anxious 等。

例　I think so, but I'm not sure.

译　我想是这样，但不肯定。

在连系动词后做表语的形容词 sure 转译为动词"肯定"。

例　The fact that she was able to send a message was a hint. But I had to be cautious.

译　她能够给我带个信儿这件事就是个暗示。但是我必须小心谨慎。

在连系动词后做表语的形容词 cautious 转译为动词"小心谨慎"。

例　The bodies of deep-sea fishes must be able to resist an almost inconceivable pressure.

译　深海鱼类的躯体一定能够抵抗一种几乎不可能想象的压力。

2. 形容词词序的翻译

（1）译文中形容词词序与原文中的一样

做前置定语的英语形容词在被修饰语之前，做表语的和做主语补足语的都在主语之后，做宾语补足语的一般在宾语之后。汉译时，译文中的汉语形容词词序与原文中的形容词词序一致。

例　A foreign language is a useful tool.

译　外国语是一种有用的工具。

原句中的 foreign 和 useful 都是前置定语，译成汉语时依然放在它们所修饰的名词前面。

例　His measurements have been proved accurate.

译　他的测量已证明是准确的。

英语句子中的 accurate 是主语 measurements 的补语，译成"准确"放在句后。

（2）做后置定语的英语形容词汉译时要前置，以符合汉语的词序习惯

例　Is there anything new in the experiment？

译　试验中有新内容吗？

new 在所修饰词的后面，但译成汉语时放在了所修饰词的前面。

例　It is a road ten meters wide.

译　这是一条 10 米宽的路。

ten meters wide 在所修饰词的后面，但译成汉语时放在了所修饰词的前面。

（3）多个形容词修饰同一个名词的汉译

有时候两个及以上的形容词同时修饰一个名词，通常的排列顺序为"性质、大小、长度、形状＋颜色＋物质形容词＋名词"。

例　Vigilant brown Australian hunting dogs.

译　机敏的澳大利亚褐色大猎犬。

汉译时，根据汉语表达习惯变换了形容词的位置。

（二）汉语形容词的翻译

汉语形容词表示事物性质和状态，在译成英语时，有时可以译成形容词，有时也可以译成名词、副词、介词，以使译文更加流畅、地道。

1. 译成形容词

例　这座桥又长又宽。

译　The bridge is long and wide.

例　那是一个寒风凛冽的下雨天。

译　It was a rainy, freezing day.

2. 译成名词

在英语中，有一些名词是从形容词派生出来的，具有形容词的一些特征，因此，在汉语句子中做定语的形容词，可译成英文中的名词。

例　温暖的屋子使他感到昏昏欲睡。

译　The warmth of the room made her sleepy.

例　空气是这样的清香，使人感到分外凉爽、舒畅。

译　The air was so fresh and fragrant that it gave people a feeling of exceptional coolness and comfort.

"温暖""凉爽""舒畅"分别译成英语名词 warmth、coolness 和 comfort。

例　她对电子计算机的操作是陌生的。

译　She is a stranger to the operation of the computer.

形容词"陌生的"被译成了名词 stranger，与直接用形容词 strange 相比，这样更符合英语的表达习惯。

3. 译成副词

汉语形容词译为英语的副词，虽然这种情况比较少，但是在一定场合下，这种转译能使译文更地道。

例　太阳对人的身体和精神都有极大的影响。

译　The sun affects tremendously both the mind and body of a man.

汉语句子中的"极大的"修饰名词"影响"，但英语句子中，"影响"译成了动词 affect，所以原来的形容词"极大的"自然要译成副词 tremendously。

例　石狮子生动活泼，坐卧起伏，姿态各不相同。

译　The stone lions are all vividly and lively depicted in different postures sitting, lying, standing or crouching.

汉语句子中的形容词"生动活泼"转译成副词 vividly、lively，用来修饰动词 depicted。

例　我想男孩子的思维方式与女孩子的是不一样的。

译　I suppose boys think differently from girls.

"思维方式"译成了英语的动词 think，"不一样"也就由形容词转译成副词 differently 修饰 think。

四、副词

（一）英语副词的翻译

英语副词是说明时间、地点、程度、方式概念的词，一般情形下可以修饰动词、形容词、副词或全句，表示状况或程度。

1. 英语副词可以译成汉语的副词、形容词、动词、名词、代词、独立句、关联词等

（1）译成副词

例　I really can't agree with you.

译　我实在不能同意你的意见。

例　Luckily, she was in when I called.

译　很幸运，我去看她时她正好在家。

（2）译成形容词

英语动词译成汉语名词时，修饰该动词的副词往往转译成形容词。

例　He routinely radioed another agent on the ground.

译　他跟另一个地勤人员进行了例行的无线电联络。

英语动词 radioed 在译文中转译为名词，修饰它的副词 routinely 转译为形容词"例行的"。

例　The President had prepared meticulously for his journey.

译　总统为这次出访做了十分周密的准备。

英语动词 prepared 在译文中转译为名词，修饰它的副词 meticulously 转译为形容词"周密的"。

（3）译成动词

例　That day he was up before sunrise.

译　那天他在日出以前就起来了。

例　She opened the window to let fresh air in.

译　她把窗子打开，让新鲜空气进来。

在以上两例中，英语副词 up 和 in 分别转译为汉语动词"起来"和"进来"。

2. 副词词序及其翻译

英语副词位于英语句首、被修饰词之前或介于被修饰部分之间，汉译时，位置可以不变。

例　How splendid the building is!

译　多么壮丽的建筑物呀！

例　The two events took place almost at the same time.

译　两个事件几乎同时发生。

例　We can quite easily judge it.

译　我们很容易判断出来。

例　A hospital usually has two main departments: the out-patient department and the in-patient department.

译　医院通常有两个主要的部门：门诊部和住院部。

（二）汉语副词的翻译

汉语的副词是表示动作、行为、性质、状态等在程度、范围、时间、情态、频率、否定、语气等方面不同情况的词。副词主要用作状语，像"很、极"可以放在形容词后做补语。汉语的副词可以译成英语的副词、形容词、名词、动词、介词。

1. 译成副词

例　我对他很熟悉。

译　I know him quite well.

例　他钢琴弹得好极了。

译　He plays the piano beautifully.

2. 译成形容词

例　只要稍加修理，电脑就可以用了。

译　With slight repairs, the computer can be reused.

副词"稍加"修饰动词"修理"，这个动词在译文中变成了名词，因此，原来的副词译成了形容词 slight。

例　在准备期末考试时，他们充分利用图书馆的书籍。

译　When preparing for the term examination, they made full use of the books in the library.

副词"充分"修饰动词"利用"，这个动词在译文中变成了名词，因此，原来的副词也就译成了形容词 full。

例　你必须好好地照顾你妈妈。

译　You must take good care of your mother.

汉语的副词是典型的具有"地"标志的修饰动词的副词。副词"好好地"所修饰的动词"照顾"在译文中译成了名词，因此副词自然要译成形容词 good。

例　我们要完整地、准确地领会这个体系。

译　We must have a comprehensive and accurate understanding of the system.

副词"完整地、准确地"所修饰的动词"领会"在译文中译成了名词 understanding，因此副词自然译成了形容词 comprehensive 和 accurate。

例　他慢条斯理地点了一下头，表示同意。

译　He agreed with a slow nod.

副词"慢条斯理地"所修饰的动词"点头"在译文中译成了名词，因此副词译成了形容词 slow。

五、动词

英汉两种语言的最大差异之一，便是体现在动词的运用上。汉语和英语相比，汉语动词灵活多变，具有极强的表现力，这有几方面的原因。第一，汉语属综合性语言，其动词没有形态变化，一个句子中可以连用几个动词；英语一般来说一个句子只有一个动词。第二，在英语中，许多名词、介词短语、副词等具有动词的特点。第三，汉语动词除可以做句子的谓语外，还可以做句子的定语、补语、主语、宾语；而英语的动词一般来说做句子的谓语。因此，翻译时，需要注意这些特点。

（一）英语动词的翻译

1. 照译一般现在时的谓语动词

例　Ice floats on water.

译　冰浮于水。

例　This is a great victory.People all over the world salute you.

译　这是一个伟大的胜利。全世界人民向你们致敬。

2. 省译连系动词

例　The search is on for less expensive materials to serve the purpose.

译　正在寻找较便宜的材料来实现这一目标。

3. 省译某些行为动词

英语中的某些动词在与含有具体动作意义的名词连用时，该动词常常被省略，以避免译文生硬。

例　The power plant gives cities its constant supply of electricity.

译　该电厂源源不断地向城市供电。

原句的 supply 虽然是名词，但具有动作意味。动词 give 不译不影响意思表达，如果译出反使句子不通顺，因此省译更好。

例　Let's make an adjustment.

译　让我们调整一下吧！

（二）汉语动词的翻译

汉语动词具有极强的表现力，综观其使用方法，大致可分为三类：一是动词独用；二是动词连用；三是动词叠用。

1. 独用动词的翻译

汉语动词单独使用时，在翻译中，可以照译或依据情况转译为英语中的名词、形容词、介词、副词等。

例　别藏。

译　Don't hide.

例　我没读，但我听了。

译　I didn't read，but I listened.

英语的名词在词汇中所占比例大，但汉语动词使用多，汉译英时应适当把动词译为名词，使英译文更自然、凝练。

例 把这本字典放在你桌上，以便你随时查阅。

译 Keep this dictionary on your desk for your reference.

动词"查阅"译成了名词 reference。

例 全世界人民都渴望和平与发展。

译 People all over the world have aspirations for peace and development.

动词"渴望"译成了名词 aspirations。

例 很多吸烟者越来越意识到吸烟的害处，这促使他们考虑尽早戒烟。

译 The growing awareness by many smokers of the harmful effect of smoking has prompted their consideration of giving up smoking as soon as possible.

动词"意识到"译成了名词 awareness。

汉语中有些表示被动意义的动词也可转译为英语中的名词。

例 他被开除了，这使我们大家感到非常吃惊。

译 His dismissal was a great surprise to us all.

含有被动意义的汉语动词"被开除"在译文中译成名词 dismissal。

例 具有讽刺意义的是，他受审之前从未见过他的辩护律师戴维斯。

译 Ironically, before his trial, he had never met Davis, the counsel for his defence.

含有被动意义的汉语动词"受审"，在译文中译成名词 trial。

译成形容词。汉语多从动态角度反映静态事实，英语则是从静态角度反映动态事实。因此，常在汉译英时把汉语表动态的动词译成英语表静态的形容词，使译文符合英语习惯。

例 他热爱科学研究，但对提升职称不感兴趣。

译 He is keen on scientific research but indifferent to promotion.

动词"热爱""感兴趣"都是动态动词表述客观情况的，在英语译文中都转译成形容词，采用了 be keen on、be indifferent to 结构。

例 他一点都不清楚自己想过什么样的生活。

译 He isn't clear at all about what he wants to do with his life.

汉语句子中的动词"清楚"是动态动词表述客观情况的，在英语译文中转译成形容词，采用表示状态的"be clear about+ 从句"结构。

汉语中表示知觉以及情感、欲望等心理状态的动词，通常可转译为英语中"be+形容词+介词短语或从句"结构。

例 我得谨慎才是。

译 I have to be cautious.

例 伊拉克政府充分意识到了即将到来的大选中的种种困难。

译 The Iraqi government has been fully aware of difficulties in the upcoming general election.

2. 动词连用的翻译

所谓动词连用，指的是在一个句子中连续使用两个或两个以上的动词，这在汉语中是极为普遍的。汉语中动词连用有"连动式"结构和"兼语式"结构。而在英语中，如果要在一个句中描述两个以上的动作，则必须对动词做一些处理，要么使用动词的非谓语形式，要么加连词使其成为并列成分，要么使动词变成其他形式，如名词、介词短语等，有时也可省略某个动词。

例 我带这些外国游客去那座古庙看看。

译 I'll show these foreign tourists around the ancient temple.

"连动式"结构，句中有三个动词：带、去、看看。这句在译成英语时有一个动词 show 即可。

例 晚上我请你出去吃饭。

译 I'll invite you out to dinner tonight.

"兼语式"结构，其中"你"是"请"的宾语，同时又是"出去吃饭"的主语。汉语中"兼语式"结构相当于英语中的"谓语动词+复合宾语"结构。这句在译成英语时，需一个动词 invite 即可。"出去""吃饭"被转译为英语的其他词类 out、dinner。

六、介词

介词用于名词或名词词组前表示词语间关系。介词起着广泛的联系词语的作用。英语里介词用得很多，而汉语里介词用得少。

（一）英语介词的翻译

英语介词主要显示三种关系：名词与名词间的关系、名词与形容词间的关系、名词与动词间的关系（这里名词也可以是代词）。此外，介词也可以联系从句。英语介词的一词多义和一词兼几种词性的现象十分突出。英语介词的翻译一般有以下几种方法。

1. 照译

例　Air and water are the most abundant substances in nature.

译　在自然界，空气和水是最丰富的物质。

例　The new theory will have a great effect on the science in future.

译　这一理论将对未来的科学产生巨大影响。

例　Moonlight is only sunlight shining on the moon.

译　月光仅是照射在月球上的太阳光。

2. 省译

在确切表达原文内容的前提下，省略某些介词，可使译文简练，合乎汉语规范。

（1）表示时间或地点的英语介词

表示时间或地点的英语介词，译成汉语如出现在句首，大都不译。

例　There are four seasons in a year.

译　一年有四季。

"一年"出现在句首，表示时间的介词 in 在译文中省略不译。

例　Many water power stations have been built in our country.

译　我国已建成许多水电站。

"我国"出现在句首，表示地点的介词 in 在译文中省略不译。

（2）表示与主语有关的介词

表示与主语有关的某一方面、范围或内容的介词有时不译，可把介词的宾语译成汉语主语。

例　Something has gone wrong with the engine.

译　这台发动机出了毛病。

表示与主语有关的 with 在译文中省去不译。

例　Gold is similar in color to brass.

译　金子的颜色和黄铜相似。

表示与主语有关的 in 在译文中省去不译。

（3）表示手段、方式、工具的 by 和 of 等介词短语，在译成汉语时，by 和 of 不译，而把介词的宾语译成译文动词的宾语，原文动词的宾语转译成译文宾语的定语。

例　He grasped John by the collar.

译　他一把抓住约翰的衣领。（by 省译了）

例　The king stripped him of all his honors.

译　国王剥夺了他所有的荣誉。（of 省译了）

（二）汉语介词的翻译

现代汉语的介词约有 70 个。根据介词表示的意义，汉语介词可分为：表示时间、处所的（自、从、自从、当、往、朝、沿、在等）；表示对象、范围的（对、对于、关于、让、教、比、同、被等）；表示目的、手段、方式的（为、为了、为着、按照、以、通过等）；表示依据的（在、根据、依照、凭、遵照等）；表示排除的（除、除了、除开）；表示原因的（由于、因）等。

1. 介词照译

汉语句子中的介词可以直接译成英语句子相应的介词。

例　很久很久以前，人住在洞穴里或住在树上。

译　Long long ago, people lived in caves or on trees.

例　我们谈到自己，谈到前途，谈到旅程，谈到天气，谈到彼此的情况。

译　We talked of ourselves, of our prospects, of the journey, of the weather, of each other.

2. 增补介词

汉语的词和词之间的关系通常是用语序或逻辑关系表示的，很少用介词；英语介词约有 290 个，使用较多。所以汉译英时要适当增补介词。

（1）增补表示时间的介词

汉语中有些句子表示时间不用介词，而是直接用名词做状语，因此译成英语时要补充介词。

例　他们晚上工作，白天睡觉。

译　They work by night and sleep by day.

例　1980 年有五位女科学家在海洋里生活了两星期。

译　In 1980, five women scientists lived in the sea for two weeks.

在表达时间时，英语通常在年份的前面加介词 in，所以翻译"1980 年"时，要增补 in，译成 in 1980。在表示"有多长时间"时用介词 for，所以翻译"两星期"时，要增补 for，译成 for two weeks。

例　这个超市从早晨 8 点一直开到晚上 9 点。

译　The supermarket opens from eight in the morning till nine in the evening.

英语在表达"早晨""晚上"时必须用介词 in，这也是英语习惯搭配所致，因此，增补介词后便译成英语介词短语 in the morning、in the evening。

（2）增补表示地点的介词

汉语中有些句子表示地点不用介词，但英语表示地点时要用介词短语，所以，汉译英时要补充介词。

例　世界各地都存在着各种各样的人口问题。

译　There are a variety of population problems in all parts of the world.

"世界各地"译成 in all parts of the world。

例　办公楼前不准停车。

译　No parking in front of the building.

"办公楼前"用介词短语 in front of the building 表达。

例　大街小巷早就传遍了各种流言蜚语。

译　Rumours had already spread along the streets and lanes.

七、连词

连词是连接词与词、短语与短语、句与句的词。连词可分为两类：并列连词和从属连词。并列连词是用来连接同等的词、短语或分句的；从属连词是用来引起从句的。

（一）英语连词的翻译

1. 省略不译

英译汉时，有些连词在很多情形下可以不译，特别是一些在句子里只起连接作用而本身并无意义的连词，一般可以略去不译。

（1）省译并列连词

例　He wore dark glasses, and a thick jersey, and stopped up his ears with cotton wool.

译　他戴黑眼镜，穿厚毛衣，耳朵眼里塞了棉团。

省去并列连词 and。

例　If I am ill, do they come to see me, or do they send a doctor for me?

译　要是我病了，他们会来看我吗？会给我请医生吗？

省去并列连词 or，不影响句子，反而更符合汉语习惯。

（2）省译从属连词

例　Let us go for a walk while dinner is being cooked.

译　饭还在煮呢，咱们出去走走吧！

while 指"当……时"，在这里不必译出。

例　We strongly believe that you are innocent.

译　我们坚信你是无辜的。

that 引导宾语从句时，通常省译。

2. 照译

有些连词在句中除了起连接作用外，本身也具有一定的含义，特别是一些连词短语，具有很强的含义，如果省译会影响对句子的理解，就要照译。

（1）照译并列连词

例　Seize the chance, otherwise you will regret it.

译　要抓住机会，否则你会后悔的。

并列连词 otherwise 具有一定的意义，因此照译。

例　Both teaching and research work are making great strides.

译　教学与科研都在大踏步前进。

并列连词 both...and... 本身具有一定的意义，须译出。

（2）照译从属连词

例　Once a person loses self-confidence, he can never expect to be successful.

译　一个人一旦失去了自信心，就甭想获得成功。

从属连词 once 本身带有比较强烈的含义，可译为"一旦"。

例　You may keep the book a further week on condition that no one else requires it.

译　如果这本书没有其他人想借的话，你可以续借一个星期。

从属连词 on condition that 译为"如果（只要）"。

（二）汉语连词的翻译

在汉语中，词与词、短语与短语、分句与分句不一定需要连词连接。如"文（学）艺（术）界""好好学习，天天向上""王老师工作一贯认真负责，这次被评为'优秀班主任'"。在以上三例中，词与词、短语和短语、分句与分句之间没有用连词连接，这叫意合法，是汉语句法的特点之一。如果需要，可用连词，如"红与黑""不但要看到问题的表面，而且要看到问题的实质"。此外，还可用副词连接，如"又热又累""越干越有劲""感觉只解决现象问题，理论才解决本质问题"。由于英汉两种语言中连词的用法不同，汉译英中，连词可采用如下翻译方法。

1. 增译

汉语词语之间连词用得不多，通常其逻辑关系是暗含的，由词语的顺序来表示。英语的词语、短语、句子之间的关系大多是通过连词连接的，因此，在汉译英时要根据原文，进行逻辑推理，添加适当连词。

（1）增译并列连词

汉译英时有时要增补并列连词 and、or、but 等。

例　让她再去试试。

译　Let her go and try it again.

增加并列连词 and，连接并列的动词 go 和 try。

例　男女老少都参加了营救汶川地震伤员。

译　Men and women, old and young, all joined in rescuing the wounded in the Wenchuan earthquake.

增译两个 and，分别连接并列的名词 men 和 women 以及形容词 old 和 young。

例　我帮助他，他帮助我。

译　I help him and he helps me.

and 连接了两个并列分句。

例　这台机器已经连续运转七八小时了。

译　This machine has worked in succession for seven or eight hours.

（2）增译从属连词

汉语中表示因果关系、时间、条件、地点与程度的句子，有时候不用连词连接，但译成英语时要增补从属连词。

增译表示时间的连词。

例　温度增高，水的体积就增大。

译　As the temperature increases, the volume of water becomes greater.

原句暗含原因意义，所以增译连词 as，译成英语的主从复合句。

例　工作时工作，玩的时候就玩。

译　Work while you work, play while you play.

原句有时间含义，因此译成连词 while 引导的时间状语从句。

增译表示地点的连词。

例　有疑问的地方可以做个记号。

译　Make a mark where you have any doubts or questions.

例　物体受热的地方，粒子运动得较快。

译　The particles move faster in the place where the body is being heated.

两个例句都增译了从属连词 where，构成了英语的复合句。

增译表示条件的连词。

汉语中一些表示条件的复句，有时不用连词，但译成英语时要补加连词。

例　冬天来了，春天还会远吗？

译　If winter comes, can spring be far behind?

例　早知如此，我就不参加了。

译　If I had known it, I would not have joined it.

2. 照译

例　星星看上去很小，因为它们离得很远。

译　Stars look very small because they are far away.

"因为"是引导汉语复句的连词，因此英译时译成从属连词 because。

例　我们看不见空气，然而它确实存在。

译　We can't see air, yet it does exist.

yet 表示转折。

例　我们不仅能使用计算机，而且能设计计算机。

译　We can not only use computers but also design them.

not only...but also... 是并列连词。

第三节　语句层面上的翻译技巧

句子是能够单独存在并能表达相对完整意义的语言单位。英汉句子都必须按照一定的语法规则组织起来，合乎逻辑要求和语言习惯。英语句子按结构可分为简单句和复合句，汉语句子按结构分为单句和复句。它们在句法结构上既有相似处又存在着差异。在英汉互译过程中，要正确理解原文，表达时要符合英汉语句子结构的规律。

一、简单句

（一）英语简单句的翻译技巧

英语简单句分主谓句和非主谓句两类。英语中绝大部分简单句是主谓句。

1. 主谓句的直译

主谓句直译是从句子整体来观察的。英语主谓句直译为汉语主谓句时，常常伴随着成分转换、语序调整等。

例　This force keeps the body moving.

译　这个力使物体继续运动。

keeps the body moving 在汉语译文中被转换成兼语词组"使物体继续运动"。

例　We generally regard gases as compressible.

译　我们通常认为气体是可压缩的。

regard gases as compressible 在汉语译文中被转换成主谓词组"气体是可压缩的"。

例　There appeared a sine wave on the screen.

译　荧光屏上出现了一道正弦波。

英语原文中，谓语 appeared 在主语 a sine wave 之前，是主谓倒序，而汉语的译文是主谓顺序，"荧光屏上""出现"，基本也是直译的。

例　The machine begins to work.

译　机器开始工作了。

全句按照英语的语序进行，是直译。

2. 主谓句的转译

汉译时，英语主谓句的转换包括两种情况：一是主谓句转换为汉语的非主谓句；二是转换为汉语的复句。主谓句转译时伴随着"成分转换"等译法。

（1）转换为无主句

例　There remains one more test to be carried out.

译　还有一项实验要进行。

英语原文中的主语是 one more test，谓语是 remains，而译文中是连动词组"要进行"做谓语，省略了主语"我们"。

例　The fuel must be tested to determine its suitability before application.

译　在使用前必须对燃料进行试验，以确定其适用性。

英语原文中的主语是 the fuel，谓语是 must be tested，而汉语译文是无主句。

例　It was raining that day.

译　那天正在下雨。

英语原文中的主语是 it，谓语是 was raining，而汉语译文中省略了主语"天气"，是一个无主句。

（2）转换为复句

例　With gravity, we can walk and run.

译　由于有地心引力，我们才能行走、奔跑。

英语原文中是介词结构 with gravity 做原因状语，而汉语的译文译为"由于……才……"，是因果偏正复句。

例　Without his help we would not finish the task on time.

译　如果没有他的帮助，我们就不会按时完成任务。

英语原文中是介词结构 without his help 做条件状语，而汉语的译文译为"如果……就……"，是假设偏正复句。

例　We must have a D.C.power supply so as to have a steady current.

译　为得到稳定的电流，就必须有一个直流电源。

英语原文中的 so as to 是表示目的的短语，在句子中做状语成分，而汉语的译文译为"为……就……"，是目的偏正复句。

例　There can be no doubt about the smallness of atoms.

译　原子很微小，这是无可置疑的。

英语原文是 there be 句型的简单句，介词 about 短语做宾语，而汉语的译文是把原文分成两个短句，构成一个联合复句。

（二）汉语单句的翻译技巧

汉语单句也分主谓句和非主谓句两类。绝大部分汉语单句是主谓句。汉语的非主谓句又有独语句（用得极少）和无主句之分。

1. 主谓句的翻译

汉语的主谓单句，从外形结构上来看，跟英语的"主谓"结构是相似的，但它的主语和谓语表达与英语有许多不同的地方。汉、英句子的主语从语言成分及表现法上都有很大的差异，所以汉译英确定主语时一定要根据内在的逻辑关系，充分体现英语组句的特点。汉语的主语几乎可以由任何词汇或语言单位担任，而英语的主语则只能由名（代）词、动词不定式短语、介词短语（极个别情况）、动名词短语、名词性从句来担任。汉译英时，许多主语要译成其他成分。

例　电子可以从一个轨道跳到另一个轨道。

译　The electrons can jump from one orbit to another.

英语主语 electrons 与汉语主语"电子"相对应。

例　这会使马达严重损坏。

译　This may cause the motor to be seriously damaged.

英语主语 this 与汉语主语"这"相对应。

例　这里是一些可供说明的例子。

译　Here are some examples for illustration.

本句汉语为顺装句，"这里"是主语，"是"是谓语，"一些可供说明的例子"为宾语。英语则是倒装句，正常的语序为 some examples for illustration are here。

例　这个证据看来是可靠的。

译　This evidence looks reliable.

英语译文中的谓语 looks reliable 是系表结构，与汉语的谓语部分"谓语+宾语"相对应。"是"为谓语，"可靠的"是"的"字结构做宾语。"看来"是独立语。这里汉语的主谓句译成了英语的主系表结构。

2. 非主谓句的翻译

汉语中的非主谓句大多是无主句。无主句译成英语时应视情况补加主语（祈使句可以不补），译成完整的句子。

（1）祈使句的照译

例　请打开门。

译　Open the door, please.

例　您的护照。

译1　Show your passport please.

译2　Your passport please.

以上两个例子英语译文均是完全照译汉语的祈使句。

（2）汉语中表示号召、要求、规定等的无主句的翻译

例　为建设一个和谐稳定的社会主义国家而奋斗！

译　Strive to build a harmonious and steady socialist country!

例　每天晚上都要有一名护士值班。

译　There must be one nurse on night duty.

二、并列复合句

英语复合句是由简单句发展、扩充而来的，它包括两个或两个以上的主谓结构。英语复合句又分为并列复合句和主从复合句两种。并列复合句是由两个或两个以上并列而又相互独立的简单句构成，中间由并列连词或标点符号连接。如果前后两个主谓结构中的谓语相同，则后一结构往往用省略句形式。

（一）英语并列句的翻译技巧

1. 并列复合句的照译

英语并列复合句和汉语联合复句所用的并列连词（关联词语）基本一致，如 and（和、并且、而），while（而），whereas（同时、而），or（或者），not only...but also...（不但……而且……），either...or...（或……或……），neither...nor...（既不……也不……）。而并列复合句和联合复句的主要区别在于英汉句子省略成分的不同和某些连词意义的差异。英语的并列复合句在定义、结构以及所用的连词等方面与汉语的联合复句基本相当，因此，英语的并列复合句一般可直接译为汉语的联合复句。

例　We could use two resistors in series, or we could increase the value of the present single resistor.

译　我们可以用两个串联的电阻，或者我们可增加现有的一个电阻的电阻值。

英语原文中连词 or 和汉语译文中的关联词语"或者"相对应，连接的都是两个完整的分句。

例　Not only have schools been set up, but a hospital has been built there.

译　那里不仅设立了一些学校，还建了一所医院。

英语原文中的 not only...but also... 引导的两个从句均为完整的句子结构，而汉语译文中两个分句都省略了主语。

例　This machine is not difficult to run, neither is that one.

译　这台机器不难操作，那台也不难。

英语原文中的 neither 引导的从句是倒装结构，汉语译文中直接翻译为"也不"，与前面的从句构成一个联合复句。

2. 并列复合句的转译

由于英语复合句与汉语复句的分类方法不同，可将由某些并列连词（so、for 等）连接的英语并列复合句转换为汉语的偏正复句。

例　One cannot see electricity, however, it does exist.

译　人们看不见电，可是电确实存在。

英语 however 是连词，全句是并列复合句。汉语译文中"可是"是关联词语，全句为转折偏正复句。

例　The oil must be out, for the lamp has gone out.

译　油准是用完了，因为灯灭了。

英语 for 是连词，全句是并列复合句。汉语译文中"因为"是关联词语，全句为因果偏正复句。

例　Work harder and we will complete the bridge ahead of time.

译　只要加油干，我们就一定会提前建成这座桥。

英语原文中的并列连词 and 除用来连接并列分句外，还具有某些状语意义，汉译时被译为"只要……就……"，转换为汉语的偏正复句。

例　A rocket carries its own oxygen supply as well as fuel, therefore it can work in a vacuum.

译　火箭携带自用的氧气和燃料，因此能在真空里工作。

英语原文中 therefore 是连词，全句是并列复合句。汉语译文中"因此"是关联词语，全句是因果偏正复句。

（二）汉语联合复句的翻译技巧

汉语复句是由两个或两个以上意义上和结构上有密切联系的分句组成的语言单位。复句的意义容量比单句大，常表达人和人、物和物以及人和物之间的抽象关系，如并列关系、选择关系、条件关系、因果关系等。复句中各分句在结构上有相对的独立性。根据分句间不同的意义关系和分句间结构上的差别，可把汉语复句分成联合复句和偏正复句。联合复句指分句与分句之间的关系是平等的，不分主次的句子。组成这种复句的语法手段是靠分句的排列次序或用关联词语连接。可分为并列复句、连贯复句、递进复句和选择复句。

1. 并列复句的翻译

并列复句是指连在一起使用的各分句之间意义上是并排、并列关系的句子。汉语中的并列、对照、解说都属于并列关系。表并列关系常使用"也……也……""又……又……""既……又……""一边……一边……""一面……一面……""既不……也不……"之类的关联词，当然也可以不用关联词语。汉译英时，常用英语中的连词 and 连接。表对照关系常用"不是……而是……"之类词语表示肯定、否定两方面的对照，也可以通过反义词语的运用形成对照。在汉译英时，则要用 neither...nor..., either...not..., or...not... 表示。汉语中的"不……不……"在英语中还可以用 neither 或 nor 的倒装句式。表解说关系常在分句间使用"这就是说""换句话说"之类的关联性插说成分。也可不用关联词语。在汉译英时，一般用关系分句表示。

例 他既是我们的老师，又是我们的朋友。

译 He is our teacher and our friend too.

汉语原文中"既……又……"表示并列关系，这层关系在英语译文中用连词 and 再现了出来。

例 不是他没有讲清楚，就是我没有听明白。

译 Either he did not speak distinctly or I did not hear well.

原文中用的是"不是……就是……"，表示对照，英译文用 either...not...or...not... 译出，再现了原文的意义。

例 大多数高校已有效地将权力下放给系主任，也就是说，系主任有确定本系人员编制和按原则使用现有经费的自主权。

译 In most colleges and universities, the devolution of decision-making rights to the department head has been effective, which means that the department head is given the autonomy to decide on the staffing within the department and also to utilize the available funds under certain guidelines.

汉语原文中的"也就是说"引导的是解说分句。译文中后分句 which means that the department head is given the autonomy to decide on the staffing within the department and also to utilize the available funds under certain guidelines 解释前面的分句,解释的部分译成了关系分句,很好地再现了原文的言内意义。

例　新区成立 10 年来发生了巨大的变化,取得了举世瞩目的成就。

译　Since this new administrative area was established ten years ago, the New Area has undergone tremendous changes and scored great achievements that have focused the world's attention.

如将"发生了巨大变化"译成通常的句型 there have been tremendous changes,便无法与下面一句 scored great achievements 取得结构上的平衡。因此,"发生了巨大变化"可译成(the New Area)has undergone(witnessed/seen)tremendous changes,这样结构上就平衡了。

2.连贯复句的翻译

汉语中的连贯复句指的是各分句之间在意思上相连贯,在概念或动作上指一个接着一个。表示连贯关系常用的关联词语有"接着""然后""于是""就""便""又",也有用"一……就……"表示连贯关系的。汉译英时常用 and 或者 and then 等连接,另外,能表达"一……就……"这个意义的连词有 as soon as、hardly/scarcely...when...,no sooner...than... 等;有时还可以根据其他句法关系来表示这层含义。

例　他们将帐篷运到灾区,然后把它们安装好。

译　They delivered the tents to the disaster area, and then installed them.

原文由两个分句组成,连续的动作按时间和逻辑顺序排列,句内关系是连贯关系,译文中用 and then 表示这一关系。

例　张小姐郑重地递给我一张申请表,便开始和我自信地交谈起来。

译　Miss Zhang, who had presented an application form to me, began to converse with me confidently.

原文的两个分句按时间和逻辑事理的顺序排列,句内关系是连贯关系,但"开始交谈"是主要动作,故译者将其译成主句,将原文中的第一个分句译作关系分句,使译文粘连紧凑,重点突出。

例　我刚上火车，车就开了。

译　Hardly had I got aboard when the train started.

汉语原文由两个分句组成，连续的动作按时间和逻辑顺序排列，句内关系是连贯关系，译文中用 hardly...when... 这个固定结构表示这一关系。

三、主从复合句

英语主从复合句是由一个主句和一个或以上的从句构成。主句为句子的主体，从句相当于主句的一个成分，不能独立。从句通常由关联词引导，将从句和主句联系在一起。英语主从复合句分为名词性从句、定语从句和状语从句三种。其中名词性从句又分为主语从句、表语从句、宾语从句和同位语从句。

名词性从句主要采取"句转成分"的译法，即将名词性从句转换为汉语词组充当单句的成分；有时，当名词性从句相当于汉语联合复句中的分句时，也可采用"句子转换"的译法，关联词省译或转换为副词。在很多情况下，英语中的定语从句兼有状语的功能，这时我们可视情况将其译作相应的表示原因、结果、目的、时间、条件、让步等的状语从句。英语状语从句根据功能的不同可分为时间、地点、原因、条件、让步、目的等状语从句，怎样将它们放入恰当的位置，怎样处理好句与句之间的连接关系是状语从句翻译的关键问题。

（一）主语从句的翻译

主语从句在句中充当主语，是谓语动作的执行者。汉译时，一般可将主语从句转换为主谓词组充当句子的主语或宾语。翻译主语从句时，大多数可按原文的词序译成对应的汉语，但也有一些其他的处理方法。

1. 主语从句放在句首的译法

第一，按原文顺序翻译。主语从句放在句首，翻译时一般可按原文顺序翻译。这类从句的引导词有关联词 what、which、how、why、where、who、whatever、whoever、whenever 等及从属连词 that、whether、if 等。其中关联词可译为"……所"。

例　Whether there is life on the moon is no longer a question.

译　月球上是否有生命已经不再是个问题了。

英语原文 Whether there is life on the moon 是主语从句，被译为"月球上是否有生命"，这是一个主谓词组，在整个句子中做主语。

例　What she saw and heard on her trip gave her a deep impression.

译　她此行的所见所闻都给她留下了深刻的印象。

原文中的主语从句 What she saw and heard on her trip 被译为"她此行的所见所闻"，这是汉语的偏正词组，在整个句中做主语。

例　Whoever comes to our public reference library will be welcome.

译　什么人到我们公共参考图书馆来都欢迎。

原文中的主语从句 Whoever comes to our public reference library 被译为"什么人到我们公共参考图书馆来"，这是汉语的主谓词组，在整个句中做主语。

第二，主句与从句断开。在翻译一些主语从句时，需要将主句与从句断开，在主句前加译"这"，在语气上给主语以更多强调。

例　That he is an honest man is known to us all.

译　他是一位诚实的人，这大家都知道。

原文中的主语从句 That he is an honest man 被译为"他是一位诚实的人"，这是汉语的主谓词组，主句中"这"是对整个从句的强调。

例　That those who had learned from us now excelled us was a real challenge.

译　向我们学习过的人反倒超过了我们，这对我们的确是一个挑战。

原文中的主语从句 That those who had learned from us now excelled us 被译为"向我们学习过的人反倒超过了我们"，这是汉语的主谓词组，主句中"这"是对整个从句的强调。

2."形式主语 it+ 谓语 +that（whether）"从句

由于英语句子信息置后的一般规律，有很多主语从句都是以先行词 it 做形式主语，而把真正的主语从句放在后面。这种句型一般有以下三种译法。

第一，译文中的主语从句放在前面。

例　It doesn't make much difference whether he will come or not.

译　他来不来参加会议都无所谓。

先翻译主语从句，主语从句放在了前面，做主语。

第二，先译从句，在主句前加译"这"。

例　It is extraordinary that in all the years the British spent in Egypt they never got to know the real people of Egypt.

译　英国人在埃及待了那么多年，却从来没有真正了解埃及人，这是异乎寻常的。

此句表明的是逆反的因果关系：英国人在埃及待了多年，他们从来没有真正了解埃及人民，与正常的因果关系相反，因此说是 extraordinary。

例　It is a fact that the U.S.has sent its fleet to all parts of the world.

译　美国已把它的舰队派往世界各地，这是事实。

先翻译的从句，在主句前加译"这"。

第三，先说明观点、看法，表明态度，再译出从句。如果 that 引出的从句是以假设为前提的，主句的陈述是对从句的内容进行推测，翻译时，首先说明观点、看法，表明态度，接着译出 that 引导的从句。

例　It is strange that she should have failed to see her own shortcomings.

译　真奇怪，她竟然没有看出自己的缺点。

例　It is rumored that he will attend the meeting.

译　据传闻，他将出席此次会议。

例　It was obvious that I had become the pavun in some sort of top-level pouuer play.

译　很清楚，某些高级人物在玩弄权术，而我却成了他们的工具。

四、宾语从句的翻译

宾语从句分为动词引导的宾语从句、介词引导的宾语从句、用 it 做形式宾语的宾语从句和直接引语做宾语从句几种。

由于宾语从句的位置在后，所以翻译的时候句子顺序一般不需要变动。一般来说，可将宾语从句转换为汉语的主谓词组充当句子的主语或宾语。但有时，可把宾语从句转换为主谓词组充当定语，偏正词组充当宾语或主语，或转换为动宾词组充当宾语。

（一）动词引导的宾语从句

宾语从句汉译时一般不需要改变它在原句中的顺序。

例　How do you know if it will rain tomorrow？

译　你怎么知道明天是否会下雨呢？

原文中的宾语从句 if it will rain tomorrow 被译为"明天是否会下雨"，这是主谓词组，在整个句中做宾语。

例　Can you understand what she says？

译　你能听懂她所说的吗？

原文中的宾语从句 what she says 被译为"她所说的",这是主谓词组,在句中做宾语。

例　The experiment will show whether or not air does have weight.

译　实验将证明空气是否有重量。

原文中的宾语从句 whether or not air does have weight 被译为"空气是否有重量",这是主谓词组,在整个句中做宾语。

例　Tom replied that he was sorry.

译　汤姆回答说,他感到遗憾。

此句翻译时加译"说",然后接下去译原文宾语从句的内容。

(二)介词引导的宾语从句

介词宾语从句前面的介词一般和动词、形容词或副词有关。翻译时,顺序一般不变。

例　This is close to what has been discussed.

译　这接近于讨论的情况。

原文中的宾语从句 what has been discussed 被译为"讨论的情况",这是偏正词组,在句中做宾语。

例　Men differ from brutes in that they can think and speak.

译　人与兽的区别,就在于人有思维而且会说话。

介词 in 之后如果跟有宾语从句,常常可译成原因状语从句,用"因为""在于""是因为"等词译出。

例　The lift component is not vertical except when the relative wind is horizontal.

译　除了相对风是水平的情况之外,升力不是垂直的。

英语中的介词 except、but、besides 等之后如果跟有宾语从句,常常可译为并列句的分句,用"除……之外""除了……""此外……""只是……""但……"等词译出。

五、汉语偏正复句

汉语表示主从关系的复句称为偏正复句。主要分为转折复句、假设复句、条件复句、因果复句、目的复句和让步复句。

（一）转折复句的翻译技巧

转折复句是指从句承认一个事实，主句把意思一转，说出相反的情况。汉语中的转折让步关系通常使用成对的关联词语"虽然……但是……""尽管……可是……"等表示；纯粹的转折关系则用"但是""然而""只是""而""就是""不过"等关联词语表示。有时，转折关系可通过前后句中语气变化来表示。

英语中常常只用一个连词或者副词来表示转折让步关系，常用的关联词语有 but、though、although、even if、as 等。汉译英时，应该顺应和遵守英语的表达习惯，只使用一个关联词语。

例 中国有几百种地方戏曲，且每一种戏曲在曲调、音乐和方言上均不相同，但在表演形式方面，大多数中国传统戏曲却有共同之处。

译 China has hundreds of kinds of local opera which differ in tone, style of music and dialect, in the style of acting, most of the traditional Chinese operas have something in common.

原文是由关联词语"但"和"却"连接起来的表示纯粹转折关系的句子，译文以 but 直译，准确地再现了原文的信息。

例 燕子去了，有再来的时候；杨柳枯了，有再青的时候；桃花谢了，有再开的时候。但是，聪明的你，告诉我，我们的日子为什么一去不复返呢？

译 Swallows may have gone, but there's a time of return; willow trees may have died back, but there's a time of regreening; peach blossoms may have fallen, they will bloom again.Now, you the wise, tell me, why should our days leave us, never to return ?

汉语的转折关系有时可以依赖句意而不用关联词呈现出来，这是以意合为特征的汉语最显著的特点之一。但在将这类句子译成英语时，必须用关联词明确地表现句与句之间的关系，才不至于影响原文意义的传达。

例 虽然电子计算机有许多优点，但它们不能进行创造性的工作，代替不了人。

译 Although electronic computers have many advantages, it cannot carry out creative work and replace man.

原文是由关联词语"虽然……但……"连接起来的表示纯粹转折关系的句子，译文以 although 直译，准确地再现了原文的信息。

（二）假设复句的翻译

汉语的假设复句在表示假设到结果时有两种情形：一是"顺承"的，分句间常常用"如果、要是、假如、倘若、倘使、若……就……"之类的关联词语；二是"逆接"的，分句间常常用"即使、哪怕、纵使、就算……也……"之类的关联词语。

英语在表示顺承的假设关系时常常使用关联词语 if，并且借助英语动词的虚拟语气来表达。在表示逆接的假设关系时，常常使用关联词语 even if 以及动词的虚拟语气来表达。了解汉英两种语言不同的表达方法，在翻译时才可以应付自如。

例　如果、要是、假如、倘若没有宇宙飞船，人类就不可能飞向太空。

译　If there had been no spaceships, it would have been impossible for human beings to go to space.

原文从假设到结果是顺承的，其假设关系在译文中通过使用 if 和动词的虚拟语气 had been、would have been 来表现。

例　即使哥伦布没有发现美洲大陆，别人也会发现的。

译　Even if Columbus had not discovered the continent of America, somebody else would have discovered it.

这里原文的假设关系是逆接的，关联词语用的是 even if，另外，主句和从句中都用动词的虚拟语气来表达这种假设关系。

例　对任何机器来说，如果知其输入力和输出力，就能求出其机械效益。

译　For any machine whose input force and output force are known, its mechanical advantage can be calculated.

英译文用了定语从句来翻译假设偏正复句中的偏句。

六、英语长句的翻译理论与实践研究

所谓英语长句，一般是指 20 个词左右的句子，英语中的长句大多由基本结构扩充而成。这种句子除了自身基本结构附带的成分外，往往还包含着数量众多的短语、从句、并列成分或并列分句等。其扩展和变化的方式可以简要归纳如下：增加句子的修饰定语或状语；增加并列成分（并列主语、并列谓语、并列宾语、并列定语、并列状语或并列句）；增加附加成分（插入语、同位语或独立语）；出现倒装和省略现象。翻译长句首先必须找出其语法主干，然后理清各种修饰成分之间的逻辑关系，真正弄懂长句的结构和要表达的信息。

（一）顺译法

在长句翻译中，所谓顺译法是指：有些英语长句所叙述的一连串动作基本上是按动作发生的时间先后安排，也有些英语长句的内容是按逻辑关系安排，这与汉语表达方式比较一致，因此翻译时一般可以顺着原文把句子译出。

这是英语翻译中最直接的翻译方法，英语的很多句子都可以用顺译法来翻译。

例 If she had long lost the blue-eyed, flower-like charm, the cool slim purity of face and form, the apple-blossom coloring, which had so swiftly and oddly affected Ashurst twenty-six years ago, she was still at forty-three a comely and faithful companion, whose cheeks were faintly mottled, and whose grey-blue eyes had acquired a certain fullness.

译 26年前，她那有着蔚蓝色眼睛的，鲜花一般的魅力，那脸庞和身材冰清玉洁，娴娜多姿的风韵，还有那苹果花似的颜色，曾经是那么猝不及防地，莫名其妙地使艾舍斯特怦然心动。而今这一切虽然早已失去，43岁的她依然是一个面目姣好、忠实可靠的伴侣，只是两颊已出现淡淡的斑痕，灰蓝色的眼睛也添了几分饱满和成熟。

这个句子是由一个主句、一个状语从句和三个定语从句组成的。"她依然是一个面目姣好、忠实可靠的伴侣"是主句，也是全句的中心内容。主句前边是一个假设状语从句，其中又包含一个定语从句，这个定语从句较长，所以，放在被修饰语之后。原文各句的逻辑关系、表达顺序与汉语完全一致，因此我们可以顺藤摸瓜地按原句顺序译出。

例 If parents were prepared for this adolescent reaction, and realized that it was a sign that the child was growing up and developing valuable powers of observation and independent judgement, they would not be so hurt and therefore would not drive the child into opposition by resenting and resisting it.

译 如果做父母的对这种青少年期的反应有所准备，而且意识到这是一个标志，表明孩子正在成长，正在发展宝贵的观察力和独立的判断力，那么他们就不会感到如此伤心，所以也就不会因为愤恨和反对，迫使孩子产生反抗的心理。

这个句子总体是一个条件状语从句，其中从句中又包含 realized 引导的宾语从句、sign 后面的同位语从句，主句中还包含两个 would 做谓语的并列句。原文的叙事前后次序与汉语的表达习惯相符，于是就顺着原文的语序，顺译出来。

例　Jack had nothing to live on, because whenever he had a good job, the more he earned the more he spent, so that he never saved anything.

译　杰克当时无以为生，因为每逢找到好的工作时，总是挣得越多，花得也越多，结果毫无积蓄。

本句是一个原因状语从句，其中从句中又包含 whenever 引导的时间状语从句，the more...the more... 引导的比较状语从句，so that 引导的结果状语从句。原文的叙事前后次序与汉语的表达习惯相符，于是就顺着原文的语序，顺译出来。

（二）逆译法

一般而言，英语复句通常把重要部分放在前面，次要内容置于后面；而汉语的复句则是把句子的重心放在后面，换言之，汉语往往前置次要部分，后置重要部分。所以，翻译这类长句时，首先需要根据意群，将其断成若干短句，再依照汉语的习惯重新组织语言，将其顺序颠倒过来，也就是从后向前逆着原文的顺序翻译，也就是逆译法。

例　Food manufacturers are flooding the UK market with new products in response to rising demand from a population hungry for "something different".

译　英国人对于"尝新"的要求与日俱增。针对这种情况，食品生产厂商正一个劲儿地向英国市场大量投放各种新产品。

汉语译文是按照汉语中先因后果的顺序来翻译的，这与英语的表达方式正好相反，所以采用了逆译法。

七、汉语长句

所谓长句指的是字数较多、结构较复杂、含有多层意思的句子。汉语的长句一般包含很多转折或附加成分，结构较松散，主句与从句之间、从句与从句之间，缺乏应有的连接。句子要表达的层次很多。

（一）断句法

所谓断句，就是把原文的一句话译作两句或更多句。翻译汉语长句时常常采用断句法。汉语长句中小句与小句之间靠语序和虚词等表达其内在意义，汉译英时，我们往往要对它进行合理断句才能更好地实现双语之间的转换。另外，长句多为复句，汉语的一个复句有时需要断作几句来译，才能使意思清晰，结构利落，合乎英语的表达习惯。

具体说来，在汉语长句译成英语时，可对汉语长句中的各个小句进行语义上的切分，切分的角度一般是按照话题断句，根据各分句的话题不同，分为两句或更多的句子。

例 小男孩也就是十二三岁，脸很瘦，身上穿得很圆，鼻子冻得通红，挂着两条白鼻涕，耳朵上戴着一对耳帽。

译 The little boy was not more than twelve or thirteen.His face was very thin, but his clothes were bulky.His nose, red with cold, was running.He wore a pair of ear muffs.

原文是一个流水句，介绍了人及其外貌特征，包含了四个不同话题的分句，各分句之间无关联词语来表明它们之间的关系。翻译时，按各分句不同的话题拆分：年龄，脸与身子形成的对比，鼻子，耳朵。我们将整个句子译成相应的四个句子，层次清楚，很好地保持了各层次的相对独立性。

例 不一会儿，北风小了，路上浮尘早已刮净，剩下一条洁白的大道来，车夫也跑得更快。

译 Presently the wind dropped a little.By now the loose dust had all been blown away, leaving the roadway clean, and the rickshaw man quickened his pace.

原文有"北风""浮尘""车夫"三个话题，统一在对车夫在街道上拉车描写的大主题中。译文从语义紧密的角度出发，对其进行切分，第一句描写"北风"减弱了，单独成句，其余都是这一情况的结果，另成一句。其中二、三句之间有自然的因果关系，二、三句合在一起又与第四句有心理上的因果关系。

以上例子说明汉语长句翻译时，以汉语句子中的主题来进行断句能有效地实现汉语意合向英语形合的转换。

例 最近几年，学校对教学制度进行了改革，最明显的一点是学分制，也就是学生若提前修满规定的学分，就可以提前毕业。

译 We have been undergoing some educational reforms in recent years. An obvious method is to adopt credit system which means students can graduate ahead of schedule when they complete the regular credits.

这个长句有两层意思，前面是总说"学校对教学制度进行了改革"，译文将此句单独译出，另一层意思是分说，具体说明是"学分制"，所以另起一句。

例 附寄的简历介绍了我的学历和工作经历，如能安排尽早面谈，我将不胜感激。

译 Enclosed is a resume describing my educational background and work experience. I will appreciate it if an interview could be arranged at your earliest convenience.

原句有两层意思，其一是附寄了一份自己的简历，其二是说如能安排尽早面谈，将表达谢意。译文以两个句子译出，第一句是倒装句，主语是 resume；第二句是个带有条件状语的主从复合句，主语是 I，突出了"简历"和"我"的紧密关系，意义相关，但说的又是两回事，故用分译。

（二）合句法

合句法是把若干个短句合并成一个长句。英汉两种语言的句子结构不完全相同，汉语简单句较多，尽管英语句子日趋简洁，但是从句套从句、短语含短语的句型也是频频出现。因此，我们在做汉译英的时候，要根据需要注意利用连词、分词、介词、不定式、定语从句、独立结构等把汉语短句连成长句，使译文紧凑、简练。

例 一代人与一代人之间的冲突，也就是年轻人与老年人的冲突，似乎是最可笑的。因为这就是现在的自己与将来的自己，或者说过去的自己与现在的自己的冲突。

译 A conflict between the generations between youth and age seems the most stupid, for it is one between oneself as one is and oneself as one will be, or between oneself as one was and oneself as one is.

汉语的原句是两个句子，英语译文是依据汉语复句中的关联词"因为"，合译成 for 引导的原因状语从句。

例　对我来说，我的水族箱就像我自己的一个小王国。我就是里面的国王。

译　To me my aquarium is like my own little kingdom where I am king.

英语译文是把汉语原文中第二个句子变换成定语从句 where I am king。

第四节　语篇层面上的翻译技巧

一、句群

句群是由几个意义上关系密切的句子构成。这些句子在语义上有逻辑关系，在语法上有密切联系，在结构上衔接连贯。翻译时，须注意以下一些问题。

（一）注意体现句间的连贯

连贯是句群的基本特征之一，可以说没有连贯就没有句群，所以翻译时，其译文也必须是连贯的。影响连贯的因素既有句群内部语言方面的，也有句群外部非语言方面的。这就要求在翻译时，不仅要分析句群内部的各种衔接手段，还要对句群所涉及的外部影响句群连贯的因素进行分析，以便在原文与译文之间建立句群层次上的意义与功能对等。

例　The undersea world is well-known as a source of natural beauty and a stimulus to human fantasy. The importance of oceanography as a key to the understanding of our planet is seldom as well appreciated.

译1　海底世界是自然美的源泉和人类幻想的动力，这是大家所熟知的。而作为考察地球的钥匙的海洋学，其重要性人们就认识不足了。

译2　人们都知道海底世界有着无穷无尽的自然美，并总是激起人们奇异的幻想。海洋学是认识我们的星球的关键，这一重要性很少被人理解。

此句群由两个句子组成。前句的信息中心是 well-known，后句的信息中心是 seldom as well appreciated，前后互相对照。译文1增加了连接词"而"，体现了前后两句中信息中心的对比，译文和原文达到了修辞层的统一。译文2由于没有弄清楚前后两句的信息中心及其对比关系，与译文完全不成对比，因此译文的联结照应比较差。

例 This (Act) followed a very bad winter in which many people with bronchial complaints became very ill or died through the effects of a mixture of smoke, fog and fumes known as "smog". Rivers which used to be fouled up with industrial chemical waste are now being cleaned and fish which could not live there a few years ago can be caught again.

译 这一法案是在经过一个污染严重的冬天之后通过的。在这个冬天里，许多患有呼吸道疾病的人因为呼吸了一种由烟、雾和废气组成的混合气体而导致病情加重甚至死亡。然而，过去充满了工业化学废料的河流如今正变得清洁起来，几年前在此无法生存的鱼类现在又渐渐回来了。

原文两句之间具有因果含义，意义上连贯。译文变成三句，在第二句与第三句之间加了转折连词"然而"，清楚表达了这两句之间是转折关系，同时也表明了第一句（由于法案的通过）与第三句（河流变清了，鱼类出现了）之间的因果关系。

例 白杨不是平凡的树。它在西北极普遍，不被人重视，就跟北方农民相似；它有极强的生命力，磨折不了，压迫不倒，也跟北方的农民相似。

译 White poplars are no ordinary trees. But these common trees in Northwest China are as much ignored as our peasants in the North. However, like our peasants in the North, they are bursting with vitality and capable of surviving any hardship or oppression.

这段汉语文字包含三层语义：第一句一层语义，第二句是联合复句，前后分句各一层语义。从形式上看，各部分内容之间缺少关联词，其内在联系是通过语义来体现的，是典型的汉语意合句。在此认识基础之上，译文分别增添了关联词 but 和 however，使原文作为一个语义整体得到了充分的再现。

例 过去，人们并没有充分认识到环境污染给环境造成的影响。只是把它看成一种会熏黑房屋、弄脏河流的令人讨厌的东西。直到不久前才认识到它还会对人体健康造成威胁。而且这种威胁之大，足以影响许多生命的生存，甚至包括人类本身的生存。

译 The effect of pollution on the environment was not fully realized. Until recently pollution was regarded as a nuisance that blackened buildings and sullied streams rather than a threat to human health. The threat has become so great as to challenge the survival of many living things, including man himself.

原文为四句话,各句的语义很清楚,表达也很规范,翻译起来并无多大困难。但是如果机械处理,如将第二和第三句分开翻译,译文虽然能够做到语法正确,语言却会显得重复拖沓。译者将其视为一个句群,增加了连词 until...that...,较好地把握住了内在联系,使得译文准确而又简洁。

(二) 要反映主题的层次

英汉句群中往往含有若干分句和许多短语及其他修饰限定成分,这给理解带来了一定困难。翻译时首先必须对句群进行深入细致的分析,先理清主干,再层层明确各成分之间的语法关系和语义逻辑关系,然后根据情况,选择采用顺译、逆译或综合译法。表达时一定要将意义的准确性和明晰性放在首位,该断句就断句,该增译就增译,不可死抠原文形式。

例 Moscow's history is old and varied.It has witnessed many scenes, but never have such scenes been witnessed in any city as those which took place in Moscow during those tragic days.

译 莫斯科的历史古老悠久,变化多端,它目睹了众多历史场面;但是,在那悲痛的日子里,发生的那样的场面,却是任何城市从未经历过的。

英语句群包括两个句子,第一句是简单句,给出莫斯科的历史特点,第二句是转折关系复合句。根据语义逻辑关系,译文把 It has witnessed many scenes 之前作为一个层次,合成一句。这种重新断句组合,更准确地传达了原文的意思。

例 If the cakes at tea ate short and crisp, they were made by Olivia; if the gooseberry wine was well knit, the gooseberries were of her gathering; it was her fingers which gave the pickles their peculiar green; and in composition of pudding it was her judgment that mixed the ingredients.

译 例如,进茶点的时候,点心又酥又脆,他就说是奥维雅做的;果子酒味好,说是奥维雅亲手摘的果子;酸果颜色鲜绿,那是奥维雅手段好;甜糕制得好,是奥维雅把材料配得好。

这个英语句群开始连用了两个 if 条件从句,接着用了两个强调句 it was her fingers which...it was her judgment that...,翻译时译者并不如法炮制,而是调整了句子结构,把两个强调句都改成条件句来译,即"酸果颜色鲜绿,那是奥维雅手段好;甜糕制得好,是奥维雅把材料配得好",增强了层次感,意义表达得更加准确和明晰。

例　世界上一些国家发生问题，从根本上来说，都是因为经济上不去，没有饭吃，没有衣穿，没有房住，工资增长被通货膨胀抵消，生活水平下降，大批人下岗和失业，长期过紧日子。

译　Basically, the root cause for social unrest in some countries lies in their failure to boost their economy.Consequently they lack food, clothing and shelter and their wage increases are offset by inflation.With a decline in living standards, widespread layoffs and unemployment, people have to suffer chronic hardship.

原句群实际上可分为三个层次：世界上一些国家发生问题，从根本上来说，都是因为经济上不去；没有饭吃，没有衣穿，没有房住，工资增长被通货膨胀抵消；生活水平下降，大批人下岗和失业，长期过紧日子。译文根据这一划分，将其译为三个句子，既表达出了原意，又符合译语的习惯。

例　从小学一年级到进入大学，一个中国学生要经历多次期中考试、期末考试和毕业考试，还有三次犹如生死搏斗的升学考试，谁的分数高，谁就能升入重点中学或重点大学。

译　From first grade to college a Chinese student has to pass many mid-term, final and graduation exams and three life-or-death entrance examinations in order to enter junior and senior middle school and college.The only way to get into a key middle and key college or university is to pass the entrance examinations with top scores.

汉语明显包含两层意思，以"谁的分数高"之前为一层次，余下部分为另一层次。译文根据这两个层次进行断句翻译，突出了层次感，使原意得到了清晰准确的传达。

二、段落

段落是小于语篇的语义单位，它可能是几个句群，也可能是一个句群。以段落为单位进行分析，较之以句子为单位的分析更有利于译者对原文作者意向及原文逻辑关联的把握。

英语段落的构成大致可分两类：一类是典型的主题句—阐述句—总结句结构。另一类则有点像汉语的以某一中心思想统领的形散神聚结构，但注重形合的英语常常使用许多衔接和连贯手段。衔接是指段落的各个部分的排列和连接要符合逻辑；连贯则要求各个部分的语义连接应当通顺而流畅。

前一类结构的主题句表明段落的主题思想，接下来的句子必须在语义上与这一主题关联，在逻辑上演绎严谨。这一特征在英语的论说文中表现得尤为突出。而汉语段落通常都围绕一个较为含蓄的中心思想，其表述方式多为迂回式和流散式的，句际之间的意义关联可以是隐约的、似断非断的。当然，也有不少十分注重逻辑推演的段落，句际之间环环相扣，但有相当数量的汉语段落都是形分意合的，没有英语中常见的那些连接词。这种现象的背后当然是中英思维方式上的某些差异。

段落具有衔接与连贯两大语篇特征，从而使语篇分析的诸多手段都可以在段落的理解与翻译中加以运用。

段落翻译首先是把段落看成一个语义分析单位，然后进一步深入到词句，在转换时，一定要局部服从整体。从段落模式来看，英译汉时一般都可保留原模式，以尽量做到形神意兼似。同时，段落翻译是语篇整体翻译的有机组成部分，必须在对语篇做出总体分析和理解的基础上进行，要与语篇的中心思想、情景语境、组织结构、逻辑关系、语义、文体风格等方面协调一致。

（一）省译或增译词语，清晰表达原文思想

省译即去掉原作中不符合目的语行文习惯的词语，或读者所不需要的信息内容。增译就是在翻译时按意义上和句法上的需要，增加原文中虽无其词而有其意的一些词来更忠实通顺地表达原文的思想内容。

1. 省译或增译关联词语

就句（包括完整句与分句）与句、段与段之间的连接而言，英语与汉语所用的方法与手段也有所不同。英语语法比较严密，重形合。各个句子、句群和段落通常由一定的功能词如 and、but、if、as、therefore、when、however、moreover 和某些特定的短语、分句，如 in addition、what's more important 等连接起来。这些功能词和短语表示不同的功能或意念，如因果、比较、转折、让步、条件等等。这些成分既起到了衔接的作用，又有助于行文的通顺与连贯。

汉语重意合。

一些句子或分句有时不分主从关系，而只是并列在一起，通过意义连接起来，功能词或连接短语用得较少。因此，英译汉时，译文应按照汉语行文习惯，省略某些衔接词。

例 "And so you see, my dear, you had no need to break your heart over that old story of the blow.It was a hard hit, of course; but I have had plenty of others as hard, and yet I have managed to get over them — even to pay back a few of them, and here I am still, like the mackerel in our nursery book（I forget its name）, 'A live and kicking, oh！' This is my last kick though; and then, tomorrow morning, and — 'Finita la Commedia！' You and I will translate that: 'The variety showis over'; and will give thanks to the gods that they have had, at least, so much mercy on us.It is not much, but it is something; and for this and all other blessings may we be truly thankful！"

译 "因此，你听我说，亲爱的，你大可不必为打我耳光的那件往事感到伤心。当然，那是个沉重的打击，但同样沉重的打击，我已经受过好多次，而且我都挺过来了——有几次我甚至还曾予以回击。而现在我还是好端端的，就像我们小时候一块看的幼儿读物（书名我忘记了）里描写的那条鲭鱼：'活蹦乱跳的，哦！'不过，这是我最后的一跳了。到明天早晨，'喜剧就收场了！'你我不妨把它翻译为'杂耍就要收场了！'同时，你我还得感谢众神，他们至少已对我们发了慈悲。虽然算不上大慈大悲，但总算还是发了些慈悲；对这点慈悲以及其他种种天恩，我们理当真心感激才是！"

这是《牛虻》尾声部分亚瑟致吉姆诀别信中的第二段。诀别信通篇用的是亲切随便的口语语体，表明他们之间的关系是亲密的，翻译时要注意保持语气的一致。在本段中，亚瑟对吉姆一是劝慰：劝她忘记打他耳光一事。二是宽慰：用乐观的话语感染她。三是安慰：从对众神的感谢中寻求安慰，这是西方文化习俗使然，同时伴随着体谅、体贴、爱抚等真挚情感的交流。这诸多表达内容的变换、不同语气的转换和各种逻辑关系的体现，都是依赖12个连接成分来完成的。因此，从某种意义上讲，该段落被翻译的效果如何，在很大程度上取决于对这些连接成分语义的把握和衔接功能的转换处理得是否准确得当。

如前所述，英语使用关联词语的频率超过汉语，英译时不妨根据英语表达的习惯，在合适的地方补出汉语原文没有或未明白表达出的关联词语，使译文既符合原意，又通顺可读。

例 燕子去了，有再来的时候；杨柳枯了，有再青的时候；桃花谢了，有再开的时候。但是，聪明的你告诉我，我们的日子为什么一去不复返呢？——是有人偷了它们吧！那是谁？又藏在何处呢？是它们自己逃走了，现在又到了哪里呢？

译 Swallows may have gone, but there is a time of return; willow trees may have died back, but there is a time of regreening; peach blossoms may have fallen, but they will bloom again.Now, you the wise, tell me, why should our days leave us, never to return ? If they had been stolen by someone, who could it be ? Where could he hide them ? If they had been stolen by someone, then where could they stay at the moment ?

语段原文选自朱自清的散文《匆匆》。作者借与燕子、杨柳、桃花的对比，感叹时光匆匆、岁月无情。译文开头"but there is a time of return...but there is a time of regreening...but they will bloom again."使用了三个 but，后又使用了一个 now，让读者感受到强烈的情感迸发，紧接着使用的两个由 if 引导的条件状语从句，使语气缓和下来，让人们为寻找答案而静心思考。可以看出，连接手段的增补体现了译者的用心，为我们欣赏原文提供了独特的感情视角。

例 温哥华的辉煌是温哥华人智慧和勤奋的结晶，其中包括多民族的贡献。加拿大地广人稀，国土面积比中国还大，人口却不足 3000 万。吸收外来移民，是加拿大长期奉行的国策。可以说，加拿大除了印第安人外，无一不是外来移民，不同的只是时间长短而已。温哥华则更是世界上屈指可数的多民族城市。现今 180 万温哥华居民中，有一半不是在本地出生的，每 4 个居民中就有 1 个是亚洲人。而 25 万华人对温哥华的经济转型起着决定性的作用。他们其中有一半是近 5 年才来到温哥华地区的，他们使温哥华成为亚洲以外最大的中国人聚居地。

译 The prosperity of Vancouver, to which many ethnic groups have contributed, is the crystallization of its people's wisdom and industriousness. Canada, a sparsely populated big country, has a territory larger than that of China, but only a population of less than 30 million.Admitting immigrants has therefore become the long-term national policy pursued by Canada.It is safe to say that the Canadians, aside from the Indians, are all immigrants, who differ from each other only in how long they have lived in the country.Vancouver is one of the few multinational cities in the world.Among the 1.8 million residents in Vancouver, half were born outside the country, and of every four residents one comes from Asia.The 250 thousand Chinese immigrants have played a decisive role in the economic transformation of Vancouver.Half of them have come to the Vancouver area within the past five years, turning it into the largest Chinese settlement outside of Asia.

这段文字是对加拿大著名港口城市温哥华的简要介绍，语言清晰流畅，理解起来并不困难。但是原文少数句子与句子之间、句子内部各成分之间的逻辑关系和语义关系不是很明确，译成英语时应根据英语的表达习惯灵活转换。因此在翻译时，增加了许多外在形式的连接手段，如"Admitting immigrants has therefore become the long-term national policy pursued by Canada."中的 therefore，还有"but only a population of less than 30 million."中的 but，以及"and of every four residents one comes from Asia."中的 and 等。这些关联词语的使用对本段的成功翻译至关重要。

2. 省译或增译主语及其他成分

汉译英要突出主语，英译汉则反之，需突出主题。为使汉语译文表达得通顺地道，一些句子的主语可以省去，有的主语甚至必须省去。下面是美国独立战争前夕著名政治家帕特里克·亨利一篇著名演说的节录及其汉译。

例 They tell us, Sir, that we are weak, unable to cope with so formidable and adversary.But when shall we be stronger？ Will it be the next week, or the next year？ Will it be when we are totally disarmed, and when a British guard shall be stationed in every house？ Shall we gather strength by irresolution and inaction？ Shall we acquire the means of effectual resistance by lying supinely on our backs and hugging the delusive phantom of hope, until our enemies shall have bound us hand and foot？ Sir, we are not weak if we make a proper use of those means which the God of nature hath placed in our power.

译 先生，他们说我们力量小，不是这强敌的对手。但是什么时候我们才会强大起来？下星期还是明年？是不是要等我们完全被解除武装、家家户户都驻扎了英国士兵的时候？我们迟疑不决、无所作为就能积聚力量吗？我们高枕而卧、苟安侥幸，等到敌人使我们束手就擒时，我们就能找到有效的御敌办法？先生，如果能恰当地利用万物之主赋予我们的力量，我们并不弱小。

原文两个"Will it be...？"问句中的 it 都指示时间，是必不可少的，但在译文中都被省略了。汉译两个问句的意思已经很清楚了，如译出主语"它"便有蛇足之嫌。末句"if we make a proper use of those means which the God of nature hath placed in our power"中的 we 在英语里也是不可或缺的，缺了就是严重的语法错误，但汉译"如果能恰当地利用万物之主赋予我们的力量"中这个"we"也被省了，这一省却使句子简练轻快。因此主句"we are not weak"的主语是"我们"，省略 if 从句的主语"我们"不会引起任何误解。

我国学习英语的人受到母语的影响，汉译英有时忘记给句子安排主语，写出了错句；英译汉时却不顾汉语的习惯，往往不折不扣地如数译出原文的每个主语，致使译文读起来很不通顺。在翻译中，这两种倾向都需注意。

例 The concerns which fail are those which have scattered their capital, which means that they have scattered their brains also. They have investments in this, or that, or the other, here, there, any and everywhere, "Don't put all your eggs in one basket" is all wrong. I tell you put all your eggs in one basket, and then (you) watch that basket. (You) Look round you take notice. men who do that do not often fail. It is easy to watch and carry the one basket. It is trying to carry too many baskets that break most eggs in this country. He who carries three baskets must put one on his head, which is apt to tumble and trip him up. One fault of the American business man is lack of concentration.

译 失败的企业是那些分散了资金，因而意味着分散了精力的企业。它们向这件事投资，又向那件事投资，在这里投资，又在那里投资，方方面面都有投资。"别把所有的鸡蛋放进一个篮子"之说大错特错。我告诉你们，要把所有的鸡蛋放进一个篮子，然后照管好那个篮子。注视周围并留点神，能这样做的人往往不会失败。管好并提好那个篮子很容易。在我们这个国家，想多提篮子的人打碎的鸡蛋也多。有三个篮子的人就得把一个篮子顶在头上，这样就很容易摔倒。美国企业家的一个错误就是缺少集中。

原文的第一句中，they 和 "The concerns which fail" 是同一关系，即重复前句的主位。"have investments…, any and every where" 和 "don't put all your eggs in one basket" 在意义上是等值关系，即前一句的述位发展成为后一句的主位。"(You) Look round you take notice. men who do that do not often fail" 中的 "do that" 指的是 "Look round you" 和 "take notice"。译者在分析了各句后，基本以段落里的句子为翻译单位，同时考虑到了译文应符合汉语句子的习惯。把 "Don't put all your eggs in one basket" 译成汉语时在其后加上 "……之说"，尽量做到了最大限度的等值翻译。

例 希伯牺牲了。他是一个著名记者，却是以一个战士的身份在战场上牺牲的；他是一个欧洲人，却是在中国的抗日战场上牺牲的。为支持中国人民抗日战争而以各种方式进行斗争的外国友人很多，但是，穿上八路军的军装、拿起枪来同法西斯强盗战斗而死的欧洲人，他是第一个。希伯同志用鲜血和生命支援了中国人民的神圣的民族解放战争。在山东抗日战场上最严峻、最困难的一段时间里，他不避危险，与中国人民同生死、共患难，他是中国人民真正的朋友。

译　Shippe was a journalist who shed his blood as a soldier, a European who died on a battlefield in China.Many foreign friends supported the Chinese people's against Japanese war, but Shippe was the first European to put on the uniform of the Eighth Route Army and gave up his life in the fight against fascist invaders.He was the true friend a country or a people could have.

原文使用了较长的排比句、时间认知顺序和感情强烈的字眼与描述，就汉语表达而言收到了好的效果。为了适于英语读者解读，删去了原文中不宜英译的成分，如"用鲜血和生命支援了中国人民的神圣的民族解放战争。在山东抗日战场上最严峻、最困难的一段时间里，他不避危险，与中国人民同生死、共患难"，理顺了英语表达的逻辑顺序，用简练流畅的语言突出了对人物的塑造，在认知和思维表达上达到了与译文读者的同一，从而通过译文传递了与原文等效的信息。

例　"烟水苍茫月色迷，渔舟晚泊栈桥西。乘凉每至黄昏后，人依栏杆水拍堤。"这是前人赞美青岛海滨的诗句。青岛是一座风光秀丽的海滨城市，夏无酷暑，冬无严寒。西起胶州湾入海处的团岛，东至崂山风景区绵延80多华里的海滨组成了一幅绚丽多姿的长轴画卷。

译　Qingdao is a charming coastal city, whose beauty often appears in poetry. It is not hot in summer or cold in winter.Its 40-km-long scenic line begins from Tuandao at the west end to Laoshan Mountain at the east end.

原文中含有古诗词，这可以说是汉语旅游语篇的特色，中国读者读了会加深印象并从中得到艺术享受和美的熏陶。而一般外国读者就难以欣赏，他们会感到啰唆，不够简明。况且，旅游语篇往往附有彩色照片，外国读者可一目了然。因此翻译时省略古诗词的翻译，只对其大意一带而过，效果有时会更好。

例　每年的11月18日至21日，闻名遐迩的天涯海角国际婚礼节在风景秀丽的天涯海角举行。在这里，海天做证，山石为媒，一对对佳偶喜结良缘，丰富多彩的庆祝活动把婚礼节推向高潮。

译 From the 18th to the 21th of the November every year, couples from all over the world will gather at the famous Tianya Haijiao near Sanya City to celebrate their new marriage or wedding anniversaries.When referred to love and marriage, Tianya Haijiao in Chinese implies eternal relationship.It means that the sea and the sky, the stones and the mountains will act as the witness of love.The international wedding ceremony is highlighted with various interesting activities.

信息传达者应根据当时交际的需要提供适量的信息，而不应提供过量的信息。因此译文中，删减了"风景秀丽"等形容词，过滤了读者不需要的冗长信息。同时重组了句子结构,将原文主语"天涯海角国际婚礼节"在译文中变成了状语；并将"海天做证，山石为媒"两个信息量融合在一起成为一个完整的信息："…the sea and the sky, the stones and the mountains will act as the witness of love"。文中增加了"When referred to love and marriage, Tianya Haijiao in Chinese implies eternal relationship"来解释"天涯海角"在源语读者心中的意义，使目的语读者对"天涯海角"也产生浪漫的感觉，同时这句话引出下文。

（二）改变原段落组织结构，实现译文表述自然

就语义层次结构来说，汉语的语义发展是按螺旋形发展的。它没有明确的段落中心思想句,即主题句。它虽然也对一个意思（有时对数个意思）进行阐述，但这种阐述是顺着思想的自然发展，如流水或螺旋向前运动的，也就是说，段落的语义呈自然流动型。在语言上表现为汉语句式结构多为后重心，头大尾小。而按照英语的思维模式，英语的段落是循着一条直线发展的。在表达思想时，英语民族的思想更直截了当，以表达中心思想的句子开头，然后分几个方面对这一主题句进行阐述和发展。一层一层下来，段落的每一个句子既是它前面的句子在语义上的继续，又是对主题句的进一步发展。段落的最后一句不仅是对主题句的照应，而且又引出后面一段的意思。整个段落是按照逻辑推理严密组织起来的。在语言上表现为英语句式结构多为前重心，头短尾长。

例 Extracting pure water from the salt solution can be done in a number of ways.One is done by distillation, which involves heating the solution until the water evaporates, and then condensing the vapor.Extracting can also be done by partially freezing the saltsolution.When this is done, the water freezes first, leaving the salts in the remaining unfrozen solution.

译 从盐水中提取纯水的方法有若干种。一种是加热蒸馏法，另一种是局部冷冻法。加热蒸馏法是将盐水加热，使水分蒸发，然后使蒸汽冷凝成水。局部冷冻法是使盐水部分冷冻，这时先行冷冻的是水，盐则留在未曾冻结的液体中。

本段的译文经过颠倒句次，重新组合以后，层次更清楚，逻辑性更强，也更加符合汉语行文习惯。汉译时首先按顺序译出原文的第一句，因为这是一个总说句。下面两个句子是分述句。在翻译分述句时，原文的两个句子一个是非限制性定语从句，另一个是采取了用两个句子来说明第二种提取纯水的方法。根据汉语的表达习惯，首先把最主要的方法讲出来，然后分别细说，所以第二个译句是："一种是加热蒸馏法，另一种是局部冷冻法。"其余部分放在后面翻译。

第五节　实用文体翻译教学实践

一、文学文体的翻译实践

"文学作品常常折射出丰富的民族文化特色，承载着厚重的民族文化信息和悠久的文化传统，是语言的结晶。因此可以说，文学作品是文化的一部分。它既反映文化，又受文化的影响。再加上文学作品本身多采用典故、双关等修辞手段，在文学作品的翻译过程中必然产生两种文化的碰撞，文化差异就成为文学翻译中的一大难点。"文学作品的翻译不仅只是要通过语言的转化实现文字信息的传递，更重要的是能够把作家在作品本身中营造和渲染的艺术意境进行最大限度的保留，并通过翻译将其用另一种语言表达出来，从而使得不同语言环境下的读者在阅读时可以像欣赏原文一样从中得到文字和思想上美的享受和启发。

（一）散文翻译

散文是一种抒发作者真情实感、写作方式灵活的记叙类文学体裁。

翻译散文时，首先要准确把握原文的内容和风格；其次，要在语言、句式、结构、修辞等方面忠实地重现原文的内容与风格。这就是翻译散文的要领，忠实是翻译应当普遍遵守的原则，但想要实现好的散文翻译，不仅要忠实于内容，忠实于风格，还要发挥语言的表现功能，以期获得与原文意义和风格等值的文字。语言风格的传达最终是要通过语言符号的转换，因此在翻译中先要领会原作的遣词造句、篇章结构、修辞手段等。这就是捕捉原文的风格信息。而且，在转换原作的语言符号、传译原作的语言风格时，不可避免地会遇到文化差异所造成的各种困难。这就要求译者努力借助各种恰当的语言现象和手段，破译文化差异，求得原作和译作在语言内容和风格上的一致。

  例 蔷薇的花色还是鲜艳的，一朵紫红，一朵嫩红，一朵是病黄的象牙色中带点儿血晕。

  译 They were still fresh in color. One was purplish-red, another pink, still another a sickly ivory-yellow slightly tinged with blood-red.

  汉语是主题显著语言而英语是主语显著语言。原句中主题只有一个但主语却有两个。张培基先生按照英语语言的结构方式把原句分为两句来译，运用了归化的翻译方法。原句中有三个"一朵"作为量词来用，从汉语来看其相互关系是并列的，译者却按照英语读者的思维模式将其归化译为"递进"关系，用"one...another...still another..."的句式使译文变得非常地道。

  例 因为这中间，有的是萝卜、雅儿梨等水果的闲食……

  译 because there are lots of eats for them, like dried turnip, yali pears and other fruits...

  "雅儿梨"是中国一种特有的水果。译者运用异化翻译方法处理为"yali pears"，将中国文化中特有的雅儿梨移植到了英文中。

  例 The first snow came, How beautiful it was, falling so silently all day long, all night long, on the mountains, on the meadows, on the roofs of the living, on the graves of the dead！All white save the river, that marked its course by a winding blackline across the landscape; and the leafless trees, that against the leaden sky now revealed more fully the wonderful beauty and intricacies of their branches, What silence too, came with the snow, and what seclusion！Every sound was muffled, every noise changed to something soft and musical, No moretramping hoofs, no more rattling wheels！Only the chiming of sleigh bells, beat-in gas swift and merrily as the hearts of children.

译 初雪飘临，多么美啊！它整日整夜那么静静地飘着，落在山岭上，落在草地上，落在生者的屋顶上，落在逝者的坟墓上！在一片洁白之中，只有河流在美丽的画面上画出一道曲曲弯弯的黑线；还有那叶儿落净的树木，映衬着铅灰色的天空，此刻更显得枝丫交错，姿态万千。初雪飘落时，是何等的宁谧，何等的幽静！一切声响都趋沉寂，一切噪声都化作柔和的音乐。再也听不见马蹄嘚嘚，再也听不见车轮辘辘！唯有雪橇叮咚的铃铛，奏出和谐的乐声，那明快欢乐的节拍犹如孩子们心房的搏动。

西方人重形式分析和逻辑推理，注重由一到多的思维传统，因此英语语言具有高度的形式化和严密的逻辑性。如果完全按照源语的句法结构，译成汉语之后，译文晦涩难懂。这篇译文不注重空间构架的完整，而采用线形的流动转折，追求流动的韵律节奏，不滞于形，以意统形，自上而下是一个形散意合的系统。这种手法巧妙地表达出了原文的动静反衬感觉，充分体现了原文的语言风格。"The first snow came"译成"初雪飘临"，一种轻柔的动感穿透而出，令人感受至深。第二句"How beautiful it was, falling so silently all day long, all night long, on the mountains, on the meadows, on the roofs of the living, on the graves of the dead"特意分成两句来译，变换结构，却毫不失去内容和语言风格。其重复特征达到意境创造的效果，体现了原文的哲理性，因为"生者"与"逝者"使人想到"生生灭灭"的人类繁衍与消逝，与时空的无限形成对照。"世人"有芸芸众生、世俗之人的心理感受。大雪日夜不停地纷纷飘落，难以停息，自然万物，不择生死，由物及人，给人以人生苦短而时空无限的哲理思考。随后的译文"在一片洁白之中"追求一个纯净的世界，一个超尘拔俗的境界。结尾巧用拟声词"马蹄嘚嘚""车轮辘辘""叮咚的铃铛，奏出和谐的乐声"产生了较强的音响听觉效果，与上文所传达的宁谧与幽静的感觉效果形成对照，给读者带来心理上的反应，追求精神上的崇高境界，显示了大自然与人类世界的盎然生机。

（二）小说翻译

小说是一种通过塑造人物形象、叙述故事、描写环境来反映生活、表达思想的文学体裁。人物、情节和环境三要素构成完整的小说世界。小说能够充分表现出丰富多彩的旨趣、情况、人物性格、生活状况乃至整个世界的广大背景。

翻译小说除了一般翻译应当遵守的原则与方法外，还需要注意寓意在小说中的翻译。这里涉及不同文化对小说翻译的影响。不同的文化使不同语言体系中对同一对象的描述拥有了附加意义,中西方不同的生活习惯、不同的地理特征和不同的文化背景,使得中西方人民对不同事物形成了各自的偏好,赋予了丰富的文化内涵和情感内涵。文化是一个很大的范畴,不仅仅是书面语言能体现一个民族的文化,动作、神态乃至生活的各方面无一不体现出一个民族的文化特点。寓意指不在字面而在字里行间的隐含意义,这需要译者细心体察,在翻译中注重两种文化的差异,采用不同的翻译技巧,忠实、通顺、贴切地表达出原作的意思。

例　If not by his mouth, to the lowest pit in the infernal regions.

译　即便嘴里不说,心里也要诅咒我下到十八层地狱里去。

"十八层地狱"是汉语中人们很熟悉的一个词语。似乎这一译法非常地道,但是仔细推敲就觉得欠妥当了。西方国家信仰的是基督教,没有用"十八层地狱"来表达罪孽深重到极点的典故。因此,将其异化为"下到地狱的最底层"更能准确传达出原文的含义。

译者能体察出作者的寓意,在翻译过程中,恰如其分地再现寓意绝非一件容易的事。译者再现原作寓意时,一定要把握原文的风格、韵味、文化特点,切忌将寓于字面背后的含义在译文的字面上袒露无遗,而应当想方设法采用与原作同样含而不露的方式再现原文所暗示的文化心理内涵。译作在意境上求其思想、情感、寓意等值,语言简明洗练,文字朴实,无斧凿痕迹、画蛇添足之嫌。

例　A kidncy oozed blood gout son the willow patterned dish: the last.He stood by the nextdoor girl at the counter.Would she buy it too, calling the items from a slip in her hand.Chapped: washing soda.And a pound and a half of Denny's sausages.His eyes rested on her vigorous hips.Woods his name is.Won-der what he does.Wife is oldish.New blood.No followers allowed,

译　一副腰子在柳叶花纹的盘子上渗出黏糊糊的血:这是最后的一副了。他朝柜台走去,排在邻居的女仆后面。她念着手里那片纸上的项目。也买腰子吗?她的手都皲了。要一磅半丹尼腊肠。他的视线落在她那结实的臀部上。她的主人姓伍兹。也不晓得他都干了些什么名堂。他老婆已经上岁数了。这是青春的血液。可不许跟在后面。

这是《尤利西斯》中的一段经典。原文使用冒号和各种短句,将一系列动作和思维连在一起。这段文字是对人物内心的描写,从其结构看来其连贯性并不容易在形式上体现,但是追究起语篇意义来,句子之间实际上是有密切关联的。文本的译者没有盲目地为追求形式连贯而改变文章的结构。译者深知如果按照自己的理解把人物内心世界一一剖析开来似有英语文化失真之嫌。因此，译文选择对这种特殊形式的保留，如"也买腰子吗？她的手都皱了""这是青春的血液""可不许跟在后面"等，其实这更能使中国读者了解异国风情，欣赏源语文化。

（三）诗歌翻译

诗歌是一种主情的文学体裁，它以抒情的方式，用丰富的想象，富有节奏感、韵律美的语言来抒发思想情感。诗歌以最精练的言语负载最丰富的信息，在非常有限的空间里最大限度地传送着事物内在的深邃和意象。诗歌不像小说、散文有足够的空间让作者去塑造完整的形象，而是必须结合审美主体的悟性，将得来的感知表象最大限度地"显像"，使读者最大限度上与作者内心的意象靠近，从而获取审美体验。

诗歌翻译要求在忠实原文的同时，还要求音美、形美、神韵的表达以及文化意境的传达。所谓意境，是指作者的主观情思（"意"）与客观自然的景物或生活画面（"境"）相融合的艺术境界，即外在物与内在情的自然融合。"意"与"境"之间相互依存、相互渗透，也就是"意中有景，景中有意"。意境作为诗歌最高层面，其在翻译中能否等效传达，一直是翻译界讨论之焦点。

许渊冲认为，文学翻译不仅是两种文字的统一，还应是两种文化的统一。在《翻译的标准》一文中，许渊冲针对诗歌的美学特征提出诗歌的翻译标准，"至于诗歌，尤其是格律诗的诗词，我提出过，要尽可能传达原诗的意美、音美、形美"[①]。比如，他翻译杜甫的诗《登高》。

例　无边落木萧萧下，不尽长江滚滚来。

译　The boundless forest sheds its leaves shower by shower; The endless river rolls its waves hour after hour.

这个译文做到"意美、音美、形美"。意美这里就不赘述了。下面说一下音美、形美。"无边落木"的"木"后面接"萧萧"，两个草字头，草也算木；"不尽长江"中的"江"是三点水，后面的"滚滚"也是三点水，英语的译文要体现这一形美的特征是很难的。草字头，译者就用重复"sh"（sheds、shower）的译法，三点水则用重复"r"（river、rolls、hour）的译法，这样体现了原诗的音美和形美。

---

① 许渊冲. 翻译的标准 [M]. 北京：五洲传播出版社，2006.

例 十五始展眉，愿同尘与灰。常存抱柱信，岂上望夫台。

译 At fifteen, I stopped scowling. I desired my dust to be mingled with yours. Forever and forever and forever. Why should I climb the lookout？

译文保持了原诗的整体韵味和诗歌意象，但是"常存抱柱信"却没有译出来，但这并没有损害原诗意的传达，可以说是一种异化翻译方法。

例 春光在眼前，争奈玉人不见。

译 With beauties of the spring in view. It grieves me not to see her face of rosy hue.

在中国文化中，美人被比作玉人，但在西方文化中美人则被比作艳丽的玫瑰。原文中"玉人"被依照西方文化归化译为"her face of rosy hue"，使得西方读者更易理解原诗的意境之美。

例 Able was I ere I saw Elba！

译 落败孤岛孤败落。

其中"ere"是古英语，意思相当于现在的"before"。全句意思是"自来厄岛，无复纵横矣"或"在我看到 Elba 岛之前，我曾所向无敌"。据说这是拿破仑落败后，遭放逐于厄尔巴孤岛时讲过的一句话。英文原文不论是从左到右，还是从右到左看，字母的排列顺序都是一样的，意思完全不变。这样的文字游戏，英文叫作 palindrome（回文）。巧妙的语言，道出英雄落魄后的荒凉心境。译文堪称经典，达到了"意美、音美、形美"的统一。而且译文本身也是个回文句，"落败"表示拿破仑滑铁卢战败后被囚于该岛，"败落"则指拿破仑的穷途末路，而且"孤岛"代替厄尔巴岛更能体现拿破仑的处境。在中国古代，皇帝称自己为"孤"，所以第二个"孤"指的就是拿破仑。

二、科技文体的翻译实践

（一）科技文体的特点

科技英语由于其内容、使用范围和语篇功能的特殊性，也由于科技工作者长期以来的语言使用习惯，形成了自身的文体特点，这些特点主要表现在词汇、句法以及篇章结构等语言层面上。时态变化不明显。汉语里的动词无时态变化，动词所发生的时间往往是通过时间状语表示。科技英语倾向于动词的现在时，尤其多用一般现在时来表述科学定义、定理、方程式、公式的解说、图表的说明以及自然现象、过程、常规等。在语态方面，汉语中主动语态使用较多，而英语中被动语态使用较多。汉语和英语的科技实用文中，句子结构都较为复杂。由于表述的概念复杂，为使之逻辑严密，结构紧凑，节省篇幅，科技文章中往往出现许多长句。这些句子通常为结构复杂的复合句，有较多的修饰成分、并列成分，各种短语或从句。在人称的使用上，强调文章内容的客观性。汉语中常使用"笔者""我们""本文"，而不是用"我"来充当得出某一结论的主语。英语中则常用"the authors have in vestizated..." "This oaoer illustrates..."等句式。

（二）科技文体的翻译赏析

科技文体的翻译中，要尽量再现以上特点。为了使读者能清楚地了解相关的科技信息，在尽量用词简练明了准确的基础上，句法方面要注重句型扩展、连接手段多样化、多用修饰性的短语，使对客观事物的描述尽可能准确、完整、逻辑严密。要对科技文体进行确切的翻译，无论是英译汉还是汉译英，首先应理清句子的层次，判明各层意思之间的语法及逻辑关系，再运用各种翻译表达技巧和专业知识，将各层意思准确地译出。

例　About Electricity

While the exact nature of electricity is unknown, a great deal is known about what it can do.By the mere closing of a switch, buildings are lighted, wheels are turned, ice is made, food is cooked, distant voices are heard, and countless other tasks-ordinary and extraordinary-are performed.Although a great number of uses for electricity have been discovered and applied, the field is by no means exhausted.Electric machines and devices that have been in use for many years are being improved and are now finding wider fields of application.Extensive research is constantly bringing forth and developing new devices.Much is still to be learned about electricity.

Electricity is a convenient form of energy.It is well known that when fuels such as coal, oil, and gas are burned, energy is released.A waterfall, whether it is manmade or natural, also possesses energy.Yet, to be of value, this energy must be made available at points where it can be used conveniently.

Electricity furnishes the most practicable and convenient means yet devised for doing this.The energy of burning fuel or of falling water is changed to a more convenient form-electricity by electric machines.It is transmitted to distant points over electric circuits.It is controlled by other electric machines.

At points where it is to be used, it is convened into useful work by still other electric machines and devices.

Since electricity is a form of energy, the study of electricity is the study of energy, its conversions from one form to another, and its transmission from one point to another.The electric machines are energy transmission devices and electric circuits are energy transmission devices.

Although no one knows precisely what electricity is, it has been possible to develop theories about electricity through experiment and by observation of its behavior.As a result, it is now believed that all matter is essentially electrical in nature.

译 关于电

尽管电的确切性质人们还不清楚,但对电能做些什么已了解得很多了。只需合上电闸,房屋便可照亮,轮子便可旋转,冰就可以制出,饭就可以做熟,远处的声音便可听见,还有无数其他工作——平常的和不平常的——都能进行。虽然已经发现了电的大量用途并已付诸实践,但这绝不是尽头。已经应用了许多年的电机和设备还在不断改进,开辟更为广阔的应用领域。通过广泛的研究,人们正在不断创造和改进各种新的电器设备。对于电,还有许多问题有待探明。电是一种方便的能量形式。众所周知,煤、油和天然气之类的燃料燃烧时,会释放出能量。瀑布,无论是人工的还是天然的,也具有能量。但是,要想使能量有价值,就必须使它在使用方便的地方能被用上。电为此提供了到目前为止所发现的最方便可行的手段。借助于电机,燃料燃烧或水流下落所产生的能量可转换成更为方便的形式——电。电再通过电路传输到远处,它由另外一些电机来控制。在使用场所,还有另外一些电机和设备把电转化成有用的功。因为电是能量的一种形式,研究电就是研究能量,研究能量从一种形式到另一种形式的转换,从一个地点到另一个地点的传输。电机是能量转化的设备,电路是能量传输的设备。尽管没有人精确地知道电是什么,但人们却能够通过实验和对电的表现的观察建立起各种理论。结果,人们现在已认识到,一切物质从本质上讲都是带电的。

本文是典型的科技语篇,首要特征是多被动句,根据英国利兹大学 John Swales 的统计,科技英语中的谓语至少 1/3 是被动语态。这是因为科技文章侧重叙事推理，强调客观准确。第一、二人称使用过多，会给人造成主观臆断的印象。因此尽量使用第三人称叙述，采用被动语态，如"a great deal is known about what it can do""and countless other tasks—ordinary and extraordinary—are performed""energy is released"等，这是因为英语句子以"主语+谓语动词"为形式框架，当主语是承受者时一般要将谓语动词变为被动语态，于是就出现了被动句。科技英语用被动句的频率很高。汉语与英语不同，汉语的被动概念常常是语义上的，而不是语法上的。基于英汉在被动概念表达上的差异，英语被动句汉译时常采取下面一些对策。（1）译为带有"被、受、由、把、予以、遭、挨"等被动意义词语的句子。（2）原主语不变，在用词和结构上进行某些调整，译文是主动结构形式。如"and countless other tasks—ordinary and extraordinary—are performed"，译成"还有无数其他工作——平常的和不平常的——都能进行"。（3）译文中另立主语，主语来自原句或原句上下文。如"a great deal is known about what it can do"译成"人们……但对电能做些什么已了解得很多了"。（4）译成无主句。"Although a great number of uses for electricity have been discovered and applied"译成"虽然已经发现了电的大量用途并已付诸实践"。译文行文流畅达意是对译者的基本要求之一。而要达到这一要求，译文语句间的衔接是关键之一。所谓衔接，即用语法和词汇手段所达到的行文连贯。这里主要谈代词使用对行文连贯的影响。英语中代词使用频率比汉语高，连接词语用得也比汉语多，翻译时应注意英汉的这一区别，顺应汉语的行文习惯。英语使用代词，是一种衔接手段，即用语法和词汇手段所达到的行文连贯。如"Since electricity is a form of energy, the study of electricity is the study of energy, its conversions from one form to another, and its transmission from one point to another"中的两个its。汉语中的指示代词很少，只要上文已有所交代，省去指示代词，不但所指不会混淆，而且会使行文更为流畅。如译文"因为电是能量的一种形式，研究电就是研究能量，研究能量从一种形式到另一种形式的转换，从一个地点到另一个地点的传输"中省去了"研究能量"。译文行文流畅达意是对译者的基本要求之一，要达到这一要求，正确理解和翻译原文语句间的衔接是关键。总之，科技文体以客观事物为中心，追求逻辑上的条理清楚和思维上的严谨周密，在翻译时要注意用词准确，论述逻辑严密，表述客观，行文简洁通畅，忌用修辞手段。只有深入分析、掌握科技英语的文体特征，了解其与普通英语之间的文体差异，才能更好地运用科技英语。

三、商务文体翻译实践

(一) 商务信函

商务信函就其具体使用功能和目的来说,又可分为:商洽函、询问函、请求函、告知函、拒绝函、投诉函、致歉函、建议函、感谢函、邀请函、慰问函、祝贺函、推销函、联系函等。商务信函的翻译主要是指信件正文的翻译。

例 20 March, 2006

Dear Sirs,

Having had your name and address from the Commercial Counselor's office of the Embassy of the People's Republic of China, we now avail ourselves of this opportunity to write to you in the hope of establishing business relations with you.

We have been both importers and exporters of Arts and Crafts for many years. In order to acquaint you with our business lines, we enclose a copy of our Export List in regard to the main items available at present.

If any of the items be of interest to you, please let us know. We shall be very pleased to give you our lowest quotation upon receipt of your detailed requirements.

We expect to receive your enquiries soon.

Yours faithfully,

Enel. As stated

译 尊敬的先生:

我们从中华人民共和国驻华大使馆商务参赞处获悉贵公司名称和地址,现借此机会致函,希望与你们建立业务联系。

我公司从事工艺品进出口业务已多年。为方便你们熟悉我们的经营范围,随函附上我公司目前主要出口产品一览表一份。

倘若你们对我方产品感兴趣,请来函告之。得知你方的详细需求量,我们即提供最低报价。

盼早日回复。

诚挚问候

2006 年 3 月 20 日

附件:如文

这是一封建立业务关系的商务信函。写信人首先表达了与对方建立业务关系的愿望，并做了简单明了的自我介绍。随后提供了对方可能感兴趣的相关信息，如出口产品一览表、报价等。此信无论从用词还是句式上看，都非常正式，而且语言简练，礼貌得体。在翻译时应尽量体现出这些特点。

正文的第一句话很长，这在正式公文中经常出现。我们可以采用分译法来翻译。把句中"Having had your name and address from…"前增译主语 we，使之变为一个句子。介词短语"in the hope of establishing business relations with you"译为"希望与你们建立业务联系"。

"We now avail ourselves of this opportunity to write to you"一句的表达较为正式，若翻译为"我们现在利用这个机会给你们写信"，虽然准确地表达了原文的意思，但语气上显得过于口语化。改译为"我们现借此机会致函贵公司"，则更能体现原文的文体特点，同时也使译文更为简洁精练。

"We have been both importers and exporters of Arts and Crafts for many years"需要用到译者的翻译技巧。如果直译为"多年来，我们一直是工艺品的进口商及出口商"，显然不符合汉语的表达习惯，也不能使读者对语言信息一目了然。因此，可转译为"我公司从事工艺品进出口业务已多年"，读起来更为地道、简洁、专业。

"If any of the items be of interest to you, please let us know"一句比较客气，体现了商务信函设身处地为对方考虑这一特点，所以译文要尽量与原文保持一致，语气要委婉客气。

（二）商务合同

合同在商务活动中占有重要地位，它具有法律效力，是商务活动中的一种法律凭证。具体来说，商务合同是指在商务贸易活动中规定双方责任以及义务的重要文件，在国际贸易中还常作为法律文书使用。"商务英语合同中，名词化结构比动词结构更加言简意赅、更加正式。适当地加入名词化结构，能够提升书面合同写作的准确性、严谨性，从而使句式整齐直观、语气加强，语言更有说服力，表达法律效力的效果也会更加强烈。"下面是常见的合同开头部分。

例　CONTRACT

This contract is made by and between the Buyers and the Sellers; where by the Buyers agree to buy and the Sellers agree to sell the under-mentioned goods subject to the terms and conditions as stipulated below: …

译 合同

兹由买卖双方签订本合同。经双方同意，按照下列所订条款，由买方购进，卖方售出以下商品：……

本句第一部分是被动语态，翻译时要译为主动语态，把"the Buyers and the Sellers"作为主语。"by and between"这个并列结构在合同中经常出现，体现出合同语言的严谨性，意思是"由……并在……之间"。但翻译时，我们可以不译为"由买卖双方并在买卖双方之间签订"，而直接译为"由买卖双方签订"，使译文更为简洁、清楚。

应注意"the Buyers agree to buy and the Sellers agree to sell..."这部分的翻译技巧。如按原文顺序译为"买方同意买进，卖方同意卖出……"，则显得啰唆、烦琐。可以在不改变原文意思的基础上灵活翻译为"经双方同意……由买方购进，卖方售出……"。

第七章 英语翻译教学现状与策略

第一节 英语翻译教学现状

本节以大学英语课堂为例，对英语翻译教学现状展开分析。

一、教学目标方面

教学目标定位是大学英语翻译教学的首要环节。关于教学目标的定位即确定大学英语翻译教学所要达到的目标或者说教学活动的意图是什么。然而在大学英语翻译教学目标方面存在一些问题。

（一）在翻译教学目标定位上过分关注认知、技能等目标，大学英语翻译教学对于过程等目标重视不够

高等学校课程改革要体现出三维目标："知识与技能""过程与方法""情感、态度及价值观"。"知识与技能"目标就是过去的"双基"目标，是学生对知识的掌握和能力提高的目标，是最基本的目标。"过程与方法"目标也就是学生获取知识掌握技能的程序、门路、措施等，是高等学校课程目标体系中重要的组成部分，有效实现此目标，可以使学生受益终身。"情感、态度、价值观"实际上就是判断事物好坏和行为的标准。"情感、态度、价值观"目标是做人、做事的目标。正确理解三维目标之间的关系，是有效实现三维目标的前提条件。

通过有关调查发现，大学英语在翻译教学目标定位上过分关注认知、技能等目标，对于过程与方法、情感、态度等目标重视不够。

学生对大学英语翻译教学的概念和目标非常模糊，一些学生表示出对翻译学习的兴趣却不知道为什么学，从教师对大学英语翻译教学的目标理解来看，

他们更多地把翻译当作语言教学的手段而不是语言教学的目的。由此在教学中过分关注认知、技能等目标,对于过程与方法、情感、态度等目标则重视不够。另外,部分教师分不清什么是教学翻译,什么是翻译教学,导致了在实际教学中忽略翻译理论和翻译技巧的讲授,使得翻译教学成了语法教学的附庸。由于教师对大学英语翻译教学的目标定位不清楚直接导致在大学英语教学中可有可无的地位。

（二）大学英语翻译教学以课本为中心,忽视学生的实际学习需求

以学生发展为本,是高校课程改革的精神内核。在教学论中,一直有"老三中心"与"新三中心"的论辩。"老三中心"是指以教师、系统书本知识和课堂教学为中心的传统教学体系。它以赫尔巴特的重视知识传授的教学理论为依据,主张在教学中以传授系统知识为主要目的,以课堂讲授为主要组织形式,要求树立教师的绝对权威作用,是传统教学论的重要主张和主要特征。"老三中心"强调系统知识的摄入,重视基础知识和基本技能的获得,对于学生形成完整的知识结构,大面积、高效率地传递教学内容,提高教学质量等有非常重要的作用。"新三中心"是指在教学过程的要素结构中,"以学生为中心";在教学内容的选择上,"以经验为中心";在教学过程的组织上,"以活动为中心"的现代教学体系。它是以杜威的进步主义教育理论与实用主义教育思想为基础发展起来的教学过程体系。"新三中心"强调学生的主体作用,强调学生自身内在的发展,强调直接经验,注重实践,重视活动的开展和教学形式的多样化,鼓励学生在教学中通过自己的探索钻研,自己去发现事物的本质和规律。因此它非常重视学生创造能力、探究能力和其他智能的发展与培养,尊重学生的个性,注意学生亲身参与社会实践能力的培养。

目前的翻译教学以课本为中心,只关心教学任务的完成,忽视学生的实际需要,也是对当前社会需要的漠视。随着信息时代的到来,国际社会间的交往频繁而迅速,在这种社会环境中,既懂专业又会翻译的复合型英语人才显得更加供不应求。

大学英语教学的对象是来自各个专业的学生,他们通过四年系统的学习能够很好地掌握本专业的知识和技能,而英语的学习则为他们接触国际社会提供了可能。复合型英语人才不仅要能用该种语言进行听说,还要能进行读写,更

要能进行翻译,这对于其行业的发展是必不可少的。这就对进行大学英语学习的学生提出了新的要求,他们不仅应具备英语听、说、读、写的能力,还应具有一定的翻译能力。同时这也为大学英语翻译教学的发展提出了新的目标。翻译不再仅仅是翻译专业的学生必备的一种能力,而是所有的英语学习者必须掌握的一种能力。只有全面地掌握了听、说、读、写、译五种能力才真正具备了运用该语言的综合能力,才能够促进学生的个人发展,使其成为既懂专业又会翻译的复合型人才。

二、教学内容方面

(一)大学英语翻译教学内容选择单一

教材是教学内容的主要载体,是进行具体教学活动的主要依据。从目前的大学英语教材来看,针对非英语专业的学生缺乏专门的英汉互译教材,而相比之下,为提高听读能力已有专门编写的听力、精读、泛读和快速阅读教材。因此,对学生翻译能力的培养主要是贯穿在精读课的教学之中。然而,从精读教材(或综合教程)的编排上来看,为学生所提供的训练翻译技能的练习无论是从量上来讲还是从质上来讲都是不足的。以某高校英语教学与研究出版社出版的《新视野大学英语》读写教程和《新编大学英语》为例做简要说明。在《新视野大学英语》中,每个单元课文后的翻译练习中只有5个汉译英的句子,且这些句子主要是围绕课文中出现的词、短语和句型进行巩固性操练。而在《新编大学英语》中,每个单元课文后的翻译练习由5个汉译英句子组成,练习形式的设计也只停留在单句上,没有段落、短文的翻译。显然,这两套教材存在一个共同缺陷,就是翻译练习在很大程度上只被作为巩固课文中所学语言知识的手段,是被用来检查学生对语言知识的理解程度的。而实际上,翻译更是学生应掌握的五种基本语言技能之一,在教学实践中,翻译能力的培养既需要理论、原则和方法的指导与传授,又需要大量的翻译实践来配合。

目前大学英语翻译教学在内容选择中形式比较单一,往往局限于教材课后练习中的汉译英句子翻译,远远不能满足学生对翻译理论和技巧学习的需要,更不用说激发学生翻译学习的兴趣或者与学生专业相结合,以满足他们毕业后在工作中对翻译能力的需要。

（二）教学内容的选择缺乏系统性、条理性

教学内容是教学目标的具体化与现实化，而教学目标中必定体现出一定社会的价值要求，即某一种文化，某一个国家主流价值观点、主流意识形态的要求。塔巴曾提出了教学内容的选择原则：内容的有效性和重要性；与社会现实的一致性。当选择教学内容考虑社会现实、社会需求时就蕴含了选择者的意识形态，而这种意识形态总体上体现了社会主流的意识形态。而实践者由于多样的原因，致使真正课堂中实施的教学内容对主流的价值观点有一定的偏离。

由于对大学英语翻译教学的目标定位不清楚，在教学内容选择上往往单薄、随意性强，且大多局限在技能训练层面，缺乏理论指导。有的教师认为大学英语翻译教学内容应该体现出系统性和专门性。而在具体的实践中通过观察发现：教师基本上不是围绕学生的学习需要来选择教学内容，教学内容主要选自教学参考资料。教学内容的选择缺乏系统性、条理性，缺乏理论与实践的结合。教师这样选择教学内容是基于两个原因：首先是大多数教师本身所学专业不是翻译，进行翻译教学力不从心；其次大学英语课时安排紧张，利用教学资料进行教学设计比较省时省力。

许多教师在进行教学时，往往从抓住学生的注意力、提高学生的学习兴趣入手，偏重教学方法和教学手段的改革，相对忽略教学内容的调整和改进。但是，教学内容与教学方法、教学手段之间是相互影响、相互促进的关系，如果教学内容进行了有效调整，教学方法和教学手段也会相应地改变；如果只改革教学方法而不革新教学内容，则不能有效拓宽学生的知识面，知识的更新就跟不上时代的发展，最后的学习效果也只能事倍功半。

其实大学英语翻译教学内容的选择没有固定的模式。我们可以围绕如何激发学生对翻译教学的兴趣，提高学生对翻译价值的认识，并结合学生所学专业选择课堂教学的内容和教材。比如，翻译材料应尽量能引起学生的兴趣，使学生产生翻译冲动，让学生在翻译中体验翻译的乐趣，而尽量避免选择那些过时、冗长、晦涩难懂的材料。实践证明选择合适的教学内容与材料是实现教学目标的重要保证，因此能结合学生的专业学习，着眼于培养学生语言综合应用能力，有利于促进学生全面、和谐发展的内容，都可以纳入大学英语翻译教学内容体系。

三、教学实施方面

教学实施是将教学计划付诸行动的过程,其目的是缩短理想与现实间的差距。而良好的教学计划需要有效的教学实施来执行才能达到预期的效果,从而实现教学目标。教学实施是教学实践过程中的关键环节,它涵盖了课堂内外的所有教学行为。

美国学者富兰认为,教学实施是指把新的教学计划付诸实践的过程。教学实施研究所关注的焦点是教学计划在实际上所发生的情况,以及影响教学实施的种种因素。教学实施过程中存在着三个基本要素:教学内容、学生、教师。教学实施体现了教师对教学目标的理解,又体现了教师对教学内容的实际运作。

从形式方面看,大学英语翻译教学是以课堂教学为基本形式来展开学生学习活动的。随着大学英语教学改革的不断深入,现代大学英语的教学方式已经发生了巨大的变化,教师和学生都不再满足于单一的传统课堂教学模式。为了适应当今社会快速发展的要求,广大教师和学生都积极地投入丰富多彩的大学英语"第二课堂"活动。"第二课堂"强调以学生为中心,以传授语言知识与技能为基础,突出培养学生语言交际能力和自主学习能力,满足学生的个性化发展需要,提供比课内学习丰富得多的教学手段和内容,而且不受时间和地点的限制。学生以"第二课堂"活动为平台,对所学知识进行对应性的操练,以达到学会使用语言的最终目的。

大学英语翻译教学主要是通过课堂教学的途径实施的。以教师为中心的教学方式使得学生参与度不高,课堂缺乏互动。而个别教师通过多媒体网络教学途径进行翻译教学,学生反应却十分积极。由于教学内容变得更为丰富多样,网络交流的方式也为现在的年轻人所接受和喜爱,因此极大地刺激了学生学习翻译的兴趣,翻译教学取得了不错的教学效果。

另外,每个学生都有其独特的个性,由于学生的智力、心理发展的不平衡性及其所生活的家族及社会环境的不同,认知水平及对新事物的接受能力上都存在着不同的差异,因而他们获知的效率具有不同步性。大学英语翻译教学的实施也应该体现出对学生个体差异的关注。

然而,现实中,教师在大学英语翻译教学中缺乏对学生的语言基础和兴趣爱好等个体差异的关注。一些语言基础较差的学生也感到在翻译学习方面很吃力。虽然教师也有课时紧张、教学任务繁重等方面的理由,但是长此以往,会使语言基础较差的学生更加自卑,不利于学生的个人发展。

四、教学评价方面

（一）大学英语翻译教学的评价方式单一，注重终结性评价，忽视形成性评价

终结性评价与形成性评价是美国教学评价专家斯克瑞文于1967年提出的两种评价类型。终结性评价是在教学实施完成之后施行的，其主要目的在于收集资料，对教学计划的成效做出整体的判断，作为推广采用教学计划或不同教学计划之间比较的依据。形成性评价是在教学实施尚处于发展过程中进行的，其主要目的在于收集教学实施过程中各个局部优缺点的资料，作为进一步修订和完善教学计划的依据。

形成性评价和终结性评价是教学评价的两种方式，也是教学目标能否得以顺利实现的重要保证。教育部2007年7月颁发的《大学英语课程教学要求》以纲要的形式规定了大学英语课程评价是形成性评价与终结性评价相结合，既关注结果，又关注过程，以形成性评价为主的评价方式。但是在实际的教学评价中，往往片面地强调终结性评价而忽视了形成性评价。

但就当前情形而言，大学英语翻译教学的评价方式单一，只注重对学生翻译水平获得的测试，缺乏对学生学习过程的评价和对学生情感体验方面的评价，比如，学生是否通过教师的教学提高了对翻译学习的兴趣等。不管是学生还是教师，对翻译教学效果的单一评价方式都有很多不满。

（二）大学英语翻译教学中评价主体单一，主要是教师对学生进行评价

教学评估应该是一个开放的系统，需要来自各方面的评估，这样才有利于汲取各方意见，提高教学质量。要让参与教学的人都成为教学评价的主体。教师和学生处于教学第一线，他们对教学的感受最深、最真切。他们都应该成为教学评价的主体。尤其要扩大学生对教学的评估权，倾听他们的意见和建议，使他们处于评估的主动积极状态，这对教学一定会大有益处。

教学效果评价的应有之义是对教学的发展起到诊断作用，从而促进教学的进步，也可为其他评价者或成果应用者提出应该注意的问题和努力的方向，这才是科学的评价态度，也是对大学英语翻译教学进行效果评价的目的。教师的教、学生的学与效果评价之间是紧密联系、相互促进的。为了实现教学与效果评价的结合，教师必须明确教学的目标，在实施教学的同时使用多种多样的评价方式去考查学生学习的过程与结果，使效果评价成为改进教师课堂教学，促进教师专业成长的重要手段。

第二节　英语翻译教学影响因素

一、学生方面的因素

（一）学生对翻译教学的认识

翻译界长期存在着"翻译不可教，或者翻译不需教"的思想。"会外文就能干翻译"的论调在我国相当流行。有的教科书当中的翻译习题，翻译似乎是语法的延伸或附庸，看不出翻译这门学问有什么独特的内容和地位。这些思想的存在毫无疑问影响了学生对翻译教学的认知，进而影响到学生学习翻译的态度。许多学生认为：专门学习翻译没有必要，只要英语好就能干翻译；还有的学生认为，只要毕业后从事的工作中需要翻译，就会在实践中摸索经验，学会翻译的，因此翻译理论学习没有必要。足见"翻译不可教和不需教"的思想由来已久，影响甚深。

（二）学生的英语学习基础

翻译教学需要学员有较好的英汉语言基础和较广的知识面，这样有利于进行翻译专业知识和翻译技巧的专门培训。但在大学英语教学实践中往往会发现学生的实际情况与此要求有较大差距。学生进校时的英语成绩参差不齐，英语学习基础各异。大学英语翻译教学难以有针对性地因材施教。

（三）学生的学习态度和方法

就教学现状而言，从平时学期考试和历届四、六级考试的成绩看，学生的实际翻译水平亟须提高。很多学生的翻译测试部分是交了白卷或胡写乱涂的，这直接影响了他们的整体英语水平。越来越多的学生已经意识到了这个问题，并由此产生了极大的焦虑心理和畏难情绪。同时，学生的翻译练习实践中也暴露出了很多不足。很多学生在平时学习过程中，钟情于林林总总、五花八门的教辅书，对老师布置的课文或句子翻译练习，直接在教辅书上对一下答案了事，不进行仔细的推敲和揣摩。还有在做模拟试题时，也是跳过翻译部分，或草译一下便急于核对答案，结果当然可想而知。这样的学生惰性强，只寄望于老师讲解，不愿亲自下功夫实践，只是盲目焦虑，依赖心理重。另外有一部分同学认识到了自己翻译能力方面的不足之后，非常重视，对平时的翻译学习和操练也持认真的态度，可是他们却没有找到适合自己的学习方法：或找一本翻译理论书硬啃条条框框，或稀里糊涂地做一大堆练习而不善及时归纳总结知识要点，更不懂得将翻译学习与其他技能的提高相关联，其结果是感到翻译学习事倍功半，又产生了畏难情绪。这都不利于翻译知识的学习和翻译能力的提高。

二、教师方面的因素

（一）教师对翻译教学的认识

许多大学英语教师认为翻译理论和技巧不需要专门教授。他们认为只要学好了听说读写，翻译自然就会了。为此，教师要确立"把翻译作为语言基本技能来教"的指导思想，要明确"培养综合素质好、专业精通、英语基础扎实、掌握了翻译技巧和解决翻译问题的能力、适应性强的复合型人才"的教学目标，在教学中有意识地培养学生的翻译能力。

（二）教师的专业素质

从事大学英语教学的在学习阶段以翻译作为专业的教师非常少。在数量非常少的这类专业教师中，职称为副教授的更是少之又少，且大多年龄偏大。因此，具有翻译专业硕、博学位的大学英语年轻教师偏少，反映了我国高校在过去的20多年中，高层次翻译人才培养的数量严重不足，后继乏人的现象严重。

搞好大学英语翻译教学要求教师必须具备一定的翻译理论知识和课堂组织能力。一般来说，大学英语教师都学过翻译课，但毕业后却没有实践或缺乏实践。这使得很多教师理论基础薄弱，进行翻译教学时感到力不从心，无从下手，由此导致教师对翻译技巧的讲授缺乏整体的规划，常常是有时间就讲，没时间就不讲，随意性很强，讲解时也是只言片语，缺乏系统性。至于对学生进行系统的翻译训练，就更少了。教师们反映，迫于科研任务重，授课时量及备课讲课、批改练习等工作量很大，普遍感觉负担沉重，难得有足够的时间和精力进修或自修以提高自身的素质和业务能力。倘若教师自己英汉语言水平欠佳，缺少翻译理论和实践研究，缺乏教学法知识，知识面不够广，就难以保证翻译教学效果。

（三）教师的教学方法

英语教学方法历来是英语教学界讨论得最多、分歧最大的内容之一。用什么样的方法进行翻译教学这是一个见仁见智的问题。所谓"学无定法"，教亦无定法。翻译的实践性决定了翻译教学的方法必须以培养学生的实践能力为目标；翻译的艺术性又要求翻译教学必须尊重学生的创造性和主观能动性的发挥。

然而，大学英语翻译教学中，教师大多采用传统的师徒相传式的教学方法，让学生完成课后翻译练习，然后逐字逐句地核对参考答案，最多简单介绍一下"信、达、雅"和"神似""化境"等中国传统译论，基本上可以说是一种工匠式的传授方法，不讲理论依据和科学方法，使学生"只见树木，不见森林"，只知"鱼"而不知"渔"，无法在今后的翻译实践中掌握科学的方法和更大的主动权。这种以教师为中心的教学方法，将改错作为教学手段，将教师提供的参考译文作为翻译教学的终极目的，不符合真实情况下的翻译的本质特征，极大地扼杀了学生学习翻译的创造性和主动性。

大学英语翻译教学方法的僵化与落后是严重阻碍翻译教学质量提高的现实问题。改革教学方法，是翻译教学摆脱困境、提高质量的重要任务。

三、教材方面的因素

教材的选用在很大程度上反映了教学的指导思想。纵观我国几十年非英语专业教材和英语教学的发展状况，翻译一直未受到足够重视。在教材方面，非英语专业的学生始终缺乏专门的英汉互译教材，对"译"的技巧的处理和练习完全局限于课后的翻译练习。翻译练习在很大程度上只被作为巩固课文中所学语言知识的手段，是被用来检查学生对语言知识的理解程度的。翻译练习的内容与他们所学的专业脱节，对他们今后的工作需要没有实际意义。同时在汉英翻译练习的设计中尚存在汉语句式覆盖面过窄的问题，在一定程度上也弱化了这种练习形式的作用。教材是教学内容的重要载体，是教学实施的物质基础。教材的选用能否满足学生对翻译学习的需要，很大程度上影响着大学英语翻译教学的质量。

四、环境方面的因素

环境主要包括社会环境、学校环境两方面。大学英语翻译教学的发展除了与学生、教师、教材等因素密切相关以外，适宜的社会环境和学校环境也是影响大学英语翻译教学的重要因素。

（一）社会环境

随着我国进一步对外开放，在政治、经济、文化等领域的国际交流不断拓展与深化，社会对不同层次的翻译人才的需求量越来越大。分析社会环境在于了解社会对复合型人才的需求状况，翻译市场对人才素质的要求。对社会环境和社会需求进行分析对大学英语翻译教学目标的确定与内容的选择等产生重要影响。

（二）学校环境

分析学校环境在于明确学校现有的教学条件与学校的政策支持。影响大学英语翻译教学质量的教学条件包括师资情况、学时安排、教学班的规模、教室的设备、辅助学习条件等。

师资情况对大学英语翻译教学的影响已经如前所述。目前我国大学英语教学班的规模普遍在 50~60 人，班级大、学生多，课堂活动不易组织操作。课时安排每周四个学时，由于课时有限，教师在进行听说读写教学之余很少有时间再进行专门的翻译教学。进行大学英语教学的教室都为多媒体教室。但是在调查中发现，很多教师只把多媒体用于书写电子黑板或者展示教案。多媒体是现代教学的特征，多媒体不应该只是用于书写电子黑板，更重要的是搭建多媒体和互联网的教学平台，拓展教学的延伸和层面，将更多新功能添加到翻译教学中，使教学信息丰富、内容多样，激发求知欲和学习的乐趣，根据学生的个性因材施教，倡导鼓励学生学习的主动性和积极性，使教与学的理论和实践在多媒体网络平台中得以升华，使课堂教学得以延伸。

学校的政策支持对大学英语翻译教学的影响也是显而易见的。在调查中教师们反映有关领导对大学英语翻译教学的重要性认识不够，科研经费不足，有关大学英语翻译教学的专门性学术会议几乎没有，没有相应的进修学习的地方和机会，这些都成为提高大学英语翻译教学质量的障碍。

第三节　翻译在英语教学中的作用

一、发挥母语的正迁移

人们往往由于担心母语的负迁移而忽略了它正迁移的作用。因此，需要在英语教学中，正确认识和处理学习的迁移，充分发挥正迁移的作用。

（一）母语正迁移的作用

首先，母语是英语学习的起点。我国学者桂诗春认为，"二外习得和英语学习不是零起步，而是以母语为起点"[①]。母语知识是英语学习的有利因素：从一方面看，母语提供了一个必要的前提。正因为母语的知识和智力提供的帮助，学生对英语的理解能力才可能有飞速的发展。从另一方面讲，学生已有的语言知识和学习经验也造成差别。同一班的学生开始学习一门英语，表面上的起跑线是一致的，但事实上可以认为已有差异存在，它的差异主要就是来自母语。

其次，母语的"正迁移"作用表现在认知层面上，表现在学习者对目的语的理解过程中。学习语言，理解是一个重要环节。完全不能理解的语言信息好比乱码，于语言习得毫无意义，只有能被解码的信息才可获得大脑的进一步加工，因此理解是语言生成和输出的前提。而英语理解的基础正是来自母语的知识、智力、能力和经验。教师常常能观察到，母语表达能力出众、逻辑思维能力强、语言反应敏捷的学习者往往也拥有更好的英语表达能力。而一般来说，语文成绩优秀的学生，英语成绩也相当不错。

最后，母语正迁移在英语教学过程中的作用。英语教学过程中母语的正迁移现象非常广泛。汉语和英语之间，语言构成要素泾渭分明，因此，分析母语在教学过程中的正迁移，只有从教学过程中的手段和方法来加以考察。以汉语为母语进行英语教学，其正迁移作用主要有以下几方面：

其一，语法教学中用母语比较语言现象，讲解语法规则。由于语法规则是较为抽象的东西，在教学过程中完全用英语来解释语音现象、语法规则，学生

---

① 桂诗春. 应用语言学 [M]. 长沙：湖南教育出版社，1988.

难以掌握,如要说清楚现在分词和过去分词的区别等。这类语言现象只能用母语来解释,或者说只有用母语解释之后,学生更容易接受和掌握。

其二,词汇教学中用母语解释抽象词语的意义。母语的积极作用同样也表现在英语词汇教学中。早期直接法绝对排斥母语。但后期直接法也不得不承认母语在教学中的地位。认为在讲授语音、语调、句型、语法等方面知识时,有时用母语可避免许多误解。用母语解释一些专有词汇可一语道破,既准确又易理解。

其三,课文教学中用母语翻译作为教学手段。由于汉语与英语之间的差异,离开了汉语的翻译,用直接法进行教学,在实践中很难展开。所以汉语翻译在教学过程中起着桥梁的作用。以翻译法来展开教学,当然是一种很落后的方法,但完全脱离母语翻译,则很难展开教学。从这个意义上说,母语翻译能起到正迁移的作用。课文教学中用母语翻译作为教学手段有助于学生对课文的理解。

(二)母语正迁移的发挥

首先,认识迁移的条件和规律。认识迁移是有条件的、有规律可循的,对促进学生正迁移心理的形成和防止负迁移的发生,是具有重要的现实意义的。迁移的基本条件是不同的语言是否具有共同的因素。尽管各种语言之间存在着大小不等的差异,但从本质上说,语言是人类共有的属性。

语言与人类思维有着密切联系,同时也是人类表达思维最有效的手段。人类的思维是有共性的,因此用来表达思维的语言也有共性。既然各种语言之间有共性,那么在英语教学中,作为已掌握了母语系统知识的学生,当他开始学习第二语言时,就会把他通过母语而获得的对语言共性的认识,自觉或不自觉地运用到二语习得中去,从而加深对所学语言的理解,按照艾利斯(Ellise)的观点,母语作为一种已经获得的极为稳定的知识和习惯,当它和目的语类似的时候,学生在这些"普遍的方面可以学得更快,这样母语可以加快目的语的学习过程"[①]。学生学会了汉语拼音,对英语语音学习会有一定帮助;懂得了汉语语法,会有助于理解英语语法;掌握了汉语阅读和写作技巧,对提高英语阅读和写作能力,会有触类旁通之功效。

著名语言学家乔姆斯基把语言共同性分为实体共同性,如动词、名词、主语、元音等;形式共同性,指语法规则形式的陈述;功能共同性,用以表示将语法规则来描写语言材料的方式。这种理论将语言共同性的解释深入人的心理,语

---

① 艾利斯. 任务型语言教学概述[M]. 上海: 上海外语教育出版社, 2019.

言的共同性来自人的共同性。这是我们探讨母语在英语教学中的地位和作用的理论依据。认识语言的共同性，就应当调动其母语的优势，来认识新的语言，利用两种语言的相同部分为新语言的习得打开通道，比较其不同的部分为新语言找出规律，这才是克服干扰的积极办法。

其次，发挥母语的"正迁移"。英语中的塞音和塞擦音有清音和浊音的区别，互相对立构成不同的音位有区别意义的作用。而汉语普通话的塞音和塞擦音都是清音，没有浊音却有送气不送气的分别，而且成对出现构成不同的音位，有区别意义的作用。如果教师一开始就给学生讲清楚，学生就不会用送气不送气的对立去替代清浊的对立，也就能够读好浊音。

再如，英语词汇的概念与其物质外壳的关系，有与汉语现象一致的地方，也有不一致的地方。如"一张书桌"译为 a desk，"我喜欢英语"译为 I like English，这是典型的英汉两种语言现象相一致的，学生学习这类组词和句子无多大困难，所以能顺利实现正迁移。但在语词所表达的概念与外壳英语两种语言现象不一致时，如把"不久"译成 no long，"前几天"译成 before some day，这就是一种汉语中介心理的障碍现象。在句子结构上，英汉现象不一致时，这种中介心理干扰更大。如"这不是书""书在桌子上"就容易译作"This is not book""Book on desk"之类。这说明作为语言模式已基本固定的学生习惯了汉语观念，常常会造成学习英语的心理障碍。因此，需要英语教师的点拨和启发从而避免负迁移。也就是说，学习英语实质上是使英语材料在头脑中与汉语系统接通，进而才能建立新的联系系统的心理过程。

此外，语言学家们发现在英语学习过程中，语际间的干扰，即来自母语的干扰容易发生在学习的初级阶段。随着学习的深入，语际间的干扰就会退居其次。此时学习者大量的错误是来自语内干扰，如常见的概括过度、概括过简、省略简化等。这说明，在中、高级层次的英语学习中，母语的干扰是有限的。学生学习英语，他们的母语知识是客观存在的，他们总会有意无意地比较自己的母语。解决问题的关键是作为教师的我们在教学中如何有效地预测和防止母语的干扰。翻译活动，通过目的语和母语难点、要点的对比分析，对症下药，恰好可以减少母语的干扰，起积极的教学作用。因此，通过对比、翻译等方法，找出两种语言的相似之处，就能实现母语对英语的正迁移。在英语教学中适当地、有目的地利用母语的正迁移作用，可以收到事半功倍的效果。

由此可见，学生的母语知识和技能对英语学习来说，不是负面影响，也不是干扰作用，而是一种重要的促进因素。母语是学习者大脑中已经存在的语言知识，它能帮助学习者梳理所获得的语言输入，并使学习者的语言使用达到最高水平。过去那种把相当一部分英语表达中的错误归咎于母语负迁移的观点，不符合英语学习的实际情况，也是与二语习得理论相悖的。在学生学习英语过程中，母语是一种不可忽略的学习基础，翻译是一种可以开发利用的手段和资源。

二、提高课堂教学效果

在我国很长的英语教学时期，翻译应用于英语教学是一种重要的、有效的教学手段。然而，随着新的教学法的出现，人们开始担心，课堂教学中应用翻译过程中母语的使用减少了英语输入和英语自身实践的机会，降低了英语教学质量。事实上，创造性地把翻译应用于英语教学不但不会降低教学质量，反而能提高课堂教学质量。艾利斯认为，"母语作为一种已获得的极为稳定的知识和习惯，当它和目的语类似的时候，母语可以加快目的语的学习进程"。我国学者陆效用也指出，"中国人学英语，学会了汉语拼音，对英语语音学习会有一定帮助；懂得了汉语语法，会有助于理解英语语法"[1]。

（一）促进学生对教学内容的理解

翻译利用学生的理解力保证了学生确切理解英语词汇和句子的含义，特别是在英语学习初期，翻译可以使学生摆脱推测、猜想的困惑，避免对英语词句造成理解不确切的情况和因而养成的一知半解的不良习惯。例如，下面三个单词比较难记，如果用英文解释既费时又容易引起学生的误解。但是，如果借助翻译，依靠中文解释一目了然：respectable（体面的，受人尊重的）；respective（各自的）；respectful（有礼貌的，尊重他人的）。这样既节约课堂教学时间又便于学生的比较记忆。

正确理解在英语学习中是十分重要的，只有这样所学的知识才会牢固，学生的自觉性和积极性才会大大发挥。有些有经验的英语教师，当其在课堂教学中无法用实物、用形体语言说明某词、某词法现象，或难以创设情景、用最简洁的英语说明某词、某语法现象时，往往巧妙地借助翻译来帮助学生掌握英语知识。尤其是在英语学习中处理一些生僻的词语，涉及一些抽象概念或难以用英语帮助学生理解和掌握的语言现象时，翻译能及时促进学生对学习内容的理

---

[1] 陆效用. 研究生基础英语 2[M]. 上海：复旦大学出版社，1998.

解。比如，black and blue 直接翻译为"青一块紫一块"就行了，可以促进学生有效地理解。

另外，不同学生所具有的认知能力及现有认知水平各不相同，教师输出的英语语言信息可能不足以帮助所有学生理解意义，满足不了部分学生的智力需求。克拉申（Krashen）提出了输入假说。他认为："可理解性输入是语言习得的必要条件和关键，语言输入的意义必须为学生所理解，而输入的语言形式或功能则应超出现有水平。"[1]根据克拉申的输入理论，教师在课堂上必须确保语言输入的可理解性。然而，学生在课堂上用英语接受语言输入时，有时会遇到一些难以理解的，大大超出他们现有知识水平的信息。这些信息的存在会使学生感到焦虑，感到不知所措，从而影响他们的英语学习，降低他们的学习效率。有时可能造成一定的心理伤害，甚至纯英语的教学输入而不借助任何翻译可能导致少数学生彻底放弃英语。如果教师利用翻译手段，用母语来解释这些学生理解不了的英语信息，可使学生避免产生茫然、一头雾水的感觉，从而提高可理解性输入的质和量。

（二）加深学生对文化内涵的理解

学生的英语学习，就是通过对语言材料中语言结构的理解和掌握进而对语言材料中反映出的跨文化的内容通过体会、分析及与母语的比较，感受到外国文化的熏陶。翻译是跨语言、跨文化、跨社会的交际活动，其过程不仅是语言的转化过程，而且是反映不同社会特征的文化转换过程。

课堂教学运用翻译手段可以进行中英文比较以增进对跨文化内容的理解。学生从已掌握的母语的相关知识，包括语言和文化两方面内容牵引到对英语的语言和文化的认识、体会、分析，比仅凭英语材料去认识、体会、分析及理解英语的语言和文化要易于切入。比如，对独特的英国习俗，通过翻译可以使学生明了其深刻含义及与我国习俗的差异，从而丰富了内容，开阔了学生的视野，也会激发学生探究的兴趣，坚持下去便可成为学生学好英语的一种巨大动力。翻译及早地应用于英语教学，有助于学生对所学英语的文化内涵加深理解，从而为学生形成健全的人格和具备适应社会的综合素质打下坚实的基础。

翻译给学生提供了更多运用智力的文化学习的环境。由于社会文化的差异，英语与母语间并不总是存在着一一对应的关系。语言具有超时空性，学习英语，就是理解其背后的文化和思维方式，了解其本身的独特之处。在不知不觉地转

---

[1] 李博琳. 克拉申"语言输入假说"综述 [J]. 海外英语, 2021（12）: 103-104.

换或对接英语与母语间的意义之中，在领略到英语的思想理念和文化价值之时，学生的智慧受到不断挑战。每次对于母语和英语间的细微差异的顿悟和灵活运用的把握，都会使他们产生强烈的自我实现感，引发浓厚的英语学习的兴趣与热情。

（三）促进课堂教学的交际活动

现代英语教学理论把教学看作相互交往的过程，特别重视培养学生用英语交际的读写能力，交际教学法深受欢迎。然而，有效的课堂交际并不仅仅限于听说或"翻译就是交际"。而文化交际是指不同文化背景的人们（信息发出者和信息接收者）之间的交际；"从心理学的角度讲，信息的编、译码是由来自不同文化背景的人所进行的交际就是跨文化交际。"[1]我国也有学者认为，"翻译本身就是一种复杂的交际行为，翻译的过程也是提高学习者交际能力的过程"[2]。

克拉申指出："当学习者没有足够的目的语知识来达到交际目的时，可以用母语去启动话语。这两位学者都把母语看作一种资源，学习者可以通过'临时翻译'的方法，利用母语资源来克服英语的局限性。"[3]使用母语只不过是普通心理过程的一种表现而已，即依靠先前的知识促进新的学习。艾利斯也提出，行为主义的干扰观念必须扬弃，而认知框架内的借用或调解观念，则应该成为二语习得理论的重要组成部分。借用母语不失为一种有效的交际策略。比如，Long time no see，give you a color see see，a bag rice 等令人喷饭的中式英语，从二语习得的观点来看，尽管此类句子中有不符合英语表达习惯的地方，但也不能视为洪水猛兽。学生通过"借用"母语知识，完成了交际任务，这一点应该加以肯定。教师在指出学生错误的同时，应该鼓励他们在语言学习中的这种"冒险精神"。从一定意义上说"借用"策略和"冒险精神"有助于学习者克服知识不足的困难，最终到达学好英语的彼岸。更何况语言本身并不是一成不变的，也会"入乡随俗"，Long time no see 已成为可接受的英语并广为使用。

---

[1] 李博琳.克拉申"语言输入假说"综述[J].海外英语，2021（12）：103-104.
[2] 陈菁，肖晓燕.视译[M].上海：上海外语教育出版社，2011.
[3] 李博琳.克拉申"语言输入假说"综述[J].海外英语，2021（12）：103-104.

三、增强学生的综合语言能力

英语课程的总体目标为学生综合语言运用能力的形成,而这一能力的形成是建立在学生的语言技能、语言知识、情感态度、学习策略和文化意识等素养的整合发展的基础之上的。这一目标的确定,将英语课程从仅仅关注知识与技能的培养提高到对学生整体素质的培养,使学生既有较强的英语语言运用的能力,又有自主学习能力和良好的个性品格,从而为终身学习和发展打下良好的基础。由此可见,不应该只把翻译拘泥于语言技能中,应该把它置于一个更大的空间,更广阔的天地,为全面增强学生的综合语言能力发挥它应有的作用。

(一)提高语言知识和技能

语言学习是先从听、读等输入方式开始,后由说、写、译等渠道输出。人们常讲听、说、读、写是由于这四方面既是语言学习最基本的目标,也是语言学习的主要渠道,更是语言学习后形成的技能。因此可以说,人们学习语言是通过听、说、读、写等方式来培养语言的听、说、读、写能力的。但是人们往往忽略了这一点:翻译也可以作为英语学习的一种方式去培养学生学习英语的听、说、读、写、译的能力从而提高学生的综合语言能力。这是因为翻译中的口译要涉及听和说,由听输入而由说输出;笔译是由读输入而由写输出。

早在20世纪60年代末,L.G.亚历山大就提到"听、说、读、写"四种技能。在他著名的英语教材《新概念英语》里,他建议教师创设一个在最快的时间里取得最佳课堂效果的顺序,即听先于说,说先于读,读先于写。然而,亚历山大的顺序未必适合学英语的中国学生。对于大多数学习英语的中国学生,其母语的语言系统和文化系统早在学习之前就根深蒂固了,而且中国国情,比如,大班上课制,缺乏说英语的环境等,使得阅读往往成为学英语的第一输入。亚历山大的贡献在于,把听、说、读、写当作技能的同时,还当作教学方法。学习英语就是要能够听、说、读、写,这是语言应用层面上的技能。在英语学习过程中使用听、说、读、写,这是语言学习层面上的方法。虽然没有把译写进去,但是很多英语翻译在英语教学上的作用和价值不能否认。通过尊重、借鉴与比较,激发学习者去思索语言间的共性与差异,从而提高学生综合语言能力。

（二）培养情感态度和文化意识

翻译应用于英语教学有利于培养学生的审美情趣，陶冶学生高尚的情操。任何一种语言，由于其产生的自然环境、人文环境的差异，造成了语言结构的不同和文化内容的差异。但是在语言美和文化美这一点上全世界各种语言是一致的。语言美主要是体现在语言的构成上由词、语及句子产生的韵调，而文化美则体现世界各民族多彩多姿的文化理念和风俗习惯。通过对语言文字表达的深刻内涵的领会、融通，学生可领略到各国语言文字的风采，在不断潜移默化下，增强学生的审美观点、陶冶学生的高尚情操、开阔学生的国际视野，这将使学生受益终身。审美情感的培养是多渠道的，仅靠阅读去实现是不够的，事实上翻译也是重要一环。阅读只能使学生体会到一种语言文化的美，而无法体验跨文化的美，唯有翻译既可欣赏到外国语言文化的美及本国语言文化的美，因在翻译过程中两种迥异的语言文化内容不断地在学生头脑里碰撞，通过比较和筛选，学生能领略到两种语言文化各自的美和共同的美，从而加大了两国语言文化对学生陶冶的量和质，从而对塑造学生的人格和情操起巨大的影响，因此重视翻译在英语教学上的地位和作用，同样就是重视影响学生学习和发展过程中的情感态度。

文化意识是综合语言运用能力的一个组成部分，是得体运用语言的保证。它包括文化知识、文化理解和跨文化交际意识和能力。在英语教学中，文化主要是指英语国家的历史、地理、风土人情、传统习俗、生活方式、文学艺术、行为规范和价值观念等。语言与文化的关系十分复杂，因为语言既是文化的一部分，同时又是文化的载体。因此语言直接或间接地反映出文化的方方面面，同时，文化的方方面面也会在不同的程度上制约语言的运用。有些东西在一种文化里是不言而喻的，而在另一种文化里却是很难理解的；同一个词或成语在不同国家中往往有不同的含义；有的词在某一文化中有联想意义，在另一种文化中却没有。英语教学的任务是培养在具有不同文化背景的人们之间进行交际的人才。因此不但要学语言，而且要学语言文化，包括交际模式、习俗、价值观、思维方式及处事态度，才能真正掌握语言，并使其成为真正的交际工具。翻译可使学生从文化内涵来分析语言，并且懂得不同文化的差异及其语言表达上的不同。翻译是语言的翻译，更是文化的翻译，从翻译的特性和过程看，翻译活动有助于提高学生对文化的敏感度，增强跨文化的交际意识。

（三）促进学生的英语思维能力

学生能够用英语来分析问题和解决问题，强调学生用英语进行思维。语言是思维的工具也是促进思维发展的工具，思维与表达又是相互促进、密不可分的两种能力。语言和思维不可分割，然而英语思维并不是仅靠听、说、读、写来培养的，翻译等也是在表达自己的思维。我们的语言教学普遍缺乏对学生思维的训练，而仅仅重视对语言的训练。对学生来说，他们的英语语言能力正在形成的过程中，已基本具备了必要的语言知识和技能的基础。具有比较广泛的各学科的知识和技能，应该能够获得连贯表达思想和观点的能力。因此，通过翻译来培养学生的英语思维和表达能力是完全必要也是可行的。学习者通常是在这儿能，在那儿不能，有时候能，有时候不能，这主要取决于学习者是否能及时激活他需用的语言材料。如果不能，或是词汇量原本不足便会出现表达困难，这时候母语会自动出来救场。学习者是否能直接用英语思维，取决于他对英语词汇的熟悉程度。把握性差，积极词汇量小，母语知识介入的可能性就大，这与教师在课堂上使用纯英语还是双语教学似乎没有直接的因果关系。因此，翻译活动中母语的出现不但不会阻碍学生英语思维能力的培养，相反能促进学生的英语思维能力，提高课堂教学效果。这意味着，学习者在摆脱母语的影响之前先得利用母语，这种利用具有积极作用。利用母语是为了抛开母语，最终达到用英语思维直接交际的目的。

综上所述，英语教学中不能一味排斥翻译，应重视其在英语教学中的不可替代的作用，将其放在适当的位置，也就是我国学者包天仁教授所提倡的听说读写译"五技并举"。遵循英语的教学原则，适当利用母语进行英语教学，正确而恰当运用翻译于英语教学中，其教学效果肯定会增彩不少，翻译在英语教学中的必要性也自然就显现出来了。在我国教育背景下的英语教学，翻译对于增强学生的语言运用能力，有着听、说、读、写都无法替代的特殊功能。翻译还是一种有效的教学方法，应贯穿于听、说、读、写的英语教学过程中。翻译不仅符合英语教学规律，还符合学生的身心发展规律，对于启动学生学习英语的动力系统与认知系统，都具有特殊的价值。

第四节 英语翻译教学策略

一、词汇教学策略

语义学把词汇分为概念意义和文化意义。概念意义就是词汇的语言意义,文化意义则指词汇的感情色彩、风格意义和比喻意义等。在词汇教学中,教师除应该向学生讲清词的概念意义,还应努力发掘词的文化意义。从文化对比的角度,借助翻译讲解同一词汇在两种文化中所具有的不同内涵,教师应通过联系文化传统、使用习惯和心理倾向来讲授词的搭配、交际用法。

(一)呈现词汇的概念意义

从心理学的角度来看,了解英语词汇在母语中的含义会使学习者获得一种参照,从而理解并自信地使用该词。学生学习英语的目的是能在课堂以外的场合中使用语言。他们不像那些牙牙学语的孩子,用错了词也很少有人去纠正,他们也无法像学母语词汇那样,即使不了解词的确切含义,但凭经验和直觉也敢去使用这些词。学生在使用英语过程中需要有一种安全感,需要了解词的准确含义,因此迫切想找出该词在母语中的含义。翻译就能让他们产生这种安全感,因为翻译的过程就是寻求准确意义的过程,不管原语词的语义有多复杂、文化内涵有多深厚,译者都要在母语中找到相对应的表达法。他们相信一旦记住拼写并掌握它的中文意义,他们就能理解词的确切含义,从而能安全、有信心地使用这些词汇。

(二)体现词汇的文化意义

教学中适当地利用翻译,可以帮助学生感受英汉两种语言的异同,深入学习英语词汇深层次的文化意义。通过掌握英汉词汇的内涵与外延的差异,使理解更加深刻、透彻,进而强化记忆。学习者通过翻译便可彻底领会这些词的内涵和外延。而查找其英文定义不仅费时,而且可能被误导。

而由于东西方文化源远流长,某些成语、典故、歇后语、历史人物和事件等,在各自的文化中有其特定的历史背景、独特的环境和鲜明的语言特色,在不同的语言体系中，难以找到相应的词汇，他们的外延和内涵都有差异，此时更需要利用翻译手段来学习英语词汇。例如，apple of one's eye（掌上明珠）；Garden of Eden（世外桃源）；Shylock（狡诈者，守财奴）；As strong as a horse（强壮如牛）等。

（三）展现词义的变化

教学中利用翻译一方面可以引导学生有意识地关注教学材料中词义的变化、引申、褒贬及词类的转化等方面，达到词汇的活学活用，另一方面有些英语词汇在翻译成汉语时不能拘泥于原意，因为它们的词义可能有所扩大、变化，甚至引申，在课堂教学中需要利用翻译使学生对这些词汇深入地理解。

二、语法教学策略

语法是语言的组织规律，分为词法和句法两部分。英语和汉语属于不同的语言体系，其语法规则和句子、篇章结构有着很大的不同。翻译有助于学生深入地了解两种语言在结构上的异同，有意识地克服它们之间的差异，也能够很好地帮助解决英语语法学习中的重点和难点，为学生充分掌握英语打下坚实的基础。

（一）时态和语态教学策略

首先，时态的翻译策略。不同的语言具有不同的时态，有的语言甚至很少或没有时态，汉语基本上是借助词汇来表示各种时间和动作的。而英语不仅有时态，而且共16种，区分细微，习惯性强。英语就是通过这些固定的语法手段将动作的进行过程与状况描绘得更准确、更精细，有时甚至能表达说话人的感情色彩。

其次，语态的翻译策略。英汉语都有主动句与被动句之分。主动句的主要结构是"主语—谓语—宾语"，这在英语和汉语中是一致的。然而英语和汉语的被动句的结构就略有不同了。英语被动句是由助动词加上动词的过去分词构成的，而汉语被动句的构成则没有动词的变化，只需使用一系列标志词来表明句子的被动结构即可。这类标志词主要是"被""受""遭""挨""叫""让"等。同时与英语相比，汉语被动句的使用范围小得多，这决定了在翻译过程中，会有相当一部分英语被动句给转译为汉语主动句或将一些汉语主动句转译为英语被动句。

其一，英语被动句译为汉语主动句。英语被动语态的句子在大多数情况下被翻译成汉语主动语态的句子，这是翻译中的客观现象，这种现象是由英汉两种语言的习惯表达特点所决定的。

其二，英语主动句译为汉语被动句。例如，American values receive a warm welcome in the home.（美国人的价值观在家庭中受到热烈欢迎）

（二）英语非谓语动词教学策略

英语语法中非谓语动词对学生来说普遍是一个难点。汉语的一个句子中可以有几个动词连用，层次清楚，多而不乱，但一般按动作发生的时间顺序或逻辑顺序等来表达；英语句子则结构紧凑严密，特别是句中的主谓机制明显，一个句子中一般只能有一个谓语动词，却有不定式、动名词、分词等多种非谓语动词形式。因此，要用汉语的连动句和复句来翻译英语中的非谓语动词，而同样用英语中的非谓语动词来处理汉语中次要的动词。

如果对于学生不借助翻译使他们深入、系统地理解两种语言在这方面的异同，他们学到的只能是一知半解的英语。借助翻译能使学生对英语非谓语动词的语法难点有透彻的理解。

（三）特殊句型教学策略

首先，汉语中的兼语句是英语中所没有的一种特殊句型。在兼语句中有两个谓语动词，第一个动词的宾语是第二个动词的主语。碰到这类汉语句子，最常见的方法是将句中的第二个动词转化为英语中的宾语补足语。宾语补足语可以是动词不定式、介词短语、形容词（短语）、副词（短语）、分词（短语）、名词（短语）等。

其次，英汉两种句子中都有定语的成分，但是定语的位置却有所不同。可以通过翻译来比较两种语法的异同，并从中悟出它们之间的规律。汉语中定语的位置一般是在它所修饰的名词前面。英语中如果形容词做定语，要放在它所说明的名词的前面，这一点与汉语基本相同；但是在英语里如果定语是个短语或从句，就必须放在它所修饰的名词的后面，不能前置，这就和汉语不同。即使是英语形容词修饰名词，如果该名词是不定代词，形容词也必须后置。

三、阅读教学策略

有人怀疑学生在阅读过程中频繁地将英语转换为汉语，然后去理解文章会降低阅读速度并且不利于对文章的理解。事实上，这里所说的翻译主要是指在课堂教学中适当借助翻译加深对原文的理解，通过翻译培养学生活学活用语言的能力，并不是阅读理解过程中教学生将英语译成汉语的过程。阅读是一种心理语言学的推理和猜测游戏，成功的游戏者应充分利用自己的经验和观念，母语知识和能力不可忽视。

（一）理解阅读材料中的语言现象

阅读教学中适当地利用翻译，一方面可以引导学生有意识地关注阅读材料中词义的变化引申和褒贬及词类的转化等诸多方面，达到词汇的活学活用；另一方面还可以帮助学生深入学习英语词汇深层次的含义，使理解更加深刻、透彻，从而正确理解原文。要正确理解原文首先必须理解语言现象，如原文的词汇含义、句法结构、习惯用法等。

（二）深化对句子结构的理解

很多学生在阅读时的问题之一是文章里的单词都认识，可就是读不懂，其重要原因是学生不具备句式分析的能力，当所有熟悉的词汇组合在一起时就不知所云了。因此，教师有必要在课堂中有计划地训练和培养学生的句子翻译能力，尤其是长句和复杂句式的翻译能力。翻译过程中学生会专注于句子结构，抛弃逐词对译的理解方式，坚持下去，学生句式分析能力会逐步提高。这样在阅读理解中他们也不会因为句子太长而手足无措，反而能更迅速、更深入地抓住句子的核心，理解句子的含义。

（三）提高学生对话语深层含义的理解能力

理解阅读材料中上下文逻辑关系也是非常关键的。翻译可以把学生的语言知识和非语言因素有机地统一起来，进而从一定高度上宏观地把握语篇，提高其对上下文的逻辑判断和推理能力，读出作者的弦外之音，从而明晰汉语句与句之间隐匿的逻辑关系。

中国人民大学英语教授许孟雄说过："较高的阅读能力往往是通过翻译和比较获得的。"[①]因为翻译实践告诉我们，只有对阅读材料的理解，准确地捕

---

① 许孟雄. 英语难题研究一千则[M]. 北京：北京师范大学出版社，1992.

捉到原文的意思——字面的、隐含的、主要的、次要的意义，才能真实地体现原文的内容。所以说，翻译是英语学习中的一项重要内容，是全面提高英语阅读水平的重要手段之一。

四、写作教学策略

客观地说，大部分学生在写作中很少能够真正做到用英语思维，几乎都是用汉语思考然后将汉语翻译成英语写成文章。但是，他们在写作中可以利用翻译手段，练多了，写多了，就可能离开汉语的依赖，培养起英语思维能力。郭纯洁和刘芳在他们的研究中发现母语在写作过程中的三个作用：首先，对作文内容的逻辑推理。其次，对语言形式的分析判断。最后，对相关英语词汇、短语或句子的检索。我们认为，翻译对于写作中的造词、造句、布局谋篇等方面具有积极的意义。

（一）选词

翻译和写作一样，都要涉及选词问题。英语中常有一词多义，且同一个义项在不同的语境中所用的汉语解释也不一样。学生用英语写作时，习惯找与汉语对应的词，写出来的句子虽然没有什么明显的语法错误但总是不那么地道。教师应当引导学生进行对相关词汇、短语的检索，既能丰富学生的词汇，又能恰当地运用于实践，写出比较有味道的英语句子。

（二）造句

许多学生在写作时常会出现一些令人啼笑皆非的错误，比如，Do part time job mean that you have to spend less time study. 本来是要表达"做兼职工作就意味着你只能花更少的时间学习"，选词没错，可是一到了句子这一步，就前功尽弃了。这是学生在造句时常犯的一种错误，因为汉语与英语是两种具有很大差异的语言，汉语词汇没有曲折变化。而英语词汇有形态变化，用法上与汉语差别极大。study 的限定动词形式有 study（动词原形、第一人称和第二或三人称复数一般现在时）、studies（第三人称单数一般现在时）、studied（一般过去时）等；非限定动词形式有不定式 to study、动名词 studying、分词 studied 和 studying 等。限定动词形式在句中只能直接做谓语，而且有人称和时态的变化。

(三）谋篇布局

有些学生在写、译单句时可能很不错，可从整段整篇来看问题就会出现。这往往是因为他们不注意整体与部分的关系，不注意句与句、段与段之间的连接与转换，或者过渡词使用不当，前后重复累赘，开头结尾不能互相呼应甚至互相矛盾，这就要求学生要加强这方面的练习，不断加以改进，增强其整体意识。母语可以帮助学生进行逻辑推理，使他们对整篇文章心中有数，从中心主题句到段落主题句逻辑分明。因此，可以培养学生养成写主题句的习惯，学生可以先用汉语把中心主题句写出来，然后把每一段的主题句列清楚，而不至于想到哪儿就写到哪儿，挤牙膏式地拼字数，这样写出来的文章一定中心突出、层次清晰而赏心悦目。坚持下来，学生写文章时思路清晰，也能逐渐找到用英语来写作的感觉。

参 考 文 献

[1] 任红艳. 文化认知与大学英语混合式教学实践研究［M］. 北京：中国纺织出版社，2022.

[2] 李娟. 中外文化视角下英语教学实践［M］. 长春：吉林出版集团股份有限公司，2022.

[3] 甘露. 英语文化中的美育研究［J］. 名师在线，2021（24）：93-94.

[4] 陈肖艳. 英语电影中的西方文化研究［J］. 今古文创，2022（14）：87-89.

[5] 刘昕宇. 英语文化对英语翻译效果的影响研究［J］. 海外英语，2022（11）：30-31，33.

[6] 张晓焕. 英语饮食习语的文化研究［J］. 中国食品，2023（6）：93-95.

[7] 付娆. 多元文化理念与英语教学策略研究［M］. 长春：吉林教育出版社，2020.

[8] 杨晓琴，李晓霞，樊慧燕. 英语习语与英美文化在英语教学中的应用与研究［M］. 长春：吉林出版集团股份有限公司，2020.

[9] 姜宜敏. 基于文化视角的大学英语教学研究［M］. 长春：北方妇女儿童出版社，2020.

[10] 林丽霞. 英语习语文化探源及翻译研究[M]. 北京：中央编译出版社，2021.

[11] 黄凤菊. 文化与英语教学研究［M］. 长春：吉林出版集团股份有限公司，2021.

[12] 董洪川. 英语研究：文字与文化研究：第14辑［M］. 上海：上海交通大学出版社，2022.

[13] 徐修鸿. 文化翻译视角下的英语翻译研究［M］. 南京：河海大学出版社，2020.

［14］陈宗博.文化融合思维与英语教学研究［M］.长春：吉林科学技术出版社，2020.

［15］靳倩倩.英语语言文化的认知与应用研究［M］.成都：西南交通大学出版社，2020.

［16］徐丽欣.英语语言学与文化传播研究［M］.哈尔滨：哈尔滨出版社，2020.

［17］潘皓.语言文化对英语发展的影响研究［J］.文化产业，2020（5）：90-91.

［18］李晓丹.英语翻译的方式与技巧研究［J］.海外英语，2022（10）：30-31，34.

［19］蔺蕴洲，史雨红.大学英语文化教学理论阐释及创新视角研究［M］.长春：吉林大学出版社，2020.

［20］李素芬.文化视角转换与国际商务英语翻译研究［M］.北京：北京理工大学出版社，2020.

［21］姬尧.中外文化差异与英语翻译研究［M］.武汉：湖北科学技术出版社，2020.

［22］陈煜，叶肖君，王楚楚.现代英语与语言文化的多维视角研究［M］.北京：中国商务出版社，2020.

［23］王耀耀.关于计算机英语的翻译策略［J］.缔客世界，2020（8）：212-213.

［24］张珊姗.基于文化差异的食品英语翻译策略［J］.中国食品，2023（8）：107-109.

［25］张潇艺.英语翻译中的意译研究［J］.现代交际，2020（5）：76，75.

［26］袁语馨.浅析英语翻译技巧［J］.魅力中国，2018（46）：276.

［27］徐业红.英语文化对英语翻译效果的影响［J］.文化创新比较研究，2022（36）：43-46，51.